I N V E S T I G A Ç Ã O

IMPRENSA DA UNIVERSIDADE DE COIMBRA
COIMBRA UNIVERSITY PRESS

EDIÇÃO

Imprensa da Universidade de Coimbra

Email: imprensauc@ci.uc.pt

URL: http//www.uc.pt/imprensa_uc

Vendas online: http://livrariadaimprensa.uc.pt

COORDENAÇÃO EDITORIAL

Imprensa da Universidade de Coimbra

CONCEPÇÃO GRÁFICA

António Barros

INFOGRAFIA DA CAPA

Carlos Costa

INFOGRAFIA

Mickael Silva

PRINT BY

CreateSpace

ISBN

978-989-26-0559-3

ISBN DIGITAL

978-989-26-0637-8

DEPÓSITO LEGAL

361666/13

DA RÁDIO ESTATAL AO MODELO INTEGRADO

COMPREENDER O SERVIÇO PÚBLICO
DE RADIODIFUSÃO EM PORTUGAL

SÍLVIO CORREIA SANTOS

IMPRENSA DA
UNIVERSIDADE
DE COIMBRA
COIMBRA
UNIVERSITY
PRESS

SUMÁRIO

Nos últimos tempos, a controvérsia gerada em torno do futuro da RTP, dos seus custos e dos serviços que presta foi, mesmo por pessoas informadas, quase sempre equacionada em função da oferta televisiva e mesmo, frequentemente, apenas da RTP1. É verdade que a integração do serviço público de rádio na RTP, sigla que se manteve, ocorreu apenas há cerca de uma década, quase meio século depois do nascimento da empresa, mas é indiscutível que no espaço público o serviço público de rádio surge aparentemente como uma parcela acessória da empresa, desvalorizada, subalternizada.

No entanto, o serviço público de televisão assume uma continuidade conceptual e orgânica relativamente ao serviço público de rádio. De facto, na maioria dos operadores europeus, o serviço público de televisão nasceu de acordo com os mesmos princípios e objectivos com que fora criado o serviço público de rádio e desenvolveu-se igualmente nas mesmas empresas onde, cerca de três décadas antes, ele fora criado.

Com efeito, o início da rádio na Europa teria contornos diferentes dos verificados na experiência norte-americana. É verdade que foi a iniciativa privada, sobretudo graças ao impulso da então nascente indústria radioeléctrica, que promoveu as primeiras experiências, mas o Estado não se alhearia deste novo meio de comunicação de massas. As comunicações à distância eram, desde o seu início, acompanhadas com interesse, dada a sua importância nas manobras militares, na afirmação nacional, na ligação às colónias, no desenvolvimento industrial, na segurança da marinha mercante e inclusivamente na consolidação das lideranças políticas.

Deste modo, a generalidade dos governos europeus rapidamente promoveria a constituição de monopólios nacionais na radiodifusão sonora. Tal se deveu a motivos de natureza técnica, económica e política: o facto de serem os mesmos sectores estatais que tutelavam as comunicações aqueles que incentivaram e acompanharam os primeiros passos da rádio; a imperiosa necessidade de os Estados gerirem o limitado espaço radioeléctrico, fixando as regras da sua utilização; o seu carácter ainda insuficientemente aliciante para os anunciantes; e o interesse dos governos em aproveitar a rádio como instrumento de afirmação nacional, de difusão cultural e mesmo de mobilização política dos governados pelos governantes.

No nosso país, a criação da rádio assumiria especificidades assinaláveis. Inaugurada oficialmente em 1935, três anos depois das suas primeiras emissões experimentais, a então Emissora Nacional nunca teria o monopólio da rádio. Antes do início da sua actividade, houve, desde nomeadamente o período da I Guerra Mundial, diversíssimas experiências no domínio da radiodifusão, em vários pontos do país. A Emissora Nacional partilharia durante muitos anos o espaço radiofónico, sobretudo com duas estações de assinalável popularidade – o Rádio Clube Português, criado em 1934, e a Rádio Renascença, cujas primeiras emissões em onda média datam de 1936. Nos anos 50, por iniciativa do Governo, é no âmbito da Emissora Nacional que são elaborados os primeiros estudos tendentes ao desenvolvimento da televisão. No entanto, a Emissora Nacional seria afastada da empresa a quem é concedido o respectivo serviço público, a RTP, que teria até pouco depois de 1974, uma composição accionista, inédita na Europa, em que o Estado reparte o capital social com a banca e empresas privadas de rádio, concorrentes da Emissora Nacional. Esta seria durante muito tempo uma empresa burocratizada, pouco competitiva, profundamente governamentalizada. O seu modelo de financiamento é irregular, chegando a ter receitas provenientes da publicidade comercial. Apenas em 2003, a rádio pública é integrada na empresa concessionária do serviço público de televisão, a RTP, precisamente após um período em que a RDP recuperara autonomia e independência face ao poder político, agilidade e eficiência na sua estrutura, equilíbrio nas suas contas e popularidade e qualidade nas suas emissões. Aliás, ao contrário do que se passara com a RTP, cujo primeiro contrato de concessão do serviço público data de 1956, a RDP apenas em 1999 teria um contrato de concessão, que ainda hoje continua em vigor.

Esta evolução da rádio pública, ou melhor do operador estatal, mais tarde, de facto, serviço público de radiodifusão, constitui o eixo central deste livro da autoria do Prof. Sílvio Santos. Com recurso a uma ampla base de fontes documentais, assinalando diversos factos inéditos, o autor enquadra de forma original e detalhada as profundas alterações ocorridas no operador público de radiodifusão nos contextos político, económico e social.

Este estudo não preenche apenas uma evidente lacuna na análise de um tema que, notoriamente, a investigação portuguesa sobre os media secundarizou face à RTP e ao serviço público de televisão. Trata-se de uma obra marcante que contribuirá para um olhar bem mais enriquecido para a história da rádio em Portugal, particularmente do seu operador público.

Alberto Arons de Carvalho

PREÂMBULO

"What a stupid waste of time! Radio? Are you serious? What century
are you in?"

Michael Moore (Mullane, 2005)

"Radio has become naturalized - so much that it is difficult to establish its significance" (Tacchi, 2000:290).

Algures entre o anacronismo e a invisibilidade. Efetivamente, há quem assim veja a rádio. Porém, as capacidades de adaptação e evolução deste meio mostram que a rádio não está, de forma alguma, desfasada do seu tempo. A existência deste livro é prova dessa capacidade de transformação. Já a invisibilidade da rádio é uma caraterística evidente. A rádio é ignorada porque não se dá por ela. Porém, continua omnipresente. Ela é, sobretudo, nas sociedades desenvolvidas, o que se chama de dado adquirido ou naturalizado (Tacchi, 2000; Lewis, 2000). E é assim porque a sua audição é, maioritariamente, distraída e secundária. Porque o próprio aparelho recetor está de tal forma presente na matriz do quotidiano (Scannell, 1995), que os rádios são vistos como não-intrusivos ou invisíveis (Winocur, 2005). Mas essa não-imposição (que, aliás, pode deixar de ser a regra, se olharmos as potencialidades dos novos recetores), não faz dela um objeto de estudo menos apreciável. Afinal, a rádio é o único meio verdadeiramente universal.

No entanto, os estudos da rádio são uma área pouco desenvolvida academicamente (Tacchi, 2000; Lewis, 2000). Se compararmos as três áreas clássicas dos *media*, a rádio será, porventura, a que menos reconhecimento académico tem. Essa é a realidade portuguesa. Mas, o mesmo acontece no Brasil (Meditsch, 1999) e em Espanha (Arboledas, 2008), apenas para citar os casos mais próximos. Pease e Dennis (1995) chamaram-lhe o meio esquecido. Lewis (2000), que a apelidou de meio invisível, considera que isso se deve ao estatuto do som, quando comparado com a absorvente e sensorialmente mais rica imagem televisiva. Poucos parecem ter consciência dessa falácia, uma vez que a experiência de um conteúdo radiofónico bem produzido pode ser sensorialmente tão rica como a que é proporcionada por um programa televisivo (Bolls, 2002: 558). De facto, no quotidiano, não é esse o raciocínio prevalente.

Este livro é sobre a rádio. Mas não só. É sobre a rádio de serviço público (SP). E isso transforma-o numa abordagem a uma esfera duplamente secundarizada. Efetivamente, o serviço público de radiodifusão não tem em Portugal, tal como no resto do mundo, a mesma visibilidade que tem o seu congénere televisivo. Constatámo-lo quando, em 2002 e 2003 se discutiu e implementou a reestruturação do sector audiovisual público em Portugal. E constatamo-lo na atualidade, finda a primeira década do novo milénio, quando a incerteza se abate de novo sobre o serviço público de rádio e televisão (SPRT) em Portugal. A forma como a rádio foi relegada para segundo plano no debate e como o seu enquadramento final foi ditado maioritariamente pela situação financeira da televisão não parecem ter mudado em cerca de dez anos. Agora que o assunto regressa, a rádio continua a constituir uma parcela acessória do debate.

Esta subordinação da rádio é patente na própria literatura em língua inglesa sobre o tema. A expressão Public Service Broadcasting (PSB) tem uma dimensão aglutinadora, que inclui tanto a rádio como a televisão. Porém, a investigação sobre o PSB é, em regra, sobre a televisão pública.

Não é, pois, difícil enquadrar as motivações que estão na origem deste trabalho.

Este livro resulta da investigação feita no âmbito da tese de doutoramento "Serviço Público de Radiodifusão em Portugal: do Controlo Ideológico ao Fim da Representatividade Social", apresentada à Faculdade de Letras da Universidade de Coimbra, sob orientação da Professora Doutora Isabel

Ferin Cunha, em 2012. O conteúdo corresponde, em grande parte, ao estudo empírico da dissertação.

O objeto desta obra é a rádio de serviço público em Portugal, ou seja, a Radiodifusão Portuguesa (RDP). Porém, tendo em conta a bibliografia disponível aquando do desenvolvimento da investigação, optou-se por uma abordagem diacrónica de maior amplitude, fixando as raízes da rádio pública na sua antecessora estatal. Essa opção deveu-se a um objetivo central: pretendia-se vincar as diferenças entre duas realidades que, por vezes, surgem indiferenciadas - como se conceptualmente não constituíssem a antítese uma da outra. Os media estatais são diferentes dos *media* públicos. É por este motivo que se optou por uma estrutura cronológica que ilustrasse a evolução deste organismo.

Em 2010, foram comemorados pela RTP os 75 anos da rádio pública em Portugal. Essa poderia ter sido a ignição deste trabalho, não estivesse já ele em fase de conclusão. Porém, a Emissora Nacional (EN), não foi uma rádio de serviço público. Pode, naturalmente, interpretar-se esta denominação "pública", atribuída igualmente à fase do Estado Novo, meramente como oposição à propriedade privada. Seguramente, a intenção não seria apelidá-la de rádio de serviço público, mas sim identificar uma rádio que não era privada. Pode também entender-se essa designação pelo facto de a EN garantir o acesso universal a um serviço de rádio, tal como se espera que o serviço público faça. Porém, essa garantia de acesso - por si - não basta para constituir o serviço público na sua tradição europeia. Há, pois, uma estranheza provocada pela ideia de continuidade, que torna relevante o reforço conceptual presente neste livro. Efetivamente, a rádio oficial do Estado Novo não era uma rádio de serviço público, como o demonstram os trabalhos de Cristo (2005) ou Ribeiro (2005), entre outros. O seu fim maior era a amplificação do ideário do Estado e a normatização ideológica, e não a criação de valor social. Existe uma enorme diferença entre os objetivos e o posicionamento de rádios estatais e rádios públicas. O que elas têm em comum é o facto de habitualmente estarem no polo oposto ao que é ocupado pelas emissoras comerciais. Mas, ainda assim, no caso português, isso também não é, absolutamente, verdade.

Como olhar, então, para esses 75 anos? O que há ainda por contar? O período relativo à EN foi já abordado parcialmente, entre 1933 e 1945, por Ribeiro (2005), e entre 1958 e 1974, por Cristo (2005). Encontravam-se, ainda, pistas sobre a rádio oficial e sobre a rádio pública numa obra comemorativa dos 60 anos da rádio em Portugal, lançado em 1985 pela RDP, e nos textos de Maia (1996), Silva (2001) ou Serejo (2001), entre outros, embora nenhum deles versasse em exclusivo essas emissoras. Ou seja, existia já uma série de referências à história da EN e da RDP, mas sempre parcelares cronologicamente. Em 2010, foi lançado pela RTP um álbum comemorativo intitulado "A Nossa Rádio: 75 anos de rádio pública em Portugal". Este álbum, profusamente ilustrado com belíssimos registos fotográficos da história da EN, da RDP e da RTP, contém informação vasta que cobre, genericamente, o período analisado neste livro. Porém, trata-se de uma obra com objetivos e resultados distintos, não só pela sua profusa essência pictórica, mas também, pelo seu posicionamento metodológico, que acabam por direcioná-lo para um público-alvo distinto do deste livro.

Ao olharmos para 1935, para 1975 e para 2005 verificamos que estamos perante três realidades distintas, embora haja uma óbvia herança genética. Afinal, depois de 2005, ainda há trabalhadores da EN que, depois de passarem pelos quadros da RDP, transitaram para a nova Rádio e Televisão de Portugal. Não há dúvidas, pois, acerca desta linhagem. Mas estes três momentos não se referem a uma mesma rádio, como este livro mostra. Por isso, a observação transversal aqui proposta permite uma visão que o conjunto das abordagens fragmentadas não permitiam. Nesse sentido, são delimitados, claramente, três momentos: a rádio oficial do Estado, a rádio de serviço público e o novo modelo integrado de medium de serviço público.

Assim, pode-se assumir o principal objetivo deste livro como sendo a compreensão do papel, da missão e do posicionamento da RDP, dentro de uma linha temporal que estende as suas raízes à EN e ao processo de nacionalização, bem como compreender a sua evolução, que culmina num modelo integrado com a televisão. Ao longo do trabalho há um claro destaque à evolução da Antena 1, que se compreende por sempre ter sido o canal bandeira do operador.

Este livro não teria sido possível sem a colaboração de várias pessoas, que gostaria de nomear. Tanto na fase da tese, como no momento da sua publicação, vários foram os contributos para que ele visse a luz do dia. Em primeiro lugar, a minha orientadora, a Professora Doutora Isabel Ferin Cunha, a quem agradeço a confiança que depositou no meu trabalho, a constante disponibilidade e a sólida orientação científica. Gostaria de realçar a minha gratidão à Mariana Moura Ramos, à Ana Teresa Peixinho, à Susana Sampaio Dias, à Ana Isabel Cunha e ao Paulo Estudante, pela constante e preciosa ajuda, mas também pela paciência e amizade.

A disponibilidade do arquivo da RTP para me receber dias a fio não pode ser esquecida. O Manuel Lopes, a Elizabete Silva, a Sílvia Fonseca e todos os outros, demonstraram uma enorme paciência pela qual não posso senão ficar agradecido.

Pelas preciosas pistas, esclarecimentos ou outras informações que a certa altura se revelaram importantes, gostaria também de agradecer os contributos de Jorge Guimarães Silva, João Paulo Meneses, Helena Sousa, Carolina Ferreira, Filipe Cabral Pinto e Rita Basílio. Pela disponibilidade para me concederem as entrevistas, que tão importantes se revelaram neste processo, expresso também a minha gratidão a Carlos Ventura, Eduardo Fidalgo, João Almeida, João Coelho, Jorge Alexandre Lopes, José Manuel Nunes e Tiago Alves. A Alberto Arons de Carvalho, agradeço a preciosa colaboração e o ter concordado em prefaciar esta obra. Ao CEIS20 e ao Carlos Camponez, expresso também o meu agradecimento pelo apoio.

Por fim, a minha família mais próxima, sem a qual, seguramente, não teria concluído este trabalho: Fernanda - por tudo; Ana, Catarina e Francisco, Isabel e Francisco, muito obrigado.

INTRODUÇÃO: O SERVIÇO PÚBLICO DE RÁDIO E TELEVISÃO DE TRADIÇÃO EUROPEIA

As crises do serviço público e a sua aproximação ao sector empresarial

O serviço público nasce no seio da doutrina francesa, sobretudo a partir do trabalho de Leon Duguit (1918). Ele representa uma mudança no posicionamento do Estado, quando este passa a assumir que a necessidade do bem comum tem na sua origem os cidadãos e não o natural exercício do seu poder estatal (Gugliemi e Koubi, 2007; Chevallier, 2010). O Estado torna-se mais ativo na criação de valor social, legitimando a sua ação na procura da coesão do todo, do bem coletivo.

A primeira crise que abala o SP é de natureza jurídica e resultou da redefinição das (até então bem definidas) fronteiras entre os serviços públicos e de natureza privada. A sociedade havia-se complexificado. Os tecidos industrial e económico eram agora malhas mais complexas. Subitamente surgiam serviços prestados por entidades do Estado que não se revestiam de interesse coletivo e serviços de interesse público que eram geridos por privados (Rainaud, 1999; Chevallier, 2010).

A segunda crise teve já uma dimensão

> "institucional ou material, (...) o serviço público foi ou está sendo pura e simplesmente banido e substituído por conceitos mais ou menos próximos (...) que, todavia, representam realidades muito distintas daquelas que estavam subjacentes à respectiva qualificação como atividades de serviço público" (Gonçalves, 1999: 27).

Perante a ameaça de colapso do Estado, a gestão de muitos serviços passou para a esfera privada. Esta foi a forma que os Estados europeus encontraram de diminuir as suas despesas. É como consequência desta "atenuação das responsabilidades públicas" (Gonçalves, 1999: 12) que a Comunidade Europeia adota uma expressão mais neutra e menos dependente da dimensão subjectiva do serviço público: "'o serviço público à francesa' vê-se substituído pelos SIEG [Serviços de Interesse Económico Geral]" (Silva, 2008:216).

Nos anos 70 e 80 do século XX, muitos dos monopólios que se haviam formado após a II Guerra Mundial desaparecem. O neoliberalismo assumiu-se como a receita perfeita para o desenvolvimento social e económico da Europa. Nesse contexto, a necessidade de um aumento de competitividade esteve na origem de uma associação dos serviços públicos às ideias de má gestão e burocracia. Os serviços públicos passaram a ser considerados incompatíveis com bons níveis de qualidade, eficiência e rentabilidade (Nosbonne, 2007). O ataque a este diagnóstico passou por uma renovação dos objetivos e da gestão dos serviços públicos. Para isso, foram adotadas formas de gestão oriundas do sector empresarial, o que ficou conhecido como new public management (Ferlie, Linn e Pollitt, 2005; McDonough, 2006; Nosbonne, 2008).

O lugar do serviço público na Europa

O fim dos monopólios e a progressiva liberalização dos mercados resultou da existência de um ideal europeu, do qual fazia parte a construção do mercado comum. Inicialmente, o SP foi visto como um obstáculo a esse objetivo, uma vez que representava a antítese do mercado (Gonçalves, 1999). Consequentemente, o lugar do SP foi afrontado pela política europeia, sobretudo após o Tratado de Maastricht, em 1992. Porém, em meados da década, as pressões surtem efeito e começa a reconhecer-se a importância de articular e compatibilizar os serviços de interesse geral com o mercado de livre circulação. No final dos anos 90, o Tratado de Amesterdão reflete já o reconhecimento da importância dos valores subjacentes à existência destes serviços na construção social da Europa.

Media de serviço público não são o mesmo que *media* estatais. Quando os mercados foram liberalizados, muitas vezes, esta confusão instalou--se, uma vez que ambos eram o oposto dos operadores comerciais. Mas o que diferencia estes dois tipos de operadores é o objetivo da sua existência: o SP serve os cidadãos, ao passo que um operador estatal serve o Estado enquanto entidade política. E aqui, importa sublinhar um falso axioma segundo o qual o Estado age sempre em função do interesse público (Gidens, 2007). Assim, o SP tem como intenção maior a criação de valor social e cultural através da emancipação democrática e intelectual do cidadão. Ao invés, o operador estatal existe para servir o Estado independentemente do ideário que em seu nome propaga. Exemplos de amplificação ideológica através de *media* estatais encontram-se nos casos português durante o Estado Novo, ou alemão, posteriormente à I Guerra Mundial. Em Inglaterra, a BBC desde cedo se estabeleceu como paradigma de independência, mesmo que isso implicasse afrontar o poder político. Esse posicionamento tornou-a no grande ícone do SP europeu.

O monopólio estatal da rádio é prevalente na Europa, durante a primeira metade do século xx, sendo justificado sobretudo por motivos técnicos, de economia de escala e por objetivos políticos (Burgelman, 2000; Rolland e Østbye, 1986). Genericamente, os governos eram seduzidos pela capacidade de amplificação ideológica da rádio (Picard, 2006). A rádio era usada para manter a nação unida Kleinsteuber (2011). Essa fase, durante a qual a Amplitude Modulada (AM) dominou e as emissões internacionais foram uma prioridade, constituiu a primeira idade da rádio (Kleinsteuber, 2011). Porém, a tendência foi para um abandono progressivo desse modelo estatal em ambiente monopolista. A sua segunda idade surge após a II Guerra Mundial, quando os Estados percebem a importância da rádio na reconstrução da Europa (Van Dijk, Nahuis, Waagmeester: 2006). É um período que irá durar até ao final do século xx e que compreende os movimentos de liberalização. É a fase em que os *media* de SP convivem com as operadoras privadas (Kleinsteuber, 2011)Aos poucos, o SPRT foi substituindo os operadores estatais. O seu objetivo passava pelo enaltecimento cultural e educacional das populações. Havia um espírito "iluminista" na sua missão (Lowe e Jauert, 2005). Iam-se estabelecendo pilares à volta de uma imagem de qualidade técnica e profissionalismo (Van den Bulck, 2007). Assim se estabeleceu o SPRT na sua tradição europeia, bem como o que McQuail (1983) chamou de modelo de responsabilidade social. A independência estabelece-se como um princípio distintivo. Quanto aos privados, foi nos últimos anos da década de 70 e no início da década seguinte que se conjugaram condições particulares no âmbito da política, do mercado e da tecnologia que permitiram a mudança da paisagem audiovisual na Europa (Rolland e Østbye, 1986; Van Dijk, Nahuis e Waagmeester, 2006; Papathanassopoulos, 1990; Burgelman, 2000). Assim, morreram os monopólios, terminando com a situação privilegiada que, em regra, o SPRT viveu até meados dos anos 80:

> "a history of reliance on a comfortable, government supported position with a national broadcasting monopoly as a base, legal guarantees of independence, (part of the) license fee as a not-to-be competed-for-
> -source of income [...] and a threefold responsibility of information, education and entertainment as legitimation" (Van den Bulck, 2007: 29).

É uma mudança de paradigma. Depois de o monopólio estatal ter sido defendido, assume-se nos anos 80 que a concorrência é essencial (Barnett, 2004; Burgelman, 2000). Aos poucos, dá-se a ascensão do mercado (Mattelard, 1995), que surge todo-poderoso na retórica da época. No meio de todas as mudanças, a figura do consumidor torna-se omnipresente e surge a possibilidade da escolha.

Este momento constitui a primeira crise do SPRT. Jakubowicz (2010) divide a existência do SPRT precisamente neste momento. Chama a estas duas fases SP 1.0 e 2.0. Esta crise resulta da súbita comparação feita com os operadores privados. Inicialmente as empresas de SP são vistas como pouco ativas e os seus custos são um verdadeiro teste à força de vontade dos governos. A aproximação aos modelos comerciais que muitas estações públicas encetaram veio apenas reforçar os argumentos contra a existência do SP, baseados na não diferenciação das suas propostas. Essa mimetização foi o principal argumento no diagnóstico de curta vida que foi feito ao SPRT na Europa. Porém, tal não se veio a cumprir (Bardoel e d'Haenens, 2008b; Søndergaard, 1996; Tracey, 1998). E, na verdade, essa crise de identidade, que se traduziu na aproximação de conteúdos entre o privado e o público (Bardoel e d'Haenens, 2008b; d'Haenens et al., 2011; Enli, 2008), pode hoje ser vista como a bóia salva-vidas do SP (Padovani e Tracey, 2003), muito embora nunca possa ser vista como a única opção possível.

Os anos posteriores à liberalização foram, pois, de questionamento constante do posicionamento e da pertinência do SPRT (Michalis, 2010). Terminado então o chamado paradigma do serviço público, direcionado para uma criação de valores democráticos, as políticas para os *media* do século XXI tornaram-se mais ligadas à dimensão económica na sua procura do interesse comum (Van Cuilenberg e McQuail, 2003).

Financiamento e administração

A forma de financiar os operadores de SPRT é fulcral para compreender o seu posicionamento face à sociedade e ao poder político. O posicionamento tradicional dos governos tem sido potenciado precisamente por essa ideia de que quem paga pode mandar. Esta é, historicamente, uma área muito sensível. Quando o operador depende financeiramente do Estado, isso pode ser potenciador de subserviência e distorção artificial do mercado. Quando depende da publicidade, pode ter de se curvar perante as necessidades comerciais. Por outro lado, quando o cidadão paga, questiona sempre a legitimidade dessa obrigação. É difícil encontrar um equilíbrio entre todos estes fatores: poder político, mercado e cidadãos. E isso é ainda mais evidente quando, na viragem do milénio, a crise assolou a Europa. Quando o financiamento é de origem pública, é frequente uma argumentação em favor de um melhor aproveitamento desses fundos em outros serviços de interesse geral, como os da saúde ou da educação. É uma opção sempre muito questionada por políticos e cidadãos. Nestes casos, quando a atribuição não é feita a médio prazo, não há previsão de receitas que permita gerir com estabilidade. Por isso, as taxas são consideradas mais adequadas para financiar os SPRT.

Elas garantem a independência face ao poder político (Nissen, 2006), são estáveis e previsíveis (EBU, 2000) e levam a uma responsabilização mútua, ao atribuir o financiamento dos *media* diretamente à população (EBU, 2000; Massey, 1997; Price e Raboy, 2003). Permitem, igualmente, resolver o chamado problema dos utilizadores não pagantes do bem público (Brunner, 1998). Porém, a taxa, que é a forma de financiar o serviço público de rádio português, tem sido questionada nos tempos mais recentes. Efetivamente, sabe-se hoje que a taxa é uma fonte com poucas possibilidades de crescimento, que a sua atualização é sempre mal vista na sociedade e que se pode gerar dependência política perante essa necessidade periódica de revisão (EBU, 2000). Porém, os questionamentos mais relevantes advêm das alterações sociais, tecnológicas e de consumo. Desde que a subscrição se assumiu como a forma cada vez mais comum de consumir a televisão, que a escolha se estabeleceu como padrão do consumo (Picard, 2005). As pessoas só querem pagar o que consomem, o que mina a lógica do serviço universal (Nissen, 2006). É por isso que o SP deve fortalecer a sua relação com o cidadão e com o cliente, de forma a que, neste ambiente de escolha, haja um efetivo reconhecimento dos benefícios sociais do serviço (Picard, 2005). O outro problema de enquadramento da taxa reside na sua incidência. Isto é: se a taxação for feita com base na existência de um aparelho, isso deve ou não incluir os computadores pessoais? Em países como a Áustria, a Finlândia ou a Alemanha, esta é uma discussão atual (Bron, 2010). É neste contexto que existe, cada vez mais, uma abertura para o aparecimento de novas formas de financiamento (Banerjee e Seneviratne, 2005).

Na prática, existe uma grande diversidade de modelos, que variam entre uma única fonte e a conjugação de várias. O modelo misto (no qual a publicidade está presente) é o mais comum (EBU, 2000).

Grande parte do questionamento feito pelo sector privado ao financiamento dos operadores de SPRT resulta do recente alargamento do leque de atividades desenvolvidas, bem como da quantidade de plataformas nas quais estes operadores podem estar presentes e criar produtos. Uma das discussões mais relevantes na Europa, tem a ver com o que são atividades de serviço público que podem ser financiadas nesse âmbito e quais são as atividades que se revestem de outra natureza, sobretudo quando há que garantir a ausência de distorções causadas por financiamento estatal, no seio de um mercado aberto. O problema é a dificuldade que existe em classificar e separar algumas atividades, sobretudo quando as fronteiras podem ser tão ténues (Nissen, 2006). Neste âmbito, as queixas que têm sido feitas pelos operadores comerciais à Comissão Europeia têm levado a uma complexa discussão que, em última instância, ditará a própria margem de posicionamento do SP na era multiplataforma (Santos, 2012).

O grau de independência do SPRT face ao poder político considera-se, em regra, condicionado por outra dimensão, além do financiamento: trata-se do modelo de governação.

A passagem dos operadores estatais para operadores de serviço público foi acontecendo de forma muito irregular na Europa. Em regra, essa transição implicava um certo grau de maturidade social e democrática. No caso dos países da Europa central e de leste, essa transformação foi parte de uma aproximação à União Europeia e, no início, mais não foi do que um logro administrativo, uma vez que a pressão política continuava a ser exercida da mesma forma. Espanha, Itália, Grécia e Portugal foram, também, países habitualmente citados na literatura pela influência do poder político nos conteúdos de SP (Caffarel e Garcia de Castro, 2006; Hibberd, 2001; León, 2010; Sassoon, 1985), o que, academicamente, se tornou numa dimensão idiossincrática desta região (Hallin e Mancini, 2004). O que os processos existentes nestes países mostram é a interdependência que existe entre um SPRT independente e o grau de amadurecimento social e democrático. A independência é o coração da atividade do SP e constitui-se como o seu grande argumento legitimador. Numa primeira instância, a separação entre o operador de SP e o poder político depende da forma como são escolhidos os seus dirigentes, bem como dos mecanismos organizacionais e operacionais previstos para garantir a sua liberdade de ação (Banerjee e Seneviratne, 2005). Neste campo, não há apenas uma forma de garantir a independência do SP face ao poder político. Partindo de autores como Mooney (2004) e Nissen (2006) podem ser identificados sistemas de SP baseados numa autonomia formal, nos quais existem mecanismos de afastamento entre o operador e o poder político. Podem, também, ser reconhecidos modelos intermédios, nos quais a política está presente através de representantes nas administrações. Podem, ainda, definir-se sistemas baseados em representações proporcionais das forças políticas e, eventualmente, da própria sociedade. E, por último, existem sistemas nos quais a política se sobrepõe aos operadores, podendo a maioria ter um papel ativo nas suas decisões, o que tradicionalmente é associado a países como Portugal[1].

Princípios e desafios

A dificuldade de definir o conceito de serviço público é consensual, quer na sua raiz dentro do direito (entre outros, Chevallier, 2010; Gugliemi e Koubi, 2007; Prosser, 2005), quer no campo específico dos *media* (Banerjee e Seneviratne, 2005; Lange, 1999; Syvertsen, 1999). Não cabe no âmbito desta breve nota introdutória o aprofundamento desta questão. Porém, deve ser realçado que o SP se centra na ideia de bem comum, e que é essa a justificação da sua garantia constitucional. As Leis de Rolland ficaram conhecidas como os pilares do SP: continuidade, igualdade e mutabilidade ou adaptabilidade (Prosser, 2005). Porém, a sua aplicação em diferentes momentos e contextos acabou por associar posteriormente ao SP outros princípios como qualidade de serviço, acessibilidade, simplicidade, transparência, participação e responsabilidade (Prosser, 2005: 106), bem como a laicidade e a gratuitidade (Gugliemi e Koubi, 2007).

No âmbito dos *s*, há princípios que se tornaram centrais enquanto elementos legitimadores da existência do SP. A independência, é essencial ao nível editorial, de gestão, de financiamento e de programação (Banerjee e Seneviratne, 2005). Imediatamente decorrente deste princípio central, a liberdade de expressão é intrínseca ao conceito de SPRT. A universalidade é outro princípio basilar do SPRT, herdeiro dos tempos de monopólio estatal. Deve ser pensada em dois níveis: disponibilização e possibilidade de acesso, e apelo gerado pelos seus conteúdos (Tracey, 1998). Uma produção

---

[1] Sobre os modelos de governação, cf. Carvalho (2009).

de conteúdos que persegue uma transversalidade é, evidentemente, uma produção que se rege pelo princípio da diversidade. E se houver independência, a diversidade pode ler-se como pluralismo. Outro princípio que ganhou força nos últimos anos é o da diferenciação. Trata-se da forma pela qual um operador privado pode acrescentar valor ao que o mercado oferece e justificar o investimento público (Berry e Waldfogel, 1999). Porém, não basta ser diferente. É preciso ser uma referência de qualidade e confiança (Biltereyst, 2004; Wessberg, 2005). Importa que o SPRT seja reconhecido por isso. Da mesma forma, a diferenciação não deve implicar o simples preenchimento dos espaços deixados vazios pelo mercado. Do serviço público espera-se uma transcendência desse posicionamento. Por último, importa destacar a qualidade, que é um dos pilares mais relevantes do SPRT (Born e Prosser, 2001; Wieten et al., 2000). É verdade que o sector privado produz para se financiar e o SP deve produzir para criar valor social. Porém, se o SP não for ouvido ou visto, não há efetiva criação desse valor. Ao nível dos conteúdos, espera-se que o SPRT abra horizontes, explique e contextualize, contribua para a defesa da cultura e do património, seja desafiador, respeite minorias, incentive a produção e acompanhe tecnologicamente os cidadãos.

É precisamente a migração do SP para a era multiplataforma que está na origem da dimensão mais recente da sua crise. Num contexto de convergência entre o sector audiovisual e as telecomunicações, grandes alterações afrontaram o posicionamento do SP. No novo milénio, a crise do SP herdeiro da tradição europeia traduz-se na incerteza perante a abrangência da sua missão (complementar ao mercado ou compreensiva); na escolha do modelo de organização (que pode ir da clássica estrutura centralizada à distribuição da missão por outros operadores); e na definição do tipo de financiamento (taxa, publicidade, auxílio estatal ou novas formas de receita) (D'Haenens et al., 2011: 189).

CAPÍTULO I:
A EMISSORA NACIONAL

A Emissora Nacional (EN) foi o altifalante do Estado Novo até ao 25 de abril (Cristo, 2005; Ferreira, 2008; Ribeiro, 2005). Este capítulo aborda a forma como esta estação marca a rádio em Portugal, enquanto antecedente e antítese da rádio de serviço público.

OS ANOS 30: O APARECIMENTO DA RÁDIO OFICIAL

Do pioneirismo à regulamentação

Em Portugal, o Estado promove o aparecimento de uma estação oficial de rádio ainda na década de 30. No entanto, a radiodifusão no nosso país dá os seus primeiros passos alguns anos antes, no início do século. As experiências mais antigas com a Telegrafia Sem Fios[2] aconteceram no âmbito militar, em 1901, chegando essa tecnologia a merecer a atenção do jornal O Século, que lhe dedicou artigos extensos (Silva, 2003). Um ano mais tarde ter-se-ão realizado as primeiras experiências civis. Tratou-se da troca de mensagens entre a Estação de Semáforos de Cascais e o cruzador "D. Carlos" que, em Maio de 1902, foram realizadas por dois empregados dos Correios e Telégrafos (Silva, 2002b; 2003). Ainda em 1902, porém sem data definida, José Celestino Costa[3], um aluno da Escola Politécnica de Lisboa, terá pago a ousadia das suas experiências com a apreensão pela polícia de todo o material existente em sua casa, uma vez que a utilização de aparelhos de rádio era proibida à altura (Maia, 1995; Gomes, 1999 e Silva, 2003). Convém referir que, quando se

---

[2] Telegrafia sem fios: no início do século xx, este conceito engloba radiotelegrafia, radiofonia e radiodifusão; como explica Santos (2000), a partir do momento em que os microfones passaram a estar disponíveis, os amadores foram seduzidos pela ideia de transmitir a voz e, para tal, bastava substituírem o terminal da chave telegráfica pelo microfone.

[3] Celestino Costa é uma das referências históricas para os radioamadores. Além deste, são referidos por Santos (2000), Maia (1986) e Silva (2003), nomes como os de Alberto Carlos de Oliveira e José Joaquim de Sousa Dias Melo como sendo fulcrais neste período de experiências à volta de uma nova tecnologia.

fala de mensagens por via hertziana, nesta altura, a referência é relativa à transmissão em código Morse.

No dealbar da Primeira Guerra Mundial, em 1914, as experiências de Fernando Medeiros, que incluíram a primeira transmissão de música no nosso país, a 24 de abril (Gomes, 1999), também ficam para a história, embora delas não haja registo oficial (Silva, 2002b). Medeiros, que nessa altura era ainda estudante universitário, logo abandonou o projeto e só voltaria à rádio já na década de 20: a sua emissora, situada na Rua da Graça, em Lisboa, teve duas designações, primeiro Rádio Hertz e, posteriormente, Rádio Continental (Maia, 1995; RDP, 1986). A Rádio Hertz, que à época era bastante popular, chegou a ter em antena importantes nomes do teatro português, chegando a transmitir alguns concertos realizados em cafés (Maia, 1995).

Assim, neste período inicial coincidente com os anos da Guerra, e mesmo nos anos mais imediatos, os postos de rádio em Portugal eram, frequentemente, o resultado do entusiasmo de algumas pessoas. Eram esses entusiastas que, com as próprias mãos, construíam e mantinham o material técnico necessário e, habitualmente, transmitiam (durante um par de horas semanais, ou consoante o seu tempo livre) a partir das instalações que improvisavam nas suas casas (Maia, 1995; RDP, 1986). Porém, na realidade, só na década de 20 a rádio se viria a desenvolver, definitivamente, em Portugal. Há dois momentos-chave que explicam essa industrialização, como explica Santos:

"o uso de válvulas electrónicas na emissão e recepção (após a sua popularização a seguir à primeira guerra mundial, sucedendo aos emissores de faísca e aos recetores de galena) e a substituição do auscultador pelo altifalante (desde 1925), permitindo a escuta colectiva. Passava-se da cultura do senfilista, que construía o seu equipamento, isolado numa cave ou num sótão, com o auscultador em busca de sons e sinais, para o radiófilo, que colocava o aparelho no centro da sala, com um enorme altifalante separado do resto do receptor deleitado a escutar música" (2000:128).

Pode, pois, afirmar-se que, até ao início das emissões regulares de rádio no nosso país, em 1925, essas pequenas emissoras que surgiram tiveram uma existência mais ou menos fugaz e um "cunho bairrista e colectivista" (Maia, 1995:36).

A bibliografia existente sobre estes primeiros anos é, por vezes, divergente e imprecisa relativamente a alguns protagonistas desta fase da história da rádio portuguesa. No entanto, converge no que diz respeito ao início das emissões regulares. No dia 1 de março de 1925, a Rádio Portugal (inicialmente denominada P1AA e depois CT1AA) transmitiu o seu primeiro concerto

> "com altifalantes espalhados por diversas ruas ou colocados nas janelas dos felizes proprietários de recetores de rádio. Centenas de pessoas seguiram esta emissão, acompanhando-a com fortes aplausos, resultando a transmissão num tremendo sucesso"

(Maia, 1995:37). Pouco depois, no dia 3 de maio, a Rádio Lisboa (P1AC) faria uma transmissão semelhante (Maia, 1995). Quatro dias depois, a Administração-Geral dos Correios Telégrafos e Telefones[4] (AGCTT) suspende a atividade de várias emissoras[5]. A AGCTT justificou esse encerramento dos postos (que estavam devidamente licenciados) com a possibilidade de terem sido difundidas para fora de Portugal notícias falsas sobre os recentes acontecimentos no país. No entanto, Maia (1995) desmente firmemente que tal tenha acontecido, uma vez que, tecnicamente, era impossível captar essas emissões fora de Portugal. Efetivamente, durante dois meses não puderam ser feitas transmissões e a situação só foi desbloqueada a 2 de julho pela Polícia de Segurança do Estado, após pressões da Sociedade Portuguesa de Amadores de TSF (Maia, 1995).

Como já foi referido, a bibliografia existente (Gomes, 1999; Maia, 1995; RDP, 1986; Ribeiro, 2005) é consensual no que diz respeito ao início das emissões regulares, que acontece em 1925. No entanto, algumas fontes referem o dia 1 de março (Silva, 2002a), enquanto outras identificam o 25 de outubro de 1925 (Maia, 1995; RDP, 1986; Ribeiro, 2005) como data inaugural. Se tivermos

---

[4] A Administração Geral dos Correios e Telégrafos era a entidade responsável pelo licenciamento, o que explica as primeiras letras da denominação atribuída a cada posto: CT (Maia, 1995).

[5] Ribeiro (2005) refere o encerramento de todos os postos existentes, Maia (1995) enumera cinco postos emissores em Lisboa; desconhece-se se estas duas posições podem ser lidas de forma convergente.

em conta que houve uma interrupção nas transmissões verificada entre maio e julho por ação dos Correios e Telégrafos, pode assumir-se como mais correto falar de alguma regularidade a partir do dia 25 de outubro de 1925[6].

A estação que ficará na história por esse pioneirismo, chamava-se CT1AA (anteriormente P1AA) e era propriedade de Abílio Nunes dos Santos Júnior, um descendente dos proprietários dos Armazéns do Chiado - precisamente o local a partir do qual se realizaram as primeiras emissões experimentais, em 1924 (Maia, 1995). A implantação da emissora foi rápida. A sua emissão começou a ser ouvida com entusiasmo inicialmente num raio de 40 quilómetros, mas mais tarde chegaria mesmo a ser ouvida no estrangeiro (Maia, 1995). Tinha um funcionamento quase profissional e beneficiava do investimento técnico feito pelo proprietário que, dos Estados Unidos da América, ia trazendo o melhor material que se produzia à época (Maia, 1995). A estação, que chegou ainda a funcionar com o nome de Rádio Colonial, cedeu todo o seu material técnico à Emissora Nacional, após o seu encerramento (Maia, 1995). Foi, precisamente, quando o aparecimento da EN foi tornado público pela imprensa, que o CT1AA deu iniciou ao seu processo de encerramento. Em ata, ficou registado que

"aos 31 de Março de 1934, pelas 22.30 horas, se declarou, pelo microfone, a todos os radiouvintes portugueses que a estação CT1AA reconhecia ter findado a missão que se tinha disposto a cumprir até ao tempo em que a seguir fosse a grande aspiração nacional: uma motivada e verídica função da radiodifusão. Dado que em 1 de Abril deste mesmo ano seria feita a primeira radiação da grande Emissora Nacional. CT1AA, estação Rádio Lisboa, entendeu dever conceder-lhe a honra de sensibilizar os recetores de todo o país sem que mais nenhuma onda nacional de função semelhante existisse" (Maia, 1995).

---

[6] Note-se, porém, que há ainda uma outra perspetiva sobre o início das emissões regulares. Santos (2000) adverte que houve períodos sem emissões posteriores a 1925, como por exemplo, durante as férias do CT1AA, entre agosto e outubro, ou enquanto se esperava pelas peças sobressalentes que viriam resolver qualquer avaria no emissor, pelo que não se deve, verdadeiramente, falar de continuidade nas emissões; o autor sugere como mais justo, para a atribuição do início das emissões regulares, o período entre 1927 e 1930.

E assim foi: primeiro a Onda Média (OM) e depois a Onda Curta (OC) do CT1AA deixaram de ser ouvidas[7].

Apesar da estranheza que este meio podia causar numa população com uma grande taxa de analfabetismo, este é um momento de entusiasmo em torno da rádio. O período compreendido entre o início das emissões regulares e a publicação do primeiro decreto legislativo, em 1930, é de grande desenvolvimento, com o surgimento de vários emissores em Lisboa e no Porto. São os primeiros passos no caminho para a profissionalização, que chegará nos anos 30 (Ribeiro, 2005; Santos, 2000). Havia curiosidade pelo novo meio. Respondendo a uma necessidade que era cada vez mais evidente na sociedade, ainda em 1929 surgem no mercado novas revistas, como a Rádio-Ciência e a Rádio-Programa, e são realizadas várias exposições de divulgação da rádio, com o apoio dos lojistas (Santos, 2000). A necessidade de uma regulamentação torna-se, pois, evidente.

O primeiro decreto relativo à radiodifusão é, assim, publicado em 29 de janeiro de 1930[8]. O documento tomava em conta o incremento da radiodifusão em todo o mundo e, admitindo o atraso da iniciativa comparativamente ao que se passava no estrangeiro, referia a necessidade de se democratizar a telegrafia sem fios. Havia um entusiasmo perante os frutos

---

[7] Maia (1995) situa em 1938 o final das emissões regulares do CT1AA e Santos (2000) situa o final da onda curta em 1936.

[8] Decreto n.º 17:899, de 29 de janeiro de 1930. Da redação destacam-se alguns excertos: "Os progressos da técnica moderna aumentaram consideràvelmente o domínio da telegrafia e telefonia sem fios. A radiodifusão tomou um tam grande incremento em todo o mundo que Portugal, embora tardiamente, não pode deixar de acompanhar esse ramo da sciência com o interêsse que deve merecer ao Estado o progresso scientífico dos seus nacionais. (...) A radiodifusão, pelo seu alto valor educativo, moral, artístico, literário e scientífico, contribui poderosamente para a ilustração dos povos. (...) Procura-se pelo presente decreto-lei criar uns serviços que serão eficientes com a assistência do Estado (...). Realizando-se a emissão por forma a ser ouvida com aparelhos de fácil aquisição, democratizar-se-há a telegrafia sem fios, tornando-a dentro em pouco indispensável a todos. Prevê-se a instalação de estações retransmissoras nos centros principais, por forma a que todo o País seja abrangido, e ainda a de estações que possam ser ouvidas nas ilhas adjacentes, colónias portuguesas e no estrangeiro (...). Far-se-há a propaganda do País, e consequentemente maior progresso advirá para o comércio e indústria nacionais, com a divulgação dos produtos portugueses, podendo ainda obter-se vantagens importantes, para o desenvolvimento do turismo (...). Dar-se-há lugar à criação duma nova indústria: a da construção de aparelhos e acessórios essenciais à radioelectricidade. Torna-se absolutamente livre a recepção, sem peias burocráticas ou exigências de pagamento de taxas diretas, que viriam a determinar um retraïmento prejudicial ao fim que se tem em vista".

que o país, a economia e o turismo colheriam, como resultado dessa nova atividade. O diploma fixava ainda que os serviços de radiodifusão, radiotelegrafia, radiotelefonia e radiotelevisão, ou outros radioeléctricos que viessem a ser descobertos, eram monopólio do Estado. No entanto, abria a porta a licenças e à exploração de estações por particulares. A administração, fiscalização e exploração desses serviços competiam, no continente e ilhas, à Administração Geral dos Correios e Telégrafos, sob a tutela do Ministério do Comércio e das Comunicações e, nas colónias, ao Ministério das Colónias. O Estado tinha ainda a possibilidade de, em caso de perigo para a segurança pública ou para a República, proibir o uso das estações emissoras. O decreto abria concurso público para a aquisição de material e instalação de duas estações emissoras e uma retransmissora. No texto, encontra-se subjacente uma dimensão instrumental da rádio, nos domínios económico e ideológico, como justificação para a sua implantação.

No início da década de 30, muitas eram as mudanças na rádio em Portugal. O processo que levaria à criação da rádio oficial estava iniciado, bem como o seu enquadramento legislativo. O amadorismo da década anterior estava a ficar pelo caminho (Santos, 2000) e a própria rádio preocupava-se agora com uma nova forma de preencher a sua emissão[9]. De facto,

> "a noção de programação é uma invenção dos anos 30, compondo-se de sequências de discos, peças radiofónicas, notícias, palestras sobre agricultura, saúde e outras artes, programas humorísticos e infantis e declamações de poesia" (Santos, 2000:132).

A rádio surgia como suporte de uma mudança cultural que, aos poucos, ia moldando a sociedade. Com a massificação deste meio, o consumo musical era cada vez menos circunscrito ao público culto que antes ocupava os salões (Santos, 2000). Agora, na intimidade do lar, a rádio permitia a transcendental experiência de viajar (Douglas, 2004).

---

[9] Como refere Marti Marti, o conceito de programação, como o conhecemos hoje, não existia na década de 20, o que havia nessa altura era mais próximo de uma "sucessão desordenada de programas" (2004:24).

É nesta década que nascem as três grandes estações que irão dominar a rádio em Portugal durante o período do Estado Novo, até à nacionalização, em dezembro de 1975: a EN, a Rádio Renascença (RR) e o Rádio Clube Português (RCP).

A criação da rádio oficial

Como o próprio texto do Decreto n.º 17:899 afirmava, a rádio oficial chegou ao nosso país um pouco mais tarde do que noutros países da Europa[10]. A instalação da EN principia com uma fase organizativa, na qual se inclui o enquadramento legislativo, logo no início na década de 30. Porém, existe um trabalho prévio de sensibilização do poder acerca das potencialidades da radiodifusão, no qual se incluem as já referidas exposições e revistas. Esse lento e paulatino processo de chamada de atenção dos governantes não deve ser menosprezado. Ele assentou, sobretudo, em dois fatores[11]: por um lado, na existência da estação privada RCP; e por outro, na publicação de vários títulos de cariz técnico[12]. Essa chamada de atenção era feita, por exemplo, através de artigos escritos na revista Rádio-Lisboa Magazine, por figuras de prestígio que assinalavam o fraco entusiasmo do Estado, perante uma tecnologia que, noutros países, tinha já um significativo relevo[13]. Igualmente importante foi o Congresso Nacional de Radiotelefonia, promovido em 1932 pelo jornal O Século, no qual diversos especialistas debateram e divulgaram o estado da arte[14].

---

[10] Como exemplo, podemos citar a fundação da BBC em 1922, bem como as raízes das rádios públicas de alguns países nórdicos que remontam a 1925 e 1926.

[11] ARAÚJO, A.. 1985. História da Rádio – aparecimento da rádio oficial. *Informação Rádio*, novembro, n.º 9, pp. 19-20.

[12] Note-se que a Rádio-Lisboa Magazine, a primeira publicação técnica nesta área, surge ainda em 1924.

[13] ARAÚJO, A.. 1985. História da Rádio – aparecimento da rádio oficial. *Informação Rádio*, novembro, n.º 9, pp. 19-20.

[14] Nas páginas do Século podia ler-se a 8 de novembro de 1931: "segundo o nosso cálculo, o numero sempre crescente de ouvintes radiotelefonicos deve ascender, actualmente, a cerca de 30:000. Pois essa massa consideravel, que em cada povoação é representada pelas pessoas mais progressistas, mais amantes das grandes inovações da ciencia, pode

Do congresso saiu a conclusão de que, mais do que indiferença, existia uma desconfiança da parte do Estado perante a rádio[15]. No entanto, estava dado mais um passo.

Como foi anteriormente referido, o diploma fundador autorizava a abertura de um concurso para a aquisição de dois emissores, um de OM de 20 kW e outro de OC de 10 kW. Porém, decorreriam ainda dois anos com estudos e trabalhos de montagem. Só então os estúdios são instalados num terreno situado na esquina da Rua do Quelhas com a Rua João das Regras. A AGCTT escolheu para a instalação dos emissores um terreno no Alto do Paimão, concelho de Barcarena. As obras estão concluídas apenas em março de 1933. No mês seguinte, começam as experiências com o emissor de OM[16].

Com a estrutura montada, havia que criar uma orgânica. Em 1933 são, então, publicados os Decretos-Lei n.º 22.783 e n.º 22.784, datados de 29 de junho. No Decreto-Lei n.º 22.783[17] é feita referência, pela primeira

---

e deve agora converter-se, através do I Congresso Nacional de Radiotelefonia, num todo devidamente correlacionado e disciplinado".

[15] ARAÚJO, A.. 1985. História da Rádio – aparecimento da rádio oficial. *Informação Rádio*, novembro, n.º 9, pp. 19-20.

[16] Cf. *Rádio Nacional* de 30 de julho de 1949, pp. 12-13.

[17] Do Decreto-Lei n.º 22.783 destaca-se o seguinte: "adquiriu o Estado, pela Administração Geral dos Correios e Telégrafos, uma estação emissora de onda média de 20kW e vai adquirir uma retransmissora para o Pôrto e uma estação emissora de onda curta que permita levar a palavra lusíada a todos os portugueses espalhados pelo nosso vasto Império, pelo Brasil e pela América do Norte. Importa agora – que os trabalhos de montagem da Emissora Nacional em onda média prosseguem com celeridade (...) promover a organização dos serviços radioeléctricos e dos Estúdios da Emissora Nacional, em condições de não iludir as esperanças que todos põem na realização de tam importante melhoramento, assegurando a êsses serviços a autonomia exigida pela sua natureza especial e atribuindo-lhes os meios financeiros indispensáveis. Nêle se estabelece também o princípio da obrigatoriedade do pagamento de uma contribuição por parte dos proprietários ou detentores de instalações radioeléctricas emissoras ou receptoras, semelhante ao que se faz hoje em muitos outros países para a Administração Geral dos Correios e Telégrafos poder fazer face às despesas resultantes da aquisição e instalação das estações emissoras e retransmissoras e sobretudo aos encargos da sua exploração. As taxas serão fixadas (...) obedecendo ao critério de taxa única para todas as estações receptoras. (...) Art.º 9º - Para a instalação e exploração das emissoras nacionais poderá a Administração Geral dos Correios e Telégrafos utilizar os seus circuitos telefónicos, aproveitar terrenos e edifícios pertencentes ao Estado e adquirir ou expropriar quaisquer terrenos que julgue necessários. (...) Art.º 19º - É criada na Administração Geral dos Correios e Telégrafos a Direcção dos Serviços Radioeléctricos. Art.º 20º - Compete à Direcção dos Serviços Radioeléctricos organizar, dirigir e fiscalizar os serviços de radiocomunicações que lhe são atribuídos por êste decreto e, em especial, orientar

vez, à EN. O diploma vem remodelar e completar o que havia sido publicado anteriormente. Refere-se à organização dos Serviços Radioeléctricos, regulamenta a receção e emissão radiofónicas e menciona os objetivos da rádio oficial, que deveria se ouvida a nível nacional, no Brasil e na América do Norte. Mas, para isso, era ainda necessário investir num novo retransmissor para o Porto e numa nova estação de OC que levasse a emissão além-fronteiras. Nesta altura, o Conselho de Radioelectricidade é extinto e nasce a Direcção dos Serviços Radioeléctricos, no seio da AGCTT. Para a EN são criadas a Comissão Administrativa dos Estúdios e uma Comissão de Programas[18]. Simultaneamente, é instaurada a obrigatoriedade do pagamento de uma contribuição, por parte de quem tenha um emissor, ou um recetor. O valor era de 6$00, sendo reduzido para metade, no caso de comprovada pobreza. Note-se que, no anterior decreto de 1930 se assumia a gratuitidade da receção, com o objetivo de ajudar ao seu desenvolvimento[19]. No segundo decreto[20] é publicado o regulamento

---

superiormente, sob o ponto de vista técnico, a exploração, instalação e funcionamento das estações emissoras nacionais de radiodifusão e respectivos estúdios. (...) Junto dos Estudios das Emissoras Nacionais, e em colaboração com a Direcção dos Serviços Radioeléctricos, funcionarão uma Comissão de Programas e uma Comissão Administrativa dos Estudios. §1.°. A Comissão de Programas Radiofónicos será nomeada livremente pelo Ministro das Obras Públicas e Comunicações e de entre individualidades de elevada cultura artística, musical ou literária, ou especializados em assuntos de radiodifusão, e nela poderão ter representação organismos oficiais que tenham a seu cargo serviços relacionados com a radiodifusão. (...) Art.° 23° - A Comissão Administrativa dos Estudios tem autonomia admistrativa e poderá contratar ou assalariar, com dispensa de quaisquer formalidades legais, o pessoal técnico e artístico que julgue necessário (...)".

[18] A primeira tem a organização, a direção e a fiscalização da radiodifusão no país, a segunda tem a seu cargo a administração de verbas e é composta pelos diretores técnico e artístico (este último é, também, o presidente da Comissão de Programas) dos Estúdios e por um vogal da área comercial. A Comissão de Programas dirige a organização dos conteúdos necessários às emissões.

[19] A obrigatoriedade deste pagamento provocou bastantes protestos, sobretudo relacionados com a qualidade da audição da EN, que era prejudicada por ruídos industriais (Maia, 1995).

[20] O Estado mantinha o monopólio destes serviços, tal como previsto no decreto de 1930. O Decreto-Lei 22.784 definia que: "Art.°15° - As estações radioeléctricas emissoras, fixas ou móveis, são classificadas nas categorias seguintes: a) Estações designadas a serviços públicos – abertas ou não à correspondência pública –ou à exploração e de serviços privados ou especiais; b) Instalações de amadores, destinadas a promover a divulgação e vulgarização das ciências radioeléctricas, sem qualquer interêsse pecuniário directo ou indirecto; c) instalações experimentais (...).§3.°. Em casos especiais, poderão as estações emissoras experimentais e de amadores ser autorizadas a realizar emissões de radiodifusão, mediante parecer favirável da Direcção dos Serviços de Radioeléctricos, que fixará, para

das instalações radioelétricas. Nele se regulamentava a emissão, a receção, a instalação de antenas, para além da previsão dos procedimentos em caso de interferências radioeléctricas. Relativamente às emissoras privadas, o documento impunha a proibição, quer da exploração publicitária, quer da emissão de programas sem prévia autorização da Direcção dos Serviços Radioeléctricos.

Apesar das variantes, o processo português era idêntico ao que se vivia no resto da Europa. Esta fase emergente da rádio era caraterizada por legislação que pretendia manter o meio na posse e sob o controlo do governo (Van Cuilenberg e McQuail, 2003).

Os primeiros anos da EN

As primeiras experiências da rádio oficial começam, então, em agosto de 1933 e prolongam-se por cerca de um ano. António Joyce (na chefia dos programas), Manuel Bivar (diretor técnico) e Jorge Braga (vogal)[21] são nomeados como os seus primeiros responsáveis.

São constituídas várias orquestras durante este período, de acordo com a prioridade dada à vertente artística pela direção (Ribeiro, 2005). Em 1934 é fundada a Orquestra Sinfónica Nacional, cuja atividade, ao longo das décadas seguintes, se iria revelar de enorme relevância cultural, dentro e fora da Emissora[22].

Tecnicamente, é o início de um processo de solidificação que, lentamente, deixará para trás o amadorismo que carateriza o corpo técnico dos primeiros tempos[23]. Porém, deve notar-se que, mesmo durante esta fase

---

cada caso, os horários e as freqüencias a empregar. Estas estações não poderão fazer publicidade a título gratuito ou oneroso, nem emitir programas sem prévia aprovação da Direcção dos Serviços Radioeléctricos, ficando obrigados a transmitir as emissões que oficialmente lhe forem determinadas, e os seus noticiários serão prèviamente aprovados ou, quando o não sejam, não poderão ser diferentes dos das emissoras nacionais".

[21] Cf. *Rádio Nacional*, de 30 de julho de 1949, pp. 12-13.

[22] Cf. *Planos em curso de execução e perspectivas de ação futura* – documento interno da Administração associado ao plano de atividades da EN para 1954.

[23] Cf. *Rádio Nacional*, de 30 de julho de 1949, pp. 12-13.

experimental, a rádio oficial esteve constantemente atenta à atualidade e acompanhou os acontecimentos marcantes do regime, saindo à rua para fazer reportagem em exterior (RDP, 1986; Ribeiro, 2002). Aos poucos, a audiência ia crescendo. No início de 1934 a imprensa dava conta da inscrição, na AGCTT, de 17 mil pessoas para o pagamento da taxa, o que resultava já numa quantia significativa para o arranque da EN[24]. Os preparativos técnicos eram ultimados, e no dia 26 de maio, podia ler-se no Diário de Lisboa:

> "desde ontem à noite que a Emissora Nacional está a irradiar, ininterruptamente, com os melhores resultados. Após um período de cêrca de um mês de experiências de 10 horas por dia, a Emissora presta assim excelentemente as suas ultimas provas, que devem durar quasi 90 horas".

Pouco depois, em julho, os primeiros funcionários com caráter permanente da Comissão Administrativa dos Estúdios das Emissoras Nacionais, começam a ser admitidos[25]. A rádio estava praticamente pronta e uma primeira sedimentação técnica tinha sido conseguida.

Com os estúdios situados no n° 2 da Rua do Quelhas, a EN é inaugurada em 1935, no dia 4 de agosto, muito embora a cerimónia tivesse estado oficialmente marcada para o dia 1 desse mês[26]. O programa da inauguração prolongou-se por uma semana. As emissões contaram com as vozes dos mais importantes locutores da estação, Áurea Rodrigues, Fernando Pessa e Maria de Resende, assim como com as participações de nomes grandes das artes portuguesas, como Almada Negreiros, Mariana Rey Colaço, ou João Villaret, entre muitos outros (Maia, 1995). A imprensa da época deu-lhe ampla importância, nomeadamente o Século e o Diário de Notícias, que dedicaram números especiais à inauguração da EN. O clima era de particular entusiasmo[27].

---

[24] Cf. *Diário de Lisboa*, de 6 de janeiro de 1934.

[25] O recrutamento foi feito por livre escolha, embora em alguns casos tenham existido concursos limitados e particulares.

[26] Cf. *Rádio Nacional*, de 30 de julho de 1949, p. 12.

[27] Questionado pelo repórter da Radio-Semanal, o Presidente da República, Óscar Carmona, disse na cerimónia: "Qual a minha impressão? Magnífica. Creio bem que a

É o momento da instalação das novas instituições: 1933 e 1934 culminam o período durante o qual o salazarismo foi preparando o terreno que viria a permitir a viabilização do novo regime (Rosas, 1994). Ciente da necessidade de fazer a pedagogia dos princípios orientadores do Estado, Salazar empossa António Ferro como diretor do Secretariado da Propaganda Nacional (SPN) em outubro de 1933.

> "Politicamente 'só existe o que se sabe que existe' porque 'a aparência vale pela realidade' era indispensável encenar as grandes certezas e a sua tradução política, glosar os benefícios da sua concretização, impô-las no espírito de todos e de uma forma total: na família, nas escolas, nas aldeias, nas oficinas, nas ruas, no lazer, no quotidiano. Em suma, era necessária a propaganda" (Rosas: 1994, 292).

Nesta altura, o SPN não controlava a EN. A rádio estava sob a dependência do Ministério das Obras Públicas e Comunicações. Mas António Ferro, que compreendia as virtudes da utilização da estação oficial para a propagação dos pilares político-ideológicos do Estado, encetou, desde os primeiros tempos da emissora, uma pressão sobre o Presidente do Conselho, para a colocar sob a alçada do SPN (Ribeiro, 2005). Só que Salazar não pretendia mobilizar as massas da mesma forma que os regimes totalitários europeus faziam (Ribeiro, 2005). Isso refletiu-se na forma como sempre usou os *media*, e até na forma de financiar a emissora: o Presidente do Conselho

> "pretendia antes que as massas não questionassem o percurso que ele, enquanto Chefe do Governo, havia traçado para o país. Desta forma, a principal preocupação não era instrumentalizar os media a seu favor, mas antes criar redes de controlo, de forma a evitar que os meios de comunicação pudessem ser utilizados como instrumentos de difusão de ideias contrárias ao regime" (Ribeiro, 2005:112).

Emissora Nacional será, dentro em pouco, um elemento de progresso para a nossa terra" (cf. *Rádio Semanal*, de 10 de agosto de 1935, p. 2).

Fiel a esta forma de gerir a informação, e com o objetivo de fiscalizar qualquer desvio que existisse na EN, Salazar colocou na estação Fernando Homem Christo. Embora não tendo um cargo oficial dentro da emissora, este seu ex-aluno, defensor do fascismo, tinha como objetivo dar início à criação de um Serviço Político, que controlaria a propaganda transmitida e fiscalizaria toda a atuação da rádio (Ribeiro, 2005). Entre Homem Christo e Ferro, estalou então um conflito que seria sanado por Salazar, nomeando alguém da sua confiança para a EN (Ribeiro, 2005).

Assim, o primeiro presidente da EN foi o capitão Henrique Galvão, nomeado em junho de 1934 para dirigir a nova Comissão Administrativa, e nela acompanhado por Pires Cardoso e Manuel Bivar. A situação com que Galvão se deparou nos primeiros tempos de exercício do cargo não terá sido simples. Devido à escassez financeira, o presidente da Comissão Administrativa quis arrumar a casa. Logo na altura da inauguração, Galvão, em declarações ao Século[28], falava da

> "preocupação de criar condições administrativas dentro das quais a Emissora Nacional possa viver conforme as suas receitas. Estabeleceu-se, então, uma organização; foram criados certos elementos indispensáveis de administração que não existiam; suprimiram-se outros que, sendo inúteis ou dispensáveis, de momento, podiam aliviar o montante das despesas; elaborou-se um orçamento; estabeleceram-se regulamentarmente regras de trabalho (...) isto é, montou-se uma máquina que pode trabalhar com regularidade, sem surpresas nem riscos".

Porém, a reestruturação e os procedimentos implementados por Galvão valeram-lhe alguma contestação interna[29], gerando processos menos pacíficos[30].

---

[28] Cf. *Rádio Nacional*, de 3 de agosto de 1935, p. 3.

[29] O que é, também, retratado em textos do próprio Henrique Galvão (Cf. *Radio-Semanal*, de 31 de julho de 1937, pp. 9-10).

[30] ARAÚJO, A. 1986. História da Rádio – A Emissora Nacional. *Informação Rádio*, fevereiro, n.º 12, pp. 20-21.

O ano de 1935 estava a terminar. Um rádio Philips modelo 510 custava 134$00. Na imprensa[31], anunciava-se a sexta edição da Exposição de Rádio e Electricidade como "uma das mais eloquentes demonstrações de quanto técnica e artisticamente se tem progredido no espaço de um ano em matéria de radiotelefonia, em amplificação do som e em electrotécnica". Grande estava, pois, a ser o desenvolvimento da rádio no nosso país. Mas, no horizonte, podia já ver-se a televisão[32]. Recorde-se que, apesar do entusiasmo da época, Portugal tinha começado tarde. Em 1937, estavam registados pouco menos de 70 mil recetores de rádio, o que colocava o país entre a Argélia e o Egipto; nos Estados Unidos, só em automóveis, os registos desse ano davam já conta de cinco milhões de recetores[33].

Após a inauguração, a programação da EN era de nove horas diárias, distribuídas pelos períodos do almoço, do final da tarde e da noite (Ribeiro, 2005). O seu conteúdo incluía programas musicais (com preponderância da música gravada, após os cortes financeiros nas orquestras) e palestras[34] (maioritariamente com temas políticos alinhados com o regime e normalmente de cariz erudito). Eram, igualmente, incluídos programas infantis[35], recitações e leituras, programas de propaganda das terras portuguesas, efemérides, cotações da bolsa, o diário do governo, uma revista de imprensa (sendo que os conteúdos informativos não eram, de forma alguma, prioritários) e, ainda, programas dedicados à mulher, com um cariz pedagógico (Ribeiro, 2005). Na rádio oficial, o regime encontrava o veículo ideal para a solidificação dos vários pilares que tentavam enformar o quotidiano dos portugueses:

---

[31] Cf. *Radio-Semanal*, de 16 de novembro de 1935, p. 3.

[32] Um artigo publicado na Radio-Semanal sob o título "A rádio de amanhã – Quando teremos a televisão?" dava conta do que se passava, sobretudo, na Alemanha, na Inglaterra, nos Estados Unidos da América, na França e em Itália (cf. *Radio-Semanal*, de 17 de julho de 1937, p. 9).

[33] Cf. o artigo "A rádio em todos os países do mundo", *Radio-Semanal*, de 25 de junho de 1938, pp. 16-17.

[34] Segundo Ribeiro (2005), a excessiva formalidade na apresentação dos programas da EN e os conteúdos das palestras eram, frequentemente, desadaptados de um auditório com elevados índices de analfabetismo. Por causa disso, houve, para além de uma preocupação com as qualidades fónicas dos oradores, uma tentativa de aligeirar e tornar mais acessíveis os conteúdos e a forma das palestras.

[35] As emissões infantis começam a ter uma importância considerável, sobretudo as da RR, do RCP e da EN; a imprensa dedicava ao tema e aos protagonistas alguma atenção.

"Deus, Pátria, Autoridade, Família, e Trabalho – tais foram os cinco grandes valores e princípios em que Salazar fez assentar a sua teoria e a sua acção políticas, e com os quais procurou impregnar o quotidiano mental dos Portugueses. O seu objetivo era proceder a uma verdadeira 'revolução mental e moral' que pusesse cobro à decadência das elites dirigentes e restituísse à Nação a fé e confiança nos seus destinos" (Reis, 1996: 717).

Efetivamente, a EN era um instrumento neste desígnio, sempre fiel ao Estado. Tinha no seu seio uma secção política que zelava pelo enquadramento dos conteúdos da emissora nos pilares ideológicos do governo, os textos eram revistos pelos diretores, havia mapas diários onde todos os conteúdos eram registados e a admissão de todos os colaboradores necessitava da aprovação de Henrique Galvão que, com o passar do tempo, ia intensificando o controlo sobre os programas (Ribeiro, 2005).

Fruto da forte experiência colonial que havia tido[36], Galvão preocupava--se, não só com a receção na metrópole, mas também com a audição em todas as colónias. Aliás, era apoiado nessa intenção pelo Ministro das Obras Públicas, Duarte Pacheco, que não compreendia que a EN não se ouvisse fora da metrópole (Ribeiro, 2005). O emissor de OC, cuja compra estava prevista no Decreto-Lei n.º 22.783, não tinha chegado a ser adquirido. Devido ao fraco investimento do governo, a estação teve de se contentar com um pouco potente emissor de 5kW. O aparelho, que foi construído pelos próprios funcionários da Emissora com material sobressalente e algumas poupanças oriundas do serviço de programas, começou a ser usado em 1936 e permitiu que fossem ouvidas com regularidade as emissões fora da metrópole (Ribeiro, 2005). É, claramente, o início do reconhecimento da importância das emissões ultramarinas: "as emissões em onda curta assumiram-se como um meio importante na comunicação entre a metrópole e os territórios ultramarinos, propagando sentimentos patrióticos muito gratos ao Estado Novo" (Ribeiro, 2005: 149).

---

[36] Henrique Galvão era visto como um homem que olhava com carinho as "cousas coloniais". Cf. *Radio-Semanal*, de 6 de novembro de 1937, p. 17.

Porém, o processo é moroso, e a prioridade dada às emissões ultramarinas demorará a chegar. Não obstante, há um aumento das horas de emissão em OC para os territórios ultramarinos que, em 1937, eram já nove por dia. É nesta altura que surge a "Meia Hora da Saudade"[37], um programa de enorme êxito, preenchido grandemente pelas declarações saudosas de familiares separados geograficamente entre a metrópole e as colónias (Maia, 1995; Ribeiro, 2005). Sinal do seu sucesso, em 1939 a "Meia Hora da Saudade" passa a ter a duração de uma hora. Nesta altura, é transmitido em quatro emissões distintas para África, África e Ásia, Brasil e América do Norte (Ribeiro, 2005).

De forma geral, este é um período caraterizado por um aumento de qualidade e de diversidade nas emissões da EN (Ribeiro, 2005). Era frequente dar-se uma atenção particular à transmissão de concertos captados no exterior e de eventos ligados ao folclore e às tradições portuguesas. É o tempo dos Jogos Florais (desde 1936) e dos serões[38]. Ainda assim, alguma crítica referia-se na imprensa ao excesso de palestras e música clássica da emissora oficial[39]. De facto, no que diz respeito à música, havia à época uma clivagem grosseira de gostos entre um grupo social que encontrava satisfação na música clássica e um outro que preferia claramente uma maior ligeireza[40]. Neste contexto, as orquestras da estação são reorganizadas em 1938 e as nove formações existentes passam, então, a cobrir várias áreas musicais, da popular à sinfónica[41].

---

[37] Ao longo deste texto, os nomes dos programas de rádio serão sempre colocados entre aspas.

[38] Cf. *Rádio Nacional*, de 30 de julho de 1949, pp. 12-13.

[39] O espaço de crítica assinado na Rádio Nacional por Zé-Locutor, referia-se na primeira edição de 1937 ao facto de ser habitual criticar a EN: "porque transmite fados, porque tem palestras a mais, porque a música clássica é como as pragas de gafanhotos quando dão em aparecer. Enfim, diz-se mal da Emissora pelo que faz e pelo que não faz" (cf. *Rádio Nacional*, de 03 de janeiro de 1937, p. 3).

[40] Defendendo o equilíbrio dos conteúdos, Carlos Rodrigo descrevia na Radio-Semanal "dois pólos nas discussões sobre programas: música clássica; o fado. Na primeira inclue o vulgo toda a música que o massa; no segundo as pessoas «finas» metem apenas o arrastado, o sonolento, o pouco educado fado de Lisboa" (cf. *Radio-Semanal*, de 7 de agosto de 1937, p. 15).

[41] A partir de 1 de janeiro de 1938, a EN passaria a contar com nove agrupamentos: a Grande Orquestra Sinfónica, a Orquestra Genérica, a Orquestra Popular, a Orquestra de Câmara, a Orquestra de Salão, os Sextetos A e B, um Quarteto e um Trio (cf. *Radio-Semanal*, de 15 de janeiro de 1938, p. 3).

O teatro estava ainda ausente da rádio portuguesa, o que motivava alguma pressão sobre a EN. Vários artigos publicados na Radio-Semanal questionavam a ausência do teatro radiofónico nas estações nacionais e incentivavam à sua inclusão em prol do desenvolvimento da radiodifusão. Num desses artigos[42] podia ler-se que Henrique Galvão justificava a ausência do teatro na EN com a falta de condições dos textos dramatúrgicos apresentados à estação. Porém, estava para breve uma mudança. Pouco tempo depois[43], Galvão anunciava que, em 1938, o teatro iria surgir na EN, razão pela qual, a estação iria assinar contratos com todas as empresas lisboetas do ramo.

Nos ouvintes, crescia a sedução pelas vozes da rádio. O auditório começava a ter vontade de conhecer quem estava do outro lado do microfone. Os locutores ganhavam notoriedade. De tal forma que começavam a fazer as primeiras páginas da imprensa especializada[44].Ao ouvinte, a emissão em OM não chegava, por vezes, nas melhores condições. É perante isso que, em 1938, o governo tenta ordenar o funcionamento dos postos particulares. O Decreto-Lei n.º 28.508[45] vem estabelecer normas que devem reger o funcionamento técnico das emissoras, para que se melhorem as condições de escuta, quer eliminando as frequentes interferências provocadas pelos postos particulares, quer regulando a qualidade de reprodução.

À semelhança do que já acontecia em países como a Itália ou a Inglaterra, o futebol entra na rádio oficial ainda em 1938. A EN começa a transmitir jogos de futebol aos domingos à tarde. A novidade era tal que, nos primeiros tempos, a Federação Portuguesa de Foot-Ball se sentiu ameaçada. A transmissão de um Sporting-Benfica, foi proibida com receio de que a

---

[42] Cf. *Radio-Semanal*, de 18 de setembro de 1937, p.1.

[43] Cf. *Radio-Semanal*, de 6 novembro, p. 17.

[44] Na capa da *Radio-Semanal*, de 3 de julho de 1937 destacava-se, com uma fotografia e um pequeno texto, a "voz de oiro" de Maria de Rezende, uma das vozes da EN (cf. *Radio-Semanal*, de 3 de julho de 1937, p. 1). Na capa da edição de 14 agosto do mesmo ano, era dado igual destaque ao novo locutor da EN, Olavo de Eça Leal (cf. *Radio-Semanal*, de 14 de agosto de 1937, p. 1). Este viria a tornar-se muito notado nos anos seguintes. Os "Diálogos" de Olavo de Eça Leal serão recordados (Maia, 1995) como um marco na história da rádio em Portugal.

[45] Decreto-Lei n.º 28.508, de 3 de março.

emissão pudesse influenciar negativamente os resultados da bilheteira. O caso foi o ponto de partida para vários textos escritos na Radio-Semanal a partir de 22 de janeiro de 1938. A proibição da Federação iria manter-se até à intervenção do governo, em 1940.

O desporto revela-se um campo de intervenção privilegiado para a rádio. Ainda em 1938, a EN envia pela primeira vez um repórter ao estrangeiro para acompanhar um evento desta natureza. Tratou-se do relato dos jogos de Portugal frente à Alemanha e à Suíça[46].

As eleições para a Assembleia Nacional decorrem no final de outubro de 1938. Nos programas da EN, todo o mês havia sido de incitamento ao voto, de acordo com um espírito de exaltação do chefe (Ribeiro, 2005). Aos microfones da emissora oficial, Salazar iria, depois da eleição, afirmar a vontade de manter a neutralidade do país face a um possível conflito internacional (Nunes, 1997). São os primeiros anos da longa e inequívoca subordinação da EN ao governo e aos seus pilares ideológicos:

> "o ideário do Estado Novo esteve, desde sempre, bem presente nas emissões da Emissora Nacional, quer através de palestras, quer através de transmissões do exterior que assinalavam momentos emblemáticos do regime" (Ribeiro, 2005:182).

É de acordo com este posicionamento que se deve contextualizar a atenção que a EN prestava a alguns dos principais acontecimentos que marcaram esses anos finais da década de 30, como a antevisão da Exposição do Mundo Português. Na população, o fascínio era cada vez maior. Entre 1933 e 1939, o número de ouvintes passaria de 15973 para 89300[47].

---

[46] O tema era motivo de regozijo na Radio-Semanal e oportunidade para pressionar a "Federação Portuguesa de Foot-Ball" por causa das limitações impostas nesta altura à transmissão dos relatos (cf. *Radio-Semanal*, 30 de abril de 1938, p. 2).

[47] Números oficiais referidos no preâmbulo do Decreto-Lei n.º 30.752, de 14 de setembro de 1940.

A DÉCADA DE 40: A SEDIMENTAÇÃO

Os efeitos da guerra

Terminada a Guerra Civil de Espanha, Franco instala um regime totalitário de direita em Espanha. A Segunda Guerra Mundial está a começar, em 1939. Face ao desenvolvimento do conflito e à forma como Salazar gere a neutralidade do país, em meados de 1940, Portugal passa a ser considerado pela Grã-Bretanha como neutro adjacente ao território inimigo:

"até aos acordos de Novembro de 1942, inaugura-se um longo e difícil período, em que os efeitos da guerra se vão fazer sentir dura e prolongadamente sobre o conjunto da vida económica e social e no qual as relações luso-britânicas vão conhecer uma fase de inusitada tensão, sem dúvida o seu período mais delicado do conjunto da guerra" (Rosas, 1994: 309).

Era um período duro. Aos microfones da EN eram lançadas mensagens de conformismo, incentivando a manutenção da ordem e a crença nos pilares da nação como únicas formas de ultrapassar as dificuldades que o país atravessava (Ribeiro, 2005). Saint-Exupéry passa por Portugal no final de 1940 e a sua descrição da capital é a de um lugar triste:

"Em parte, o clima de tristeza devia-o Lisboa à presença de certos refugiados. Não me refiro a proscritos em busca de asilo. Não falo de imigrantes à procura de uma terra a fecundar com o seu trabalho. Falo dos que se expatriam para longe da miséria dos seus a fim de manter o dinheiro a bom recato" (Saint-Exupéry 1990: 153, 154).

Mas, apesar da tristeza de Saint-Exupéry, Lisboa tem uma interessante dinâmica, enquanto ponto de passagem, que resulta da importância estratégica da sua situação geográfica. E isso deixa marcas no quotidiano:

> "a alteração dos costumes, influenciados pelos estrangeiros em trânsito, provoca escândalos na pequena burguesia que abre a boca de espanto com os seus decotes, fatos de banho, danças, liberdades, amores, caprichos" (Dacosta, 1997: 135).

Também devido à posição geográfica do país, Portugal era alvo de um esforço de propaganda de ambos os lados da contenda. Houve nesta altura trocas de visitas entre membros da EN, do SPN e da rádio alemã (Ribeiro, 2005).

O serviço em língua portuguesa da emissora de Berlim chegava à metrópole e às colónias[48]. Mas, apesar da intensidade da propaganda nazi, a BBC também chegava em boas condições a Portugal e o seu impacto era considerável[49].

Quanto à EN, durante o conflito, a estação oficial seguiu as orientações do Estado:

> "a linha editorial da Emissora Nacional seguiu em primeiro lugar o princípio da neutralidade, por diversas vezes reafirmado pelos responsáveis da estação e pelo próprio Governo. Tal como na imprensa, a elite

---

[48] Podia ler-se num anúncio: "A Alemanha fala! As estações alemãs de ondas curtas transmitem as suas notícias radiofónicas em língua portuguesa diariamente das 18,45 ás 19 e das 21.45 ás 22horas pelos postos (…). atualidades em língua portuguesa são transmitidas todos os dias úteis (…)" (cf. *Rádio Nacional*, de 22 de setembro de 1940, p. 6). Em 1943, Goebbels tinha à sua disposição 130 emissoras, contando as alemães e as dos países ocupados, com propaganda em 53 idiomas (Herreros, 1995).

[49] No jornal Rádio Nacional podia ler-se que "a Inglaterra começou a falar para o mundo com redobrado vigor ao serem aumentados os serviços regulares dos programas da B.B.C. A Grã-Bretanha, agora, emite noticiários, comentários, conferências e outros assuntos de interesse, num total de 54 horas por dia, em 32 línguas estrangeiras, fazendo duas ou mais transmissões simultâneas em diferentes comprimentos de onda. Há dois serviços europeus. Um deles compreende 20 horas diárias em alemão, francês e em todas as línguas da Europa Central, ao passo que o outro que compreende 5 horas diárias é destinado a Portugal, Espanha (…). O horário dos noticiários, em língua portuguesa, transmitidos pelas estações emissoras da B.B.C. passou a ser o seguinte (…)" (cf. *Rádio Nacional*, de 2 de maio de 1941, p. 4).

que produzia a informação da estação oficial tinha uma maior simpatia pelos Aliados do que pelas potências do Eixo. (...) Ainda assim, e tal como veio a suceder na imprensa, após a abertura da frente de leste, a Emissora Nacional passou a dar uma maior atenção à Alemanha, levando a que, de acordo com o Adido de Imprensa britânico, as notícias inglesas apenas ocupassem 50% do tempo total de emissão nas várias edições do 'Diário da Emissora Nacional'" (Ribeiro, 2005:234-235).

A rádio é, claramente, uma arma. E isso é reconhecido em ambos os lados da contenda. No entanto, havia uma diferença crucial, como explica Herreros (1995): os aliados, sobretudo através da BBC, eram capazes de narrar vitórias e derrotas, o que reforçava a confiança dos ouvintes nas informações que lhes chegavam.

Na Emissora, esta apertada conjuntura sente-se com particular intensidade. Em 1942, o diretor técnico da estação, Manuel Bivar[50], pedia publicamente compreensão ao público pelo provável aumento de avarias na emissão, devido à escassez de peças.

A organização dos serviços

Terminado o período experimental e os primeiros anos de emissões regulares, tem início em 1940 a terceira fase da curta vida da estação oficial, com a publicação da primeira Lei Orgânica da EN. O Decreto-Lei n.º 30.752, de 14 de setembro[51], veio atualizar o regulamento das instalações radioelétricas. O decreto assumia o carácter experimental da legislação oriunda da primeira metade da década de 30. Traçava o percurso da EN, desde a instalação do emissor de OM de 20 kW, cinco anos antes, identificava as duas fases de experimentação e especialização, e referia a necessidade de organizar e desenvolver um Plano Nacional de Radiodifusão (PNR).

---

[50] Cf. *Rádio Nacional*, de 11 de janeiro de 1942, p. 5.

[51] Veio substituir o Decreto-lei n.º 22.784. Seria, depois, alterado pelos Decretos n.º 30.835, de 31 de outubro de 1940 e n.º 32.050, de 28 de maio de 1942.

A EN era apresentada como o instrumento ideal para fazer chegar a propaganda de Portugal a todos os pontos do Império. Porém, a receção das emissões na metrópole e nas colónias não era, claramente, eficaz nesta altura. Os meios disponíveis eram ainda escassos. A EN tinha um emissor de OM de 20 kW e um de OC de 10 kW que, tal como o seu antecessor, era de construção caseira. O PNR tinha, precisamente, o objetivo de melhorar estas condições, recorrendo à instalação de um novo emissor nacional de 50 kW, de um emissor imperial de 40 kW de OC, de um emissor regional no Porto e de um outro em Coimbra, para retransmissão[52]. Este PNR seria financiado pelas receitas da taxa de radiodifusão (entretanto fixada em 72$00 por ano)[53] e pela possibilidade que a EN passava a ter de obter crédito[54].

Entretanto, a EN crescera. Em 1949, tinha já 600 funcionários, excluindo os colaboradores. Quando começou, cerca de 15 anos antes, tinha somente 30[55]. Internamente, a orgânica da estação refletia já esse crescimento. Estava agora dividida em Serviços de Produção, Serviços Técnicos e Serviços Administrativos. Passava a ter a seu cargo a cobrança da taxa, que transitava da alçada dos CTT, e ganhava autonomia administrativa e financeira. A receita da taxa cobrada na metrópole revertia inteiramente para a EN, assim como metade do produto da que fosse cobrada nas colónias. O diploma estabelecia ainda a orgânica e o funcionamento interno ao nível dos funcionários e dos dirigentes, assim como o processo de abandono da alçada dos CTT[56]. Com este plano, e apesar das dificuldades económicas

---

[52] Os dois emissores regionais estavam já em funcionamento regular desde agosto de 1940. No Porto, durante duas horas era transmitido um programa próprio. O de Coimbra (com 250 watts de potência) apenas retransmitia o programa nacional (cf. *Rádio Nacional*, 18 de agosto de 1940, p. 4).

[53] Note-se que, segundo dados da Radio-Semanal, em 1937 apenas não existia imposto radiofónico na Holanda, Grécia, Luxemburgo e Albânia (cf. *Radio-Semanal*, de 13 de novembro de 1937, pp. 16-17.

[54] O decreto autorizava, de imediato, o Governo a contrair um primeiro empréstimo destinado à fase inicial do PNR, no total de 12 mil contos.

[55] Cf. *Rádio Nacional*, de 30 de julho de 1949, pp. 12-13.

[56] Do texto e articulado do Decreto-Lei n.º 30.752 deve realçar-se a assunção da EN como instrumento político: "em verdade, os serviços da Emissora Nacional, como agentes de expansão da cultura e da espiritualidade portuguesas e como instrumento político, estendendo a sua ação ás colónias e aos nucleos de nacionais nos diferentes países, fizeram

que atravessava, a EN passava, também, a ter nos seus estúdios material mais moderno, nomeadamente no que diz respeito à aparelhagem de gravação, microfones e outro material auxiliar[57].

Um poderoso instrumento de propaganda

Portugal assinala em 1940 o ano da dupla comemoração centenária da Fundação e da Restauração da Independência. Foi uma enorme oportunidade para usar um acontecimento da história do país, ao serviço da divulgação dos pilares ideológicos do governo. Como já foi referido, na EN, o duplo centenário vinha já sendo alvo de intensa propaganda, sobretudo desde o ano anterior; e durante a sua realização, teve um enorme destaque na programação e na atividade da emissora[58], apesar das conhecidas limitações técnicas (RDP, 1986; Ribeiro, 2005). O ano foi, pois, de sublimação dos valores nacionais. Outro exemplo dessa vocação da EN seria a extensa reportagem acerca da inauguração do Estádio Nacional, no Jamor, no dia 10 de junho de 1944, coincidindo com a Festa da Raça e de Camões (RDP, 1986).

Na cúpula da EN registavam-se mudanças. Após a transformação da emissora num organismo autónomo, Henrique Galvão abandona a direção da rádio e é substituído por Pires Cardoso, a quem caberia já o discurso de saudação do novo ano de 1941, enquanto presidente

---

sentir a necessidade de dar aos serviços de radiodifusão nacional uma estrutura com carácter definitivo e de integrá-los, sem quebra da sua especialidade, na organica geral dos serviços do Estado. (...) No período de 1933 a 1939 o aumento dos rádioouvintes foi portanto de 73:327, o que dá a média anual de 12:221 e a mensal de 1:018. 3. Estes números mostram ainda a conveniência de, quanto antes, favorecer a inscrição de novos subscritores, pela execução de um plano que, melhorando as condições gerais de recepção radiofónica em todo o País, e nas colónias, crie o sentido da necessidade dêste instrumento de cultura entre uma massa maior da população portuguesa".

[57] Cf. *Rádio Nacional*, de 29 de setembro de 1940, p. 3.

[58] Em carta publicada no jornal Rádio Nacional, de 7 de julho de 1940 (p. 4), um(a) ouvinte de Coimbra dirigia-se ao responsável da estação oficial: "Sr. Director da Emissora: As minhas felicitações pelas transmissões das festas centenárias. Quem não teve a felicidade de ir ao local das festas, assistiu em sua casa e melhor não tem a desejar. Bem hajam. A Emissora satisfaz, procura agradar e só não agradará aos descontentes, por profissão".

interino da EN. No entanto, Cardoso, não ficaria muito tempo à frente da emissora. Culminando uma espera de vários anos e uma crescente aproximação verificada nos meses mais recentes entre o SPN e a EN (Ribeiro, 2005), António Ferro é nomeado para dirigir a estação oficial a 26 de maio de 1941. Ferro sabia do alcance da rádio e pretendia usá--la. No seu discurso de tomada de posse afirmou que a EN era "o mais poderoso instrumento de propaganda direta que existe no nosso País"[59]. O tempo que Ferro passou à frente da emissora

> "viria a ficar marcado por uma maior instrumentalização da estação como meio de propaganda do Estado Novo, tendo sido introduzidas diversas alterações de fundo na programação. Os conteúdos emitidos foram considerados o mais importante por oposição à técnica" (Ribeiro, 2005:242).

Na primeira grelha de programas que apresentou, ainda em 1941, as alterações demonstravam uma vontade de aligeirar a programação, embora se mantivesse a preocupação cultural (Ribeiro, 2005). Aliás, Ferro acreditava na rádio risonha e bem-disposta[60]. É ele que, definitivamente, dá lugar ao teatro na rádio, quer sob a forma de revista, quer enquanto diálogos (Ribeiro, 2005). Em 1942, o novo mapa de programas mantinha a orientação, mas tentava aportuguesar várias rubricas (nomeadamente as "Variedades", que eram predominantemente compostas por criações estrangeiras)[61]. Ferro pretendia que a programação fosse, cada vez mais, porta-voz da ideologia do regime.

Da sua ação deve destacar-se, também, a criação de um Gabinete de Estudos Musicais (que não descurava o folclore), bem como a instituição de dois concursos, um para solistas e outro para artistas ligeiros[62].

---

[59] Cf. *Rádio Nacional*, de 17 de novembro de 1956, p. 3.

[60] Cf. *Rádio Nacional*, de 17 de novembro de 1956, p. 3.

[61] Cf. *Rádio Nacional*, de 31 de maio de 1942, p. 4.

[62] Em 1943 principiam os concursos destinados a solistas portugueses (com prémios em cinco áreas: piano, violino, violoncelo, canto e instrumentos diversos) e a artistas ligeiros (cf. Planos em curso de execução e perspectivas de ação futura – documento interno da

Ao Gabinete de Estudos Musicais competia, por exemplo, a encomenda de obras musicais[63], em articulação com a Orquestra Sinfónica Nacional.

A programação da EN tem diversas âncoras que, ao longo da década, se vão fixando. É em 1942 que começa a ser transmitida a "Festa Anual da Rádio", que passaria a englobar o concurso Jogos Florais, agora num formato mais próximo do meio radiofónico (RDP, 1986; Ribeiro, 2005). Lá estão, também, as iniciativas de solidariedade[64] ou as transmissões de Fátima. São também deste ano as transmissões das primeiras revistas radiofónicas (Maia, 1995) e o início das emissões do "Domingo Sonoro" (Ribeiro, 2005)[65].

Desta década ficam ainda momentos como o início das emissões da Rádio Porto, em 1946, e a criação, em 1947 do Centro de Preparação de Artistas da Rádio, de onde sairiam nomes importantes do espetáculo, como Simone de Oliveira, Madalena Iglésias ou Francisco José. O centro, cuja atividade se iniciou com o maestro Belo Marques e o professor Mota Ferreira, estava aberto a maiores de 17 anos, permitindo-lhes desenvolver gratuitamente as suas capacidades, além de lhes proporcionar a inclusão nas emissões da própria estação[66].

O Secretariado Nacional de Informação, Cultura Popular e Turismo (SNI), que sucedeu ao SPN, passara, entretanto, a tutelar a EN em 1944, e a fiscalizar a própria radiodifusão privada[67]. De facto, embora António Ferro já dirigisse os dois organismos nessa altura, passou a haver uma subordinação formal à estrutura do SNI.

Administração associado ao plano de atividades da EN para 1954; arquivo da RTP). A primeira vencedora do concurso de artistas ligeiros foi Maria da Graça (RDP, 1986).

[63] Cf. Planos em curso de execução e perspectivas de ação futura – documento interno da Administração associado ao plano de atividades da EN para 1954; arquivo da RTP.

[64] Como é o caso do programa transmitido em 1941 sob o tema "Salvemos as crianças vítimas da guerra" ou de uma "Hora de variedades" a favor dos parques infantis que foi transmitida a partir do Casino do Estoril (RDP, 1986)

[65] O "Domingo Sonoro" surgiu a 7 de junho de 1942, após a primeira reformulação da programação feita por António Ferro; tratava-se de um magazine semanal transmitido na OM (Ribeiro, 2005).

[66] Cf. *Boletim da Divisão de Programação da Emissora Nacional de Radiodifusão* relativo ao primeiro trimestre de 1970.

[67] Cf. Decretos-Lei n.º 33.545, de 23 de fevereiro de 1944 e n.º 34.133, de 24 de novembro do mesmo ano.

A EN amadurece, desenvolvendo um estilo hirto ao serviço do Estado. Desde a sua inauguração, a estação oficial sempre esteve ao serviço do regime, como instrumento de divulgação e exaltação do chefe de Estado, do país, da obra e do ideário do Estado Novo, pese embora o facto de a estação oficial nunca ter feito parte de uma política integrada de propaganda do regime (Ribeiro, 2005). Por outro lado, o desenvolvimento de um estilo de sobriedade e solenidade aliado à forte presença de conteúdos eruditos acabou por se tornar imagem de marca da EN (Ribeiro, 2005).

O final da década irá trazer uma nova fase à EN. Nove anos depois de ter chegado à direção da EN, Ferro partirá para a Suíça, para ocupar o cargo de Ministro de Portugal em Berna. Interinamente, Manuel Bivar fica à frente da emissora, logo no início de 1950[68].

A melhoria da cobertura

Apesar das restrições causadas pela guerra, a EN continuava a crescer, investindo na melhoria da cobertura do país. São adquiridas duas novas estações de 50 kW (uma de OC e outra de OM), que começam a ser montadas em Barcarena e em Castanheira do Ribatejo, ainda em 1941, o ano do ciclone[69]. Nesse ano, havia sido inaugurado, também, o Emissor Regional dos Açores[70]. Em Castanheira do Ribatejo, é substituído,

---

[68] Cf. Edições da Rádio Nacional, entre 14 de janeiro e 4 de fevereiro de 1950.

[69] Em fevereiro de 1941, Portugal é assolado por um violento ciclone. Os estragos são imensos em todo o país e a EN não é poupada. Manuel Bivar descreveu o acontecimento na imprensa: "as estradas e as vias férreas interrompidas, as comunicações telegráficas e telefónicas cortadas, só restando o recurso da rádio. Mas o ciclone também não poupou uma das tôrres de antena do nosso emissor de Barcarena e êste poderoso meio de comunicação não poude, de início, ser utilizado porque o acidente inutilizou totalmente o nosso sistema de irradiação. No entanto, 5 horas depois, dávamos a nossa emissão com uma antena improvisada e faziam-se os primeiros avisos ao país. Foi uma tarefa árdua, intensa, sem desfalecimentos em que todos puseram á prova o seu desejo de servir e a sua competência. (...) E todo êste esforço passou despercebido ao público ouvinte, a não ser... que foram 5 horas de interrupção". (Cf. *Rádio Nacional*, de 11 de janeiro de 1942, p. 5).

[70] Inaugurado em 26 de maio de 1941.

em 1945, o emissor que havia sido inaugurado em 1935[71]. No Porto, a inauguração do Emissor Regional do Norte e dos estúdios da EN é feita em 1943. Efetivamente, os investimentos são consideráveis, ao longo da década. Em 1948, a EN volta a ser autorizada a contrair um novo empréstimo no valor de quarenta mil contos para a instalação do Centro Emissor Ultramarino (CEU), que virá a incluir 22 antenas apontadas do Extremo Oriente à Terra Nova, dois emissores de 100 kW e o respectivo conjunto de edifícios.

A década termina com o início experimental da atividade do emissor de Faro, em 1949. É o nono emissor da rede da estação oficial.

---

[71] Cf. *Rádio Nacional*, de 21 de janeiro de 1945, pp. 8-9. Na cerimónia de inauguração o diretor técnico da EN, Manuel Bivar lembrou Duarte Pacheco, impulsionador do Plano Nacional de Radiodifusão, que havia falecido em 1943 (cf. *Rádio Nacional*, de 18 de fevereiro de 1945, pp. 8-9).

A DÉCADA DE 50: A EXPANSÃO

A maturidade da rádio

O período em que o país entra, só por equívoco poderá ser confundido com estagnação. Na verdade, é o início de uma profunda mudança:

> "sob a carapaça do cinzentismo oficial, é a sucessão de Salazar que se começa, pela primeira vez a discutir seriamente. Era o princípio de um longo fim, que, curiosamente, terá como motor não tanto a ofensiva externa dos seus inimigos, mas a desagregação interna dos seus apoiantes: na situação, como na oposição, ao longo dos anos 50, é a ideia da transição, da evolução do regime, que polarizará todas as esperanças de mudança" (Rosas, 1994: 503).

A EN continuava como instrumento de união política, ao passo que muitas das suas congéneres europeias começavam no pós-guerra a implementar princípios democratizantes (Kleinsteuber, 2011). Mas o modelo português era o de uma rádio estatal, ao serviço do governo, e não o de uma rádio pública, ao serviço das pessoas.

Vive-se o período áureo da rádio, que ocupa o lugar central no lazer familiar. Nesta altura, os locutores mais populares são Artur Agostinho, João da Câmara ou Pedro Moutinho. Os artistas que travavam a luta pela vitória no Concurso de Popularidade Radiofónica promovido pela revista Rádio Nacional, durante o ano de 1950[72], eram José António, Maria de Lourdes ou Amália Rodrigues.

---

[72] Cf. *Rádio Nacional*, de 24 de junho de 1950, p. 3.

A música tinha um lugar central na rádio dos anos 50. Na EN, a Orquestra Sinfónica Nacional continuava em grande atividade. Realizavam-se quatro recitais por semana[73]. Mas havia uma grande diversidade de intervenientes musicais ao vivo nas suas emissões. Os concertos de câmara da estação estavam a cargo de dois grupos: a Academia de Instrumentistas de Câmara e o Quinteto Nacional de Sopro. A música coral contava com as interpretações de grupos como as Pequenas Cantoras de Portugal, o Grupo Coral do Conservatório de Música do Porto, o Grupo Musical Feminino, o Grupo Vocal Feminino Harmonia, o Grupo Coral Aleluia, o Orfeão Scalabitano, ou o Orfeão de Leiria. No campo da música ligeira, a EN contava com as suas Orquestra Ligeira e Orquestra Típica Portuguesa, com o Coro Feminino e o Sexteto Vocal Masculino, para além dos vários artistas ligeiros que iam passando pela estação. Nesta altura, o palco que a EN disponibilizava aos artistas ligeiros era, sobretudo, em programas ao vivo, como os "Passatempos Musicais", os "Serões para Soldados", os "Serões para Trabalhadores", o programa "Fados", ou o mais recente "Ouvindo as Estrelas". Assim espalha a EN a banda sonora do Portugal de Salazar, por entre as manifestações tradicionais e as festas populares. A programação da rádio era muito baseada no divertimento, pese embora a orientação de Eça de Queirós, o seu novo presidente, no sentido de vincar o carácter cultural da EN (Silva, 2001).

Esta é uma década de desenvolvimento técnico na rádio, de melhoria nos conteúdos e de verdadeira sedução do seu auditório. É, de certa forma, o fim da sua adolescência (Silva, 2001). Mas os anos 50 são, também, o princípio do declínio da rádio enquanto centro do lazer familiar. A televisão está a chegar a Portugal e a presença do tema começa a notar-se nas páginas da imprensa[74].

----

[73] Cf. Documento interno dos Serviços de Produção, datado de 27 de novembro de 1952; arquivo da RTP.

[74] A primeira página da Rádio Nacional, de 7 de março de 1953 apresentava uma grande fotografia de Lima Basto, de partida para o estrangeiro, com o intuito de dar andamento à televisão portuguesa; em título podia ler-se "A primeira emissora de televisão vai ser instalada em Portugal pelo Rádio Clube Português". E, de facto, não faltaria muito para que a televisão chegasse aos lares portugueses (cf. *Rádio Nacional*, de 7 de março de 1953, p. 1).

O desenvolvimento dos meios ao serviço do Estado

Após a saída de Ferro do SNI, a direção do organismo fica interinamente a cargo de António Eça de Queirós[75], que já era vice-diretor do Secretariado. Forte apoiante de Salazar, é ele que assume desde janeiro de 1951 a direção da EN, onde ficará até 1959.

É, precisamente, no início do ano de 1951 que são inauguradas, oficialmente, as emissões para Macau, Timor, Goa, Damão e Diu[76]. Alguns meses depois, morre o Marechal Carmona. É o dia 18 de abril de 1951: ao meio-dia a EN dá a notícia ao país. Nos dias seguintes, reduz o seu período de emissão e acompanha as cerimónias fúnebres[77].

O desenvolvimento da EN continua a bom ritmo e algumas das obras que estão em curso vão sendo concluídas. É o caso do novo edifício do Emissor Regional de Coimbra, que é entregue à EN em abril de 1952. A região passa, assim, a ser coberta por um emissor mais potente. Em Viseu começa também a montagem do emissor regional[78]. É nesta altura que todos os estúdios, tanto os da sede como os dos emissores regionais, são equipados com gravadores de fita. Manuel Bivar afirmava com orgulho que, com "os novos gravadores de fita magnética não é possível distinguir entre um programa gravado e um programa directo dos Estúdios"[79]. A mudança trazida por esta tecnologia irá mudar muitas das rotinas da rádio.

Entretanto, o modelo do canal único tinha-se tornado insuficiente, pelo que havia sido posto em prática o desdobramento de programas. O presidente da EN justificava essa estratégia com a necessidade de satisfazer vários gostos:

---

[75] Queirós havia sido jornalista, escritor e tinha feito carreira no SNI (cf. *Rádio Nacional*, de 17 de fevereiro de 1951, p. 1).

[76] Cf. *Rádio Nacional*, de 6 de janeiro de 1951 (p. 16). Nesta altura, a emissão em OC da EN chegava (entre a 1 e as 3 horas) à América do Norte, (entre as 12 e as 14 horas) a Timor, (entre as 15.45 e as 18 horas) a Macau, Goa, Damão e Diu, (entre as 18.30 e as 21.30 horas) a São Tomé e Príncipe, Angola e Moçambique e (entre as 22 e as 00.30 horas) a Cabo Verde, Guiné e Brasil (cf. *Rádio Nacional*, de 2 de agosto de 1952, p. 9).

[77] Cf. *Rádio Nacional*, de 21 e 28 de abril de 1951, p.1.

[78] Cf. *Rádio Nacional*, de 30 de agosto de 1952, p. 1.

[79] Cf. *Rádio Nacional*, de 2 de agosto de 1952, p. 3.

"não conseguindo muitas vezes – ai de nós! – agradar a gregos e a troianos, pois o apaixonado da música de Beethoven ou de Wagner insurgia-se contra as guitarradas que se seguiam à audição das mais belas páginas da literatura sinfónica (...). Verificou-se naturalmente a insuficiência do programa único. Daí nasceu a ideia do desdobramento da emissão, organizando-se simultaneamente programas sérios e ligeiros – passe a expressão – para que, à mesma hora, se pudesse ouvir, por exemplo, a Amália Rodrigues ou música de câmara. Era só uma questão de escolher entre Lisboa I e Lisboa II"[80].

Assim, em 1952, a EN assegurava dois serviços, o Metropolitano e o Ultramarino. Para a metrópole estavam em funcionamento os emissores de Lisboa 1 (Castanheira do Ribatejo) e Lisboa 2 (Barcarena); Porto (Azurara), Coimbra, Faro e Ponta Delgada. Nesta fase, o alargamento a outras cidades estava ainda a ser desenvolvido.

Quanto ao Ultramar, a EN tinha um papel fulcral a cumprir. Nesta época, o investimento nas emissões internacionais era uma das marcas mais relevantes tanto dos serviços públicos como dos estatais, na radiodifusão europeia (Kleinsteuber, 2011). A diáspora portuguesa tinha feito com que o nosso país cedo tivesse apontado a rádio para lá das suas fronteiras. A primeira rádio a fazê-lo havia sido a Rádio Colonial que, em 1929, transmitia para o Brasil e para as colónias portuguesas. A EN, na verdade, também já tinha começado a transmitir a partir do seu Centro Emissor Imperial, em Barcarena, com pequenos emissores caseiros. No entanto, a estação oficial queria desenvolver estas emissões e melhorar as condições do centro de emissão. O objetivo era levar e reforçar o espírito do regime além da metrópole[81]. Num terreno em Pegões (S. Gabriel) têm, pois, início

---

[80] Cf. *Rádio Nacional*, de 2 de agosto de 1952, p. 4.

[81] Nesta altura, a situação da EN era particular: "a E.N. é o organismo de radiodifusão nacional de maior expansão no Mundo, visto que emitindo apenas num idioma nacional, cobre distâncias enormes. Com efeito, a E.N. não faz quaisquer emissões de propaganda para o estrangeiro. O nosso conceito de propaganda pressupõe o acordo do país receptor e nessa ordem de ideias, o Serviço de Intercâmbio da E.N. remete gravações de programas de música portuguesa às emissoras amigas, que as emitem nas suas emissoras nacionais de onda média, com muito mais eficiência" (cf. documento interno da Administração da

as obras dos edifícios que irão receber os primeiros dois grandes emissores ultramarinos de 100 kW, inseridos no Centro Emissor Ultramarino (CEU). O CEU será inaugurado em março de 1954[82], mas não como estava inicialmente previsto. A inauguração é subitamente antecipada devido ao agravamento da situação na Índia. Efetivamente, este estava a ser um ano particularmente atribulado para a política imperialista de Salazar, devido à pressão da União Indiana e à ofensiva sobre os territórios portugueses. Os enclaves de Dadrá e Nagar Aveli são ocupados, em 1954, após o que é apressadamente inaugurado o serviço em inglês para o sudoeste da Ásia (RDP, 1986). António Eça de Queirós explicava com clareza o papel da emissora oficial do Estado neste momento. O objetivo era tentar segurar as colónias que ainda se mantinham portuguesas

"longe estão Goa, Damão e Diu da metrópole, urgia aproximá-las (...). Um único meio existia para tal se conseguir: a E.N. E, porém, o Centro Emissor Ultramarino de S. Gabriel não estava totalmente equipado, o pessoal era insuficiente, ninguém previa a grande necessidade que ia nascer, mas, em horas, o Governo prestou à E.N. todo o auxílio possível, e esta, fazendo muito de bem pouco, pôde corresponder, não sem duros sacrifícios (...). O resultado deste esforço desconhecido esteve à vista de todos os portugueses: o período de emissão destinado à Índia foi constantemente aumentado e orientado no sentido de manter um completo esclarecimento dos direitos de Portugal, e das magníficas reacções que se deram na metrópole e na Índia"[83].

O CEU assumia-se como um dos braços da luta portuguesa, como explicava António Eça de Queirós:

EN de 1952, sem data precisa ou autor identificável; arquivo da RTP); o mesmo documento referia a necessidade de, após a entrada em funcionamento do Centro Emissor Ultramarino, promover a transmissão para fora da metrópole de conteúdos (particularmente informativos) em inglês, francês e espanhol.

[82] Cf. *Rádio Nacional*, de 21 de novembro de 1953, pp. 1, 5. Note-se que a intenção inicial da EN era de, durante 1955, inaugurar o Centro Emissor Ultramarino com um aumento das transmissões em inglês, francês, espanhol e alemão. No entanto, a concentração de esforços nas emissões para a Índia impediu esse objetivo de ser cumprido (cf. *Rádio Nacional*, de 31 de dezembro de 1955, p. 3).

[83] Cf. *Rádio Nacional*, de 8 de janeiro de 1955, p. 8.

"Formou-se então na E.N. um núcleo de homens portugueses da nossa Índia que auxiliados por uma equipa de língua inglesa e concani, contra-ataca cada dia, e denuncia as insidias, as violências da União Indiana, refuta a palavra hipócrita dum homem que se destrói a si próprio na mentira – o Pandita Nehru"[84].

Com a entrada em funcionamento do CEU, tornou-se óbvia a necessidade de novas condições para a produção das emissões para fora da metrópole. Uma vez que a sede da EN não tinha condições, foram criadas em 1957 novas instalações para os estúdios de OC e para a programação ultramarina, num edifício construído na Rua de S. Marçal, em Lisboa[85]. A inauguração deste serviço também seria antecipada, tal como havia sucedido com o emissor de S. Gabriel, para que as instalações pudessem servir aos funcionários da BBC que acompanhavam a visita de Isabel II a Portugal (Silva, 2001).

De facto, não há alterações durante a década de 50 na forma como a EN continua ao serviço do regime, quer exaltando o líder, quer divulgando os valores do Estado Novo. Ao nível da programação, as noites de sábado tinham passado, em abril de 1952, a incluir um espaço de comentário político da responsabilidade de Ramiro Valadão, chefe dos Serviços de Imprensa da União Nacional[86]. No ano seguinte, aquando dos 25 anos da entrada de Oliveira Salazar para o governo, a EN transmitiu os principais momentos das comemorações nacionais e diversos programas especiais. A EN, como

"porta-voz da Nação, colaborou patrioticamente nas celebrações do 25º aniversário (...), acelerando algumas das suas realizações em curso, de forma a poder assegurar maior eficiência á sua ação e levar assim o relato dos mais importantes actos comemorativos a todas as províncias do continente e do ultramar e ainda aos principais núcleos

---

[84] Cf. *Rádio Nacional*, de 31 de dezembro de 1955, p. 8.
[85] Cf. *Rádio e Televisão*, de 2 de março de 1957, pp. 3-4.
[86] Cf. *Rádio Nacional*, de 26 de abril de 1952, p.1.

de portugueses dispersos pelo Mundo. Para esse efeito, aprontou o Emissor Regional da Guarda e pôs em funcionamento, em regime experimental, o emissor do Porto, de 10 KWS; quanto ao serviço ultramarino, aprontou igualmente os dois emissores de 100 KWS, do novo Centro Emissor Ultramarino de S. Gabriel, que funcionaram também em regime experimental. Desta forma, (...), elaborou-se a mais larga cadeia de retransmissão que até hoje se tem realizado em território português"[87].

Um ano depois, é inaugurado o já referido Emissor Regional do Norte de 10 kW, em Azurara (juntando-se ao de 1 kW já existente, e permitindo uma mais eficaz cobertura de toda a região norte). Costa Leite, o Ministro da Presidência, lembrava no ato inaugural do novo emissor que a

> "rede nacional de radiodifusão é uma expressão e um instrumento daquele sentimento de unidade entre todos os portugueses que Salazar, há mais de um quarto de século vem reconstruindo depois de ter salvo o País de derrocada iminente. Representa ainda, pela importância e valor das suas instalações, um fruto do ressurgimento económico e financeiro que sob a sua direcção se operou. (...) fazemos votos que ele [o emissor] corresponda, nos serviços prestado, ao alto pensamento que preside á Revolução Nacional"[88].

Esta instrumentalização da rádio, enquanto agregadora de uma identidade nacional, continuava assim, dentro e além-fronteiras. Logo depois da Índia, a outros fogos havia que acorrer. Ainda em 1959 é enviada uma missão a África para tentar encontrar soluções para os "noticiários de carácter nitidamente tendencioso em língua portuguesa, transmitidos por Rádio Brazzaville que têm largos auditórios em Angola e Moçambique"[89], e que seriam, também, ouvidos pelos portugueses do Congo Belga. O relatório desta missão referia que o carácter

---

[87] Cf. *Rádio Nacional*, 2 de maio de 1953, p.1.

[88] Cf. *Rádio Nacional*, de 2 de outubro de 1954, pp. 1 e 16.

[89] Cf. *Relatório da missão*, de 9 de agosto de 1959; arquivo da RTP.

"sistematicamente desagradável [dos noticiários] para o País, seus dirigentes e suas instituições, torna-os absolutamente inconvenientes e altamente
nocivos, demonstrando tratar-se de um acto hostil praticado ostensivamente
pela França contra Portugal. Verificou-se que, na sua grande maioria, para
não dizer na totalidade, as notícias são textualmente da France Presse"[90].

Nesta altura, em Angola, existiam cerca de uma quinzena de postos particulares de radiodifusão, além da Emissora Oficial de Angola,
que se ouvia bem na capital, mas cuja qualidade era sofrível no resto
do país. O panorama era tido como amador e de fraca qualidade técnica.
Regularmente, havia transmissões de programas da EN que chegavam
às rádios através de gravações em fita magnética. Mas os noticiários, que
eram os das agências de notícias nacionais, não despertavam o mesmo
interesse que os da rádio de Brazzaville. Na verdade, a EN (que não se
ouvia com a mesma qualidade em todo o território angolano) só suplantava
a sua concorrente no campo dos relatos desportivos, o que, aliás, era tido
como uma potencial arma de contraprogramação. Perante este panorama,
o relatório defendia vários caminhos que ilustram a posição de Portugal
perante a informação contrária às intenções do regime. Desde logo, havia
que reforçar os noticiários para as províncias ultramarinas. Mas, além disso, deveriam ser consideradas diligências diplomáticas e pressões contra
os representantes da France Presse em Portugal, e avaliadas as hipóteses
de neutralização das emissões[91] com interferências a partir de Lisboa.
Era ainda proposto o desenvolvimento de uma organização particular de
cobertura radiofónica que abarcasse toda a província[92].

Assim cresce a EN nos anos 50[93], sempre com a divulgação do ideário do Estado como motor: apetrecha-se tecnicamente, inaugura novas

---

[90] Cf. *Relatório da missão*, de 9 de agosto de 1959; arquivo da RTP.

[91] As emissões da Rádio Cairo e da Rádio África Livre, apesar de feitas em línguas nativas, foram neutralizadas com o recurso a interferências provocadas pelos CTT de Moçambique (cf. *Relatório da missão*, de 9 de agosto de 1959; arquivo da RTP).

[92] Cf. *Relatório da missão*, de 9 de agosto de 1959; arquivo da RTP.

[93] Internamente, o crescimento da estação oficial acompanha o aumento da rede. Ao nível dos recursos humanos, no final da década, a EN terá já 1200 funcionários (cf. *Rádio Nacional*, de 30 de maio de 1959, p.1). Note-se ainda que, já em 1952, o número

instalações, expande a rede de emissores regionais[94], transmite dois programas nacionais e aumenta as emissões para fora da metrópole. Uma das suas maiores preocupações era, efetivamente, cobrir todo o país e tentar melhorar as condições de escuta. Deve sublinhar-se que, nesta altura, a EN debatia-se com uma situação crítica ao nível da qualidade de audição, sobretudo à noite, o que era caraterístico da tecnologia usada. Por um lado, isso seria combatido através do aumento da potência e do número dos emissores. No âmbito do plano de instalação progressiva dos emissores regionais irão concluir-se, ainda antes do final da década, os postos da Guarda, da Covilhã e de Viseu[95]. Os emissores OC de Lisboa I e II passariam em breve para 135 kW[96] e o Porto passaria a ter dois emissores de 50 kW. Por outro lado, havia que contar também com a crescente oferta no mercado de recetores com antenas orientáveis, que também permitiam uma melhoria na receção. Porém, todas estas soluções nunca seriam plenamente capazes de resolver o problema. Foi, pois, a partir desta situação, e seguindo uma tendência europeia, que a EN se lançou na radiodifusão em Frequência Modulada (FM)[97]. Um estudo[98] feito pela emissora portuguesa

---

de funcionários do Quadro Eventual (onde eram criadas categorias que não existiam na emissora) era superior ao do Quadro Permanente, pelo que a administração assumia a necessidade urgente de rever o seu quadro de funcionários (cf. Documento da administração de 1952, sem data precisa nem autor identificado; arquivo da RTP).

[94] Além dos já referidos, em 1955 é anunciada a construção de estações regionais em Faro, Vila Real, Viseu, Covilhã, Funchal e Angra do Heroísmo, além de postos retransmissores locais em Castelo Branco, Portalegre e Elvas (cf. *Rádio Nacional*, de 2 de agosto de 1952, p. 3.)

[95] O estudo para uma eficaz cobertura da Beira Baixa, Beira Alta e Trás-os-Montes havia sido iniciado em 1956 (cf. *Relatório do Gabinete de Estudos e Ensaios* datado de 19 de abril de 1956; arquivo da RTP).

[96] A inauguração data de 1957.

[97] Cf. *Relatório "Radiodifusão em Ondas Métricas por Modulação de Frequência"*, de 11 de abril de 1956; arquivo da RTP. A FM resulta de um de modulação da frequência da onda e não da modulação da sua amplitude, ao contrário do que acontece com a OM, por exemplo. As ondas de amplitude modulada estão mais sujeitas a interferências, nomeadamente os estalidos e as crepitações provocados pela ligação de aparelhos eléctricos domésticos ou mesmo fenómenos naturais como trovoadas. O FM corta essas interferências e permite uma melhor qualidade de receção (daí o seu natural apelo, à época, para pessoas que cultivavam o prazer audiófilo), mas os emissores têm um alcance menor.

[98] Cf. *Relatório "Radiodifusão em Ondas Métricas por Modulação de Frequência"*, de 11 de abril de 1956; arquivo da RTP.

baseava-se na experiência alemã que, após a guerra (tinha as suas frequências em utilização pelas potências ocupantes e que, por isso), apostou na FM[99]. Esse relatório identificava a potencial boa resposta do mercado e as vantagens da transmissão em FM: finalmente poderiam ser cobertas zonas que, até então, dificilmente o seriam e a qualidade dos programas poderia ser mantida de dia e de noite, não se tratando de um investimento mais oneroso.

Assim, em 1955, a EN instalou os dois primeiros emissores de FM[100], no Porto e em Lisboa. O plano da emissora previa a instalação a breve trecho de um segundo na capital, de um na Lousã e de um outro em Fóia[101]. Naturalmente, para tirar partido da transmissão em FM havia a necessidade de melhorar os estúdios e centros de regência, processo que, em 1956, estava já concluído pela EN. Foi o momento do abandono definitivo dos discos de 78 rotações nos seus programas.

Entretanto, sobre a mesa da direção da EN estavam, nesta altura, dois projetos: a televisão e uma nova casa da rádio[102]. O segundo não sairia do papel tão cedo, porém, a televisão avançava rapidamente. Já em 1953, a EN tinha no seu orçamento uma verba para estudos com a televisão[103]. Havia um claro entusiasmo em relação a esse novo meio e Eça de Queirós previa que a televisão estivesse a funcionar ainda em 1955[104], o que acabou por não acontecer. Mas a 15 de dezembro seria constituída a Sociedade Radiotelevisão Portuguesa, com um capital de 60 mil contos, tripartido entre as estações de rádio particulares, o Estado e o público[105]. Depois de um primeiro período experimental na Feira

---

[99] Com efeito, em 1956, a Alemanha Ocidental tinha 144 estações de radiodifusão em FM a funcionar em pleno ou para breve; na Grã Bretanha havia apenas três em funcionamento e 27 previstas; a França tinha três, a Itália 31 e a Suécia apenas uma.

[100] Cf. *Rádio Nacional*, de 31 de dezembro de 1955, p. 8.

[101] *Relatório "Radiodifusão em Ondas Métricas por Modulação de Frequência"*, de 11 de abril de 1956; arquivo da RTP.

[102] Cf. *Planos em curso de execução e perspectivas de ação futura* – documento interno da Administração associado ao plano de atividades da EN para 1954; arquivo da RTP.

[103] Cf. *Rádio Nacional*, de 26 de setembro de 1953, p.1.

[104] Cf. *Rádio Nacional*, de 8 de janeiro de 1955, pp. 1-9.

[105] Cf. *Rádio Nacional*, de 24 de dezembro de 1955, p.1.

Popular de Lisboa, entre 4 e 30 de setembro de 1956, a Radiotelevisão Portuguesa (RTP) iniciou as suas emissões regulares em 7 de março de 1957. Uma das vedetas das primeiras imagens foi o locutor da EN, Raul Feio. A RTP nascia de uma costela da EN[106]. Não só parte dos funcionários iniciais da televisão provinham da EN[107] (e de outras empresas, ou organismos, como os CTT, a Rádio Marconi ou a RARET), como, nos seus primeiros tempos, a RTP funcionava em instalações da emissora de rádio estatal (Teves, 2007).

O apelo da rádio alastra nesta década. Cresce o número de ouvintes: 90 mil novos inscritos só em 1953[108]; seis anos depois, em 1959, a média de licenças mensais para novos recetores será já de 15 mil[109]. Dentro da EN há vontade de conhecer melhor esse auditório. E ainda em 1953 foi realizado um inquérito radiofónico[110] com o qual a emissora pretendeu conhecer melhor os hábitos de audição dos ouvintes em Lisboa e preparar terreno para pesquisas futuras. As conclusões do inquérito foram particularmente interessantes para o estabelecimento de uma caraterização da escuta da rádio nos anos 50. O domingo era o dia em que se ouvia mais rádio, sobretudo entre as 15.00 e as 17.00 horas (hora dos relatos de futebol). Durante a semana, a audição era, sobretudo, noturna: o pico situava-se entre as 21.00 e as 22.00 horas. Durante a semana, a EN era a estação mais ouvida[111]. Claro que estes hábitos de audição teriam os dias contados, com o aparecimento da televisão e o desenvolvimento da sociedade de consumo.

---

[106] A RTP é abordada neste trabalho apenas nos momentos e nos fatores em que, de alguma forma, toca a rádio. Para uma abordagem específica à RTP cf. Carvalho (2009) e Teves (2007).

[107] Raul Feio, Lança Moreira e Jorge Alves foram os primeiros locutores da rádio a ir para a RTP (cf. *Rádio e Televisão*, de 8 de setembro de 1956).

[108] Cf. *Rádio e Televisão*, de 5 de dezembro de 1959, p. 3.

[109] Cf. *Rádio Nacional*, de 30 de maio de 1959, p.1.

[110] É, de acordo com Maia (1995), o segundo inquérito feito pela emissora, depois de, em 1951, ter realizado uma pesquisa semelhante; voltaria a fazer uma pesquisa em 1965, desta feita, a nível nacional. A rádio pública só teria no seu seio um serviço de pesquisa de audiência em 1976; a BBC tinha sido pioneira, 40 anos antes (Midões, 1986).

[111] Cf. *Relatório do Inquérito Radiofónico*, realizado em Lisboa de 20 de novembro a 17 de dezembro de 1953; arquivo da RTP.

A lei orgânica

A rádio, enquanto meio de comunicação, estava no seu auge. Mas importa sublinhar este crescimento particular da EN que, durante os anos 50, fez um investimento financeiro assinalável. O PNR, em 1957, implicava já um investimento de cem mil contos. Nesse mesmo ano, a contabilização do número de emissores em funções na metrópole era de 26; a potência nominal disponível atingia os 800 kW, o que era quase seis vezes superior ao que existia dez anos antes. Durante esse período, o número de horas de emissão para a metrópole e para o estrangeiro quase quintuplicou. E em dez anos, o número de recetores registados passou de 144 740 para 534 063[112]. Este crescimento da rádio marca também o seu amadurecimento. E torna-se necessário reenquadrar a orgânica da rádio oficial, tendo em conta a magnitude das alterações.

Em 1957 é, pois, promulgada a Lei Orgânica da Emissora Oficial[113]. O Decreto-Lei n.º 41.484 parte precisamente deste desenvolvimento da emissora para identificar as necessidades que importa suprir. O objetivo do poder, com este enquadramento, é dar à EN os meios que lhe permitam o cabal cumprimento das suas funções cultural, informadora, recreativa e estabilizadora[114]. O diploma espelha a imagem de um aumento do nível de vida das populações e de uma crescente atenção dispensada às emissões de rádio. É por estas razões que o governo quer deixar para trás a organização primitiva da estação. O objetivo é adaptá-la às necessidades administrativas decorrentes do seu tempo e à nova dimensão do seu património. Naturalmente, há princípios que não mudam. A EN mantém-se sob a alçada da Presidência do Conselho, sem prejuízo

---

[112] Cf. Preâmbulo do Decreto-Lei n.º 41.484 de 30 de dezembro de 1957.

[113] Decreto-Lei n.º 41.484 de 30 de dezembro de 1957.

[114] Do artigo 2º, sobre os fins da EN: "1. Assegurar a emissão de programas radiofónicos para os territórios portugueses e para os territórios estrangeiros onde residam consideráveis núcleos de portugueses; 2. Exercer através desses programas ação continuada de cultura, educação, informação, e recreio; 3. Contribuir para o mais amplo e profundo conhecimento de Portugal no estrangeiro; § único. A Emissora Nacional desempenhará a sua função informadora, relativamente ao noticiário nacional e estrangeiro, por forma a manter um conveniente equilíbrio entre as atividades da radiodifusão e as da imprensa como elementos fundamentais de formação da opinião pública".

de continuar a depender do SNI (desde o Decreto-Lei n.º 34.133). A estação mantém a sua autonomia administrativa. Ao nível financeiro, a EN, enquanto organismo autónomo, tem receitas próprias que arrecada e aplica de acordo com as suas despesas.

São ainda publicados os Decretos-Lei n.º 41.485, que promulga o Regulamento da Emissora Nacional, e n.º 41.486, que promulga o novo Regulamento das Instalações Receptoras de Radiodifusão[115]. Este último vem enquadrar as novas necessidades decorrentes do crescimento da rádio mas, também, tentar dar resposta ao aparecimento da televisão[116].

Naturalmente, a Direção da EN continua a ser livremente escolhida pelo governo. O organograma, que é encabeçado por uma Presidência da Direcção, mantém uma Direcção dos Serviços de Programas, uma Direcção dos Serviços Técnicos e uma Direcção dos Serviços Administrativos. Dependiam do Presidente da Direcção os serviços de Inspecção, Estatística Geral e Análise de Programas, Relações com o Exterior e Expediente dos Emissores Regionais. Destes serviços, destacam-se as atribuições da Inspecção, à qual competia a fiscalização, quer dos programas, quer do funcionamento da EN, entre outras tarefas; e da Estatística Geral e Análise de Programas, que se ocupava, genericamente, da estatística e da aceitação dos programas pelos ouvintes. Junto da Direção da EN funcionavam um Conselho Administrativo e um Conselho de Programas. A este último, competia o exame dos programas emitidos, a emissão de pareceres sobre as grelhas e sobre programas em particular, a sugestão de alterações e a análise das opiniões do auditório. A nova lei orgânica mantinha a possibilidade de recrutamento fora dos quadros de pessoal para situações de emergência, bem como o regulamento de concursos de 1944.

---

[115] Os três decretos têm data de 30 de dezembro. O Decreto-Lei n.º 41.484 revoga os Decretos-Lei n.ᵒˢ 30.752, 30.853, 32.050, 37.230, 38.293, assim como algumas disposições dos n.ᵒˢ 33.570, 34.350 e 39.999. O Decreto-Lei n.º 41.486 revoga os Decretos-Lei n.ᵒˢ 30.753 (mantendo, porém, em vigor até 31 de dezembro de 1958 os artigos 31º, 34º, 35º e 36º na sua redação atualizada) e 34.385.

[116] No art.º 35.º eram obrigados os comerciantes de aparelhos recetores a enviar uma relação mensal de compras, trocas ou quaisquer alterações de propriedade em que tivessem um papel, de forma a que a fiscalização pudesse ter acesso à identificação dos donos dos aparelhos. No que diz respeito às taxas, o pagamento veio sofrer algumas alterações processuais, mas o valor relativo à de radiodifusão está em 100$00 e a de televisão é fixada em 360$00 anuais.

A DÉCADA DE 60: A LUTA IDEOLÓGICA

O princípio do fim do regime

Os anos 60 são os anos da guerra em África. São os anos do lento declínio de Oliveira Salazar. O contexto é sustentado por diversas linhas de força que começam por afrontar o regime entre 1958 e 1962, no rescaldo do delgadismo:

> "a internacionalização do impacte da luta política contra o regime; a explosão da crise político-militar nas colónias e seus reflexos no plano diplomático; a tentativa de golpe palaciano por parte dos altos comandos das Forças Armadas; a eclosão de um revolucionarismo militar, com fortes articulações no plano civil; e, como pano de fundo de tudo o mais, a agitação política e social de massas, crescentemente influenciada pelo Partido Comunista Português" (Rosas, 1994, 532).

Todos estes vectores confluem em 1961, o ano que mais abalou o regime, mas que não chegou a vê-lo cair. É o ano decisivo para Goa, Damão e Diu, que (depois de Dadrá e Nagar Aveli, em 1954) são invadidas e anexadas pela União Indiana em dezembro (Capelo, 1997). É o ano da já referida tentativa de golpe militar[117] encabeçada pelo Ministro da Defesa, Júlio Botelho Moniz (irmão do fundador do RCP). É um ano

---

[117] A EN faz parte da história desse golpe, que foi definitivamente frustrado quando a estação comunica as demissões do Ministro e de outras figuras da hierarquia militar horas antes de uma reunião decisiva entre os conspiradores (Rosas, 1994).

que, na realidade, havia já começado com um acontecimento que seria decisivo na forma como os *media* internacionais viam e refletiam a contestação ao regime de Salazar (Rosas, 1994): o desvio do Santa Maria. Para acompanhar o episódio, as três grandes estações de rádio em Portugal levaram a cabo grandes operações especiais. O desvio do barco foi liderado pelo ex-presidente da EN, Henrique Galvão que, entretanto, abandonara o apoio ao regime. É ele que conduz um grupo de 23 homens num assalto ao Santa Maria, desviando o transatlântico, antes de ser capturado por forças americanas. O navio foi entregue transitoriamente ao Brasil, onde o grupo de sequestro conseguiu asilo político. O apoio internacional ao governo foi escasso, o que veio acentuar a afronta a Salazar (Rosas, 1994). A cobertura informativa da EN totalizou 140 horas, usando os emissores 1 e 2 de Lisboa e os regionais em OM[118]. Ao longo desta aventura (o sequestro aconteceu a 21 de janeiro, a chegada ao Recife no dia 31 do mesmo mês, e o regresso a Lisboa a 16 de fevereiro), Artur Agostinho foi enviado ao Recife, realizaram-se programas especiais e vários espaços informativos; no segundo dia, a emissão chegou mesmo a ser contínua[119].

Com um princípio claramente prenunciador da queda do regime, o final da década, traria alguns acontecimentos que se revestiram de uma dimensão política acrescida, atenuando o lento declínio do Estado Novo (Serejo, 2001). O Mundial de Futebol em 1966, as celebrações dos 40 anos do regime, ou a inauguração da ponte sobre o Tejo. A EN esteve em todos esses acontecimentos e deles deu ampla conta.

A unificação do Império

A direção da EN havia, entretanto, mudado. Em 1959, Eça de Queirós abandona a estação e é substituído por Jaime Ferreira. O novo respon-

---

[118] Cf. *Rádio e Televisão*, de 11 de fevereiro de 1961, pp. 13 e centrais.

[119] Cf. *Rádio e Televisão*, de 11 de fevereiro de 1961, pp. 13 e centrais.

sável da EN, à imagem do que era habitual à época, reconhece o poder socialmente normativo da rádio ao serviço do Estado:

"pelos favores da sua instantaneidade, da sua permeabilidade, do forte impressionismo que exerce, constitui hoje em dia – porque não dizê-lo? – uma poderosa arma de infiltração e propaganda política, especialmente propícia à fácil aglutinação da opinião geral"[120].

Assim continuará a EN ao longo da década. Ferreira ficará na presidência até 1963, de onde sairá por se encontrar insatisfeito. As razões invocadas para o abandono prendem-se com a inadequação da legislação, com a estrutura da direção, com o mau funcionamento interno da empresa e com a falta de diretrizes superiores (Cristo, 2005).

Logo nos primeiros meses que Jaime Ferreira passa à frente da EN, a sua ação é bem visível. Uma das primeiras ações que tomou, antes de virar a sua atenção para as colónias, foi o reforço dos serviços de taxas e de inspeção[121]. Mas, o grande desígnio da EN era, finalmente, o Ultramar. A rádio pública anuncia em 1960 a intenção de avançar com a cobertura radiofónica de Angola e com a revisão da programação para as colónias. São feitos estudos preparatórios logo em 1961[122]. Jaime Ferreira era, aliás, muito claro ao referir-se à luta que se devia intensificar "contra ventos que todos sabemos de onde sopram"[123]. Ferreira referia-se aos ventos da agitação social e política dentro do país, mas também aos ecos da independência da Guiné-Conakry, ou da vitória de Fidel em Cuba. Nesta altura, o CEU transmitia para a África portuguesa, Guiné e Cabo Verde, Quénia (em inglês) União Indiana (em inglês), Índia portuguesa (em português e concani), Timor, Macau, Brasil, Estados Unidos da América e ilhas adjacentes[124]. A importância dada pela EN ao seu papel

---

[120] Declarações durante o discurso de tomada de posse (cf. *Rádio e Televisão*, de 5 de dezembro de 1959, pp. 3-4).

[121] Cf. *Rádio e Televisão*, de 14 de maio de 1960, pp. 3 e 17.

[122] Cf. *Relatório do Diretor dos Serviços Técnicos* datado de abril de 1972; arquivo da RTP.

[123] Cf. *Rádio e Televisão*, de 16 de abril de 1960, p. 3.

[124] Cf. *Rádio e Televisão*, de 4 de junho de 1960, páginas centrais.

de unificação do Império era tal que a cerimónia dos 25 anos da emissora se realizou no CEU.

O início da guerra colonial[125] acontece em 1961, em Angola[126]. Seguem-se Guiné-Bissau em 1963 e Moçambique em 1964. No início dos confrontos em Angola, a estação chegou a enviar repórteres ao teatro de guerra, no entanto, "a presença dos profissionais da EN nos cenários dos confrontos não garantia, só por si, informações isentas e verdadeiras do conflito" (Ferreira, 2007: 143). Quando havia repórteres em África, não lhes era possível escolher qual a missão que acompanhariam. A Portugal chegava a versão oficial. E a EN continuava como seu principal veículo, tal como continuava a sê-lo para a obra e ideologia do regime:

> "para a generalidade da rádio portuguesa, a guerra não existia, ou se havia alguns focos de conflito, estes eram relatados em casos de excepcionais êxitos, como em Nuambuangongo. Nessa altura, a EN estava lá, como estaria em Portugal para relatar alguns dos maiores sucessos do regime, como a entrega do "Santa Maria" ou a inauguração da ponte sobre o Tejo. Desta visão uniforme da realidade, apenas se irão diferenciar as rádios clandestinas" (Cristo, 2005:59).

---

[125] "A resistência do regime salazarista ao movimento descolonizador do pós-guerra levará os grupos emancipalistas das colónias portuguesas à luta armada (...). Apesar das sucessivas condenações da ONU, Salazar não cede (...). A guerra colonial foi o resultado da estratégia definida pelo regime salazarista quanto à sua política colonial e foi duramente condicionada: pela natureza não democrática do regime político português e pela conjuntura internacional do pós-guerra, favorável ao movimento anticolonialista e emancipalista do chamado Terceiro Mundo" (Silveira, 1996: 71).

[126] São os ataques no norte de Angola de 15 de março de 1961 que marcam o início da guerra. No texto da "Campanha nacional de auxílio às vítimas do terrorismo em Angola" a que a EN e a RTP se associaram, podia ler-se "Na noite do último sábado, o País inteiro viu, através da Televisão, as primeiras imagens relacionadas com os graves acontecimentos que se desenrolaram no norte de Angola. Seguida por centenas de milhar de espectadores, a edição especial do Telejornal constituiu vivo testemunho da chegada ao aeroporto de Luanda de refugiados e feridos evacuados das zonas atingidas pelo vandalismo canibalesco dos inimigos de Portugal. Em imagens de repassada emoção humana, pudemos ver mulheres e crianças vítimas do terrorismo – dezenas de pessoas que ficaram com os lares destruídos, as fazendas arrasadas e saqueadas, enlutadas pelo assassínio de pais, maridos, irmãos ou filhos. Vítimas surpreendidas no pacífico labor de todos os dias pela violência criminosa de bandidos a soldo de agentes do terrorismo internacional" (Cf. *Rádio e Televisão*, de 25 de março de 1961, p. 3).

A rádio oficial era a estação que mais noticiários transmitia, nos primeiros anos da década (Ferreira, 2007). Mas o facto de transmitir a versão oficial não significava que, dentro da estação, não se soubesse o que realmente acontecia. Os profissionais estavam a par de tudo, como explica Carlos Ventura[127]: "por ali passava tudo (...), por ali sabia-se tudo, quem é que tinha sido preso, quem é que não tinha sido, o que é que tinha acontecido em tal sítio... não saía era nada"[128]. Na verdade, tal como noutros sítios, dentro da EN também circulava propaganda da oposição. Quem queria informação diferente da transmitida pela EN, tinha de optar pelas rádios clandestinas. Efetivamente, ao longo destes anos, a difusão de propaganda subversiva desempenhou um papel fulcral: em África, com a Rádio Conakry (que, a partir da recém-independente Guiné, transmitia o seu exemplo de emancipação, sobretudo à Guiné-
-Bissau) e com a Rádio Senegal (que também transmitia em português); e em Portugal (apesar das interferências criadas para impedir a escuta no nosso país), através da Rádio Portugal Livre (RPL), desenvolvida pelo Partido Comunista Português a partir da Roménia, ou da Rádio Voz da Liberdade (RVL), que emitia desde a Argélia (Cristo, 2005).

Com o tempo, a informação dada pela EN sobre a guerra em África vai sendo cada vez mais escassa: "o conflito entrara na rotina, as energias do combate inicial perderam-se e a luta armada foi relegada para segundo plano, atrás das guerras internacionais, designadamente o Vietname" (Cristo, 2005: 51). Fiel à sua posição no aparelho ideológico montado pelo governo, a EN destaca-se pela propaganda de integração e pela contrapropaganda (Cristo, 2005). A propaganda de integração havia sido alargada na década anterior, aquando do início dos problemas nas províncias da Índia. Nela, incluíam-se, entre outros, programas como a "Hora da Saudade", ou o comentário de Ramiro Valadão. No domínio da contraprogramação, a EN respondia à emissão de algumas rádios clandestinas. Isso acontecia em programas como "A verdade é só uma, Rádio Moscovo não fala verdade".

---

[127] Locutor na EN antes do 25 de abril, continuou na RDP, como realizador, tendo ocupado lugares de chefia dentro da programação.

[128] Entrevista realizada em 15 de janeiro de 2010.

Entretanto, Solari Allegro substitui Jaime Ferreira à frente da EN ainda em 1963, embora só tome posse em 1964. A escolha dos dirigentes da EN continuava a ser feita pela confiança política. E Allegro, tendo sido secretário particular de Salazar era, naturalmente, digno dessa confiança[129]. Allegro, considerava que os problemas mais urgentes que a Emissora tinha pela frente eram a inadequação das instalações, a potência dos emissores e a cobertura ultramarina[130]. Porém, Solari tinha uma prioridade clara para a EN e, nos primeiros tempos, vira-se para a cobertura do Ultramar[131].

Nesta altura, a legislação não dava à EN competência para desenvolver ações nas províncias ultramarinas. No entanto, o acesso das populações às informações provenientes de outros meios tinha de ser combatido, pelo que a estação continuava com os estudos para a cobertura radiofónica das províncias. Em 1967, a Divisão de Estudos e Ensaios apresenta dois planos, um para a cobertura da Guiné[132] e outro para a cobertura de Cabo Verde em ondas médias[133].

---

[129] O subsecretário de Estado, Paulo Rodrigues, faz referência a esse mesmo facto, na tomada de posse: "sendo [o cargo] um dos de maior confiança quis entregá-lo a quem desse garantia indesmentível de igual fidelidade a quem fidelidade se deve". Allegro retribuiu, reafirmou a dedicação, a admiração ao Presidente do Conselho e reforçou o papel da EN dentro dos princípios ideológicos do Estado e das necessidades que o contexto exigia. Naturalmente, essa livre escolha do governo traduzia-se em todas as emissões da estação.

[130] Cf. *Rádio e Televisão*, de 31 de outubro de 1964, pp. 5-7.

[131] Paulo Rodrigues assumia a importância desse trabalho, aquando da tomada de posse do novo presidente da EN, deixando para segundo plano as outras iniciativas da EN durante o ano corrente, tais como: "a renovação da programação baseada no estudo de novos métodos sócio-culturais de utilização da radiodifusão sonora, a coordenação desta com os programas de televisão, a melhoria do serviço informativo e das campanhas educacionais, a colaboração prestada ao esforço de fomento turístico, a assistência radiofónica aos núcleos de portugueses espalhados pelo mundo, o alargamento das emissões da 'Voz do Ocidente' e os trabalhos em curso para as instalações regionais do Funchal, Açores e Vila Real" (cf. *Rádio e Televisão*, de 31 de outubro de 1964, pp. 5-7).

[132] O primeiro destes estudos tinha como objetivo, não só a cobertura do território, mas também a audição satisfatória na vizinhança da zona fronteiriça. Os estudos anteriores eram mais ambiciosos e pretendiam que a emissão fosse satisfatoriamente ouvida em Dakar e na capital vizinha, Conakry, pelo que a EN pretendia aferir se daí resultaria alguma diminuição nos custos do projeto (mais tarde, voltaria a incluir nos seus estudos a necessidade de uma boa receção em Dakar e Conakry). Note-se que nas zonas tropicais, a difusão em OM era sujeita a um ruído radioelétrico caraterístico, além de haver diferenças consideráveis nas condições de captação diurna e nocturna. Por esses motivos, o investimento era superior ao necessário noutras regiões e os estudos implicavam outras soluções para garantir alguma eficácia (cf. *Relatórios dos Serviços Técnicos de julho e setembro* de 1967; arquivo da RTP).

[133] Cf. *Relatório dos Serviços Técnicos* de setembro de 1967; arquivo da RTP.

Antes do final da década, a EN será finalmente autorizada a instalar Emissores Regionais Ultramarinos (ERU) em São Tomé e Príncipe (Decreto-Lei n.º 48.934 de 27 de março de 1969[134]) e na Guiné (Decreto-Lei n.º 49.084, de 26 de julho de 1969[135]). Nestes ERU, que eram enquadrados na necessidade de salvaguardar a unidade nacional, a EN estava autorizada a explorar comercialmente a publicidade radiofónica. Além disso, e como receita, contaria também com a cobrança das taxas, à imagem do que acontecia na metrópole[136].

---

[134] Do clausulado destaca-se: "A ação que o Rádio Clube de S. Tomé vem desenvolvendo na província de S. Tomé e Príncipe traduz um esforço relevante, mas que atingiu o nível máximo permitido pelas suas características e pelas possibilidades do meio. 2. Contudo, as necessidades da província no campo da radiodifusão são mais extensas e exigem a adopção de medidas que vão além da capacidade económica e técnica daquela agremiação, razão por que cumpre à Administração promover o procedimento mais adequado para suprir essa insuficiência. 3. Consideram-se ainda os aspectos de que a radiodifusão se reveste em S. Tomé e Príncipe, no âmbito da unidade nacional, e, nessa medida, entende-se que os serviços de radiodifusão nesta província serão bem assegurados se ficarem dependentes da Emissora Nacional de Radiodifusão, que, assim, poderá com mais eficiência prosseguir na realização dos objectivos que lhe são atribuídos por lei. (...) Artigo 1.º De harmonia com o disposto (...), é autorizada a Emissora Nacional de Radiodifusão a instalar na província de S. Tomé e Príncipe um emissor regional subordinado a regime idêntico ao dos emissores regionais existentes no território metropolitano. Art. 2.º Compete à Emissora Nacional de Radiodifusão, através do Emissor Regional de S. Tomé e Príncipe, assegurar todo o serviço de radiodifusão indispensável à satisfação das necessidades da província e à salvaguarda e defesa dos interesses nacionais".

[135] Alguns artigos relevantes do clausulado: "Para assegurar aos serviços de radiodifusão da Guiné os meios que os habilitem a desempenhar com a eficiência necessária as suas funções, considerou-se conveniente integrá-los na Emissora Nacional de Radiodifusão. Artigo 1.º (...) é autorizada a Emissora Nacional de Radiodifusão a instalar um emissor regional na província da Guiné. Art. 2.º Compete à Emissora Nacional de Radiodifusão, através do Emissor Regional da Guiné, assegurar todo o serviço de radiodifusão indispensável à satisfação das necessidades da província e à salvaguarda e defesa dos interesses nacionais, substituindo, em matéria de radiodifusão, a atividade até agora exercida pela Emissora Oficial da Guiné Portuguesa, anteriormente designada por Emissora Provincial da Guiné Portuguesa. Art. 3.º Pelo presente diploma são alargadas a todo o território da província da Guiné a competência e atribuições da Emissora Nacional de Radiodifusão definidas por lei e pelos seus regulamentos, mas as referências ao Governo ou à Presidência do Conselho que neles se encontrem entender-se-ão como sendo feitas ao Ministro do Ultramar".

[136] Para responder a esta nova situação foram necessárias alterações à regulamentação existente, o que foi feito com a publicação do Decreto-Lei n.º 49.272, de 27 de setembro de 1969. O decreto veio modificar algumas disposições relativas à orgânica da Emissora: "O presente diploma e as novas disposições regulamentares que brevemente serão publicadas não pretendem, por isso mesmo, apresentar-se como uma reforma dos serviços, mas apenas como um conjunto de medidas destinadas a tornar imediatamente possível a exploração dos emissores regionais ultramarinos, a permitir que a Emissora Nacional seja dotada do pessoal e da orgânica adequados ao cumprimento das novas missões que lhe

Contra ventos de mudança

Em abril de 1969 os microfones da EN captam o início da crise aca-démica[137]. A EN esteve lá nesse dia 17 de abril. Porém, os sons ficariam para arquivo e para transmissão já em tempos de liberdade. Quem escutou a rádio por esses dias, nada ouviu acerca do incidente. Um ano antes, a EN tinha dado início às "Notas do dia", da autoria do chefe da infor-mação da EN. Este comentário, que antecedia alguns blocos de notícias, tinha intenções pedagógicas, (contra)propagandísticas e doutrinárias, versando temas relacionados maioritariamente com as políticas interna e externa e com o Ultramar (Ferreira, 2007).

Em outubro de 1969, realizam-se as eleições à Assembleia Nacional. O ato eleitoral, que decorreria num clima adverso, não teria a legitimidade que Caetano lhe queria conferir (Rosas, 1994). Quatro meses depois, Marcelo Caetano é eleito presidente da Acção Nacional Popular que, em congresso, sucede à União Nacional. O texto da nota do dia da EN, na sua edição de 23 de fevereiro, é o perfeito exemplo do posicionamento da estação:

> "No seu discurso aos participantes do V Congresso da União Nacional (...) o Prof. Marcello Caetano ofereceu à consciência cívica do País dois caminhos distintos de orientação política: o da manutenção da ordem e do progresso, na renovação pela continuidade; ou o da anarquia e da subver-são, na aleatória experiência de ideários sóciodemocráticos inadaptáveis à índole e aos interesses colectivos do povo português" (Patrício, 1971: 61).

O texto de outras edições exemplifica a doutrina das notas do dia, nas mais variadas situações. Eram comuns o louvor e a amplificação

---

incumbem e a preparar uma alteração mais profunda do sistema que tem regido até agora a radiodifusão nacional". Para tal, eram necessárias alterações ao Decreto-Lei n.º 46.736.

[137] O Chefe de Estado encontrava-se em Coimbra para inaugurar o novo edifício da Faculdade de Ciências. Na cerimónia de inauguração, o presidente da Associação Académica de Coimbra, Alberto Martins, é impedido de falar. Martins seria preso no dia seguinte; a Universidade de Coimbra seria encerrada temporariamente em maio e, em junho, uma larga maioria dos estudantes faria greve aos exames. Em setembro, os estudantes de Coimbra desmobilizam, sendo muitos deles incorporados compulsivamente no exército (Capelo, 1997).

da política do regime ("apresentando um saldo francamente positivo, a obra realizada por Marcello Caetano continua a merecer a confiança da Nação" [Patrício, 1971: 135][138]); a explicação das remodelações governamentais ("reunir para simplificar; simplificar para melhor governar" [Patrício, 1971: 53][139]); e a justificação da política de manutenção das colónias ("ameaçadas pelo inimigo comum do Ocidente, o comunismo" [Patrício, 1971: 131][140]). Esta era, muito naturalmente, a orientação transversal a toda a programação da EN. Não havia margem para desvios ao microfone. Para que não houvesse dúvidas relativas ao posicionamento em antena, em 1963, o diretor do serviço de programas, José Luís da Silva Dias, elabora e distribui um caderno normativo intitulado "Noções a observar na concepção e realização de programas". Várias orientações eram dadas (frequentemente com recurso a obras teóricas relevantes à época) ao nível das obrigações morais, da formação da opinião pública, da informação e da propaganda, do comportamento do próprio ouvinte e, claro, do conteúdo das emissões[141].

A implantação do FM estéreo

O crescente rumor da mudança social vai-se sentindo em Portugal, fruto dos ventos que chegam do estrangeiro. Há uma geração que cresce seduzida pelo que lhe entra pela janela da televisão:

"Apesar das limitações da censura, muitos dos acontecimentos que se passam na cena internacional vão surgindo nas casas dos Portugueses: das imagens da independência do Congo aos feitos da conquista do espaço, um mundo desconhecido vai entrar na casa de cada um, com os seus valores e padrões de vida próprios. (...) E enquanto se inicia

---

[138] Cf. *Nota do dia da EN*, de 26 de setembro de 1970.

[139] Cf. *Nota do dia da EN*, de 15 de janeiro de 1970.

[140] Cf. *Nota do dia da EN*, de 17 de setembro de 1970.

[141] Cf. *Noções a observar na concepção e realização de programas*, novembro de 1963; arquivo da RTP.

a guerra colonial, os Portugueses podem ver nos écrans as imagens do início das negociações de De Gaulle com os combatentes argelinos... (...). A partir de 1962, ao mesmo tempo que o regime salazarista se imobiliza e que se concentra no esforço da guerra, a televisão traz aos lares portugueses não apenas as imagens da guerra, mas também os sinais de uma nova geração e de uma nova mentalidade juvenil que o mundo da canção rock e pop facilmente propaga" (Reis, 1996: 203-204).

Apesar de outros países estarem claramente mais avançados do que Portugal, devem sublinhar-se as mudanças tecnológicas e socioculturais iniciadas nos anos 60, dada a sua relevância no curso da rádio (e não só da EN). Por um lado, há uma cultura nascida do *rock'n'roll* norte-americano da década de 50, que já tinha chegado à Europa pela mão da Rádio Luxemburgo e das lojas de discos. A sua relevância social e económica, em breve, seria grande. É a explosão dos Beatles em 1963 e o desenvolvimento das multinacionais discográficas. Por outro lado, há uma histórica procura da sublime experiência sonora, que sempre se constituiu como um dos principais motores da evolução técnica da rádio.

Nesta altura, os avanços são vários. Além da estereofonia e da FM, importa referir as melhorias nos estúdios, nas técnicas e nos próprios suportes de gravação. Tal como nos EUA havia acontecido, em Portugal, a emissão em FM começou por ser alternativa e para minorias. Os primeiros ouvintes norte-americanos de FM tinham gostos mais refinados e, em regra, um interesse cultural mais elaborado. Procuravam, não só uma maior fidelidade na escuta, mas também um conteúdo diferente do que era transmitido em AM (Douglas, 2004). Em Portugal, os programas transmitidos em FM

"constituíam uma alternativa radiofónica de que o 'Em Órbita'[142] foi o expoente. Com propostas musicais desconhecidas, apresentadas de

---

[142] O programa, já aqui referido como um dos marcos da rádio portuguesa, ganhou o prestigiado prémio internacional Onda-67, para o melhor programa de divulgação de música popular e folclórica; para além dos Beatles e dos Stones, que eram conhecidos em Portugal, o programa pretendia trazer a música anglo-saxónica (naturalmente marcada pela época e pelos seus problemas sociais) de artistas como Donovan ou Bob Dylan (cf. *Rádio e Televisão*, de 19 de outubro de 1968, p. 12).

uma forma mais sintética e objectiva, a frequência modulada seduziu os mais jovens" (Cristo, 2005: 70).

Porém, as vantagens da FM só seriam superiormente aproveitadas, após o início da transmissão em estereofonia, a partir de 1968. A melhoria da experiência auditiva com a introdução do estéreo foi enorme:

"O desejo de um som mais puro e autêntico, de um som que pudesse reproduzir a verdadeira audição de uma sinfonia ou de um quarteto ou uma soprano ao vivo, provocou uma das maiores revoluções tecnológicas dos anos 60 e 70, a transformação do fonógrafo no sistema de estéreo, que utilizava dois canais de som" (Douglas, 2004: 256).

A primeira estação a transmitir em estereofonia foi o RCP[143], embora em Moçambique o Rádio Clube já o fizesse desde 1965[144]. A EN começa oficialmente a 14 de março de 1968, com a transmissão em direto de uma ópera no São Carlos[145]. Inicialmente, a EN transmitia apenas para Lisboa[146].

Esta mudança tecnológica é uma das faces da viragem que a rádio começava lentamente a empreender em Portugal e que está na génese das rádios comerciais da atualidade. Em pano de fundo estará, sempre, a crescente penetração da televisão e a mudança de hábitos, nomeadamente nos períodos de *prime time*. Em 1966, na crítica de rádio do Diário Popular podia ler-se que

---

[143] As declarações do diretor técnico do RCP, feitas poucas horas após as primeiras transmissões permitem compreender a reação do auditório ao início da estereofonia em Portugal: "o número de aparelhos estereofónicos no nosso país é muito maior do que aquele que eu julgava. Estava eu a calcular, sei lá, talvez uma centena de recetores equipados para receber tais emissões... e a surpresa foi enorme quando verifiquei que os telefonemas choviam no Rádio Clube" (cf. *Rádio e Televisão*, de 13 de janeiro de 1968, p. 4).

[144] Cf. *Rádio e Televisão*, de 13 de janeiro de 1968, pp. 4-5.

[145] Cf. *Rádio e Televisão*, de 16 de março de 1968, pp. 6-7.

[146] Isso levava a imprensa da época a relembrar as responsabilidades nacionais da estação. As publicações especializadas incluíam também avisos aos ouvintes, lembrando-os das particularidades associadas à receção em estéreo (cf. *Rádio e Televisão*, de 16 de março de 1968, pp. 6-7).

"apesar do fascínio que a Rádio ainda hoje exerce no nosso público, especialmente devido à dificuldade de acesso a outros veículos de informação, cultura e entretenimento, a verdade é que onde chegou a TV (mesmo com todos os condicionalismos que lhe quisermos imputar devido à fraca programação) deixou, praticamente, de ouvir-se rádio às horas em que o 'pequeno ecrã' se encontra iluminado pela imagem"[147].

Apesar disso, em Portugal, o tamanho e as caraterísticas do mercado da rádio não permitiram que ele colapsasse. Note-se que isso aconteceu, parcialmente, nos EUA, com a fuga das estrelas da rádio para a televisão (Levinson, 1998).

Temos, pois, por um lado, a indústria discográfica que está numa imparável ascensão; por outro, os jovens que se desenvolvem enquanto consumidores culturais independentes da estrutura familiar (Marti Marti, 2004; Longhurst, 2007). Estes dois fatores, articulados com as potencialidades da FM, começam a mudar a rádio. Outro elemento importante foi a invenção do transístor, ainda em 1947. Nos EUA, com os pequenos aparelhos japoneses de baixo custo (Longhurst, 2007), o rádio foi para a rua, para a praia e tornou-se móvel. O som "redefiniu o espaço público" (Douglas, 2004: 221). Passa a existir uma possibilidade de consumo radiofónico individual, devido à portabilidade dos aparelhos e uma programação apelativa sobretudo aos jovens apreciadores de música. No entanto, em Portugal, a limitação da cobertura de FM às zonas urbanas (onde a receção de OM era boa) e o preço dos recetores foram entraves à sua rápida penetração (Cristo, 2005)[148].

A rádio continua a crescer[149] e a desenvolver-se. Seis anos depois do início da instalação de antenas, a EN conclui, em 1961, a primeira rede regional de FM, com a inauguração do "Porto 1MF". Este emissor

---

[147] Cf. "À escuta..." crítica de rádio do *Diário Popular*, de 4 de setembro de 1966.

[148] Um televisor Grundig, modelo R.T.P. – 143, custava em 1960 4.450$00 (cf. *Rádio e Televisão* de 23 de abril de 1960, p. 18); um recetor de rádio a válvulas com qualidade hi-fi e capacidade de receção de FM custava 2950$00 (cf. *Rádio e Televisão*, de 21 de janeiro de 1961, p. 5)

[149] Em 1963 estavam registados em Portugal 1006530 recetores de rádio e 89642 televisores (cf. *Rádio e Televisão*, de 21 de setembro de 1963, p. 2).

iria transmitir no litoral norte o programa A, reservando o "Porto II MF" para o Programa B. A estes, seguir-se-iam emissores em Lisboa, no centro e no sul do país[150]. Porém, deve notar-se que, apesar do investimento na FM, a OM continua a ser implementada. Em 1965 começa a funcionar um novo emissor da EN em Portalegre (Maia, 1995) e em 1967, a 22 de outubro, é a vez do Emissor Regional da Madeira[151]. Na época, uma das pretensões dos ouvintes do arquipélago era o desdobramento de programas; no entanto os planos da EN só o previam para depois da instalação de um emissor de FM[152].

É então que novos caminhos começam a ser procurados. Em 1962, vários postos privados começam a transmitir programas a horas que até então eram desprezadas pelos produtores e anunciantes[153]. Numa década dourada para o futebol nacional (tanto ao nível de clubes como das selecções em provas internacionais), o futebol instala-se numa bancada semanal radiofónica que não voltaria a largar: as tardes de domingo. Alguma crítica chegou a apontar a falta de alternativas que se deparava aos ouvintes: "aos domingos, quem não apreciar futebol, só tem uma hipótese (se não gostar da música ligeira transmitida por Lisboa-2): desligar a telefonia"[154]. Na verdade, o papel da segunda emissão da EN revestia-se de uma importância acrescida, uma vez que, em todo o espectro radiofónico, a música erudita havia sido posta de lado[155]. De facto, para alguns, o Programa 2 da emissora mantinha-se como uma alternativa interessante:

---

[150] Cf. *Rádio e Televisão*, de 8 de abril de 1961, p. 15.

[151] Cf. *Jornal da Madeira*, de 19 e 22 de outubro de 1972.

[152] Sollari Allegro afirmou na altura que a oferta simultânea de programas sérios e ligeiros teria de esperar e que esta nova antena agora instalada no Funchal iria servir o novo emissor de 10kW cuja instalação aguardava apenas a conclusão das obras do edifício (Cf. *Diário da Manhã*, de 26 de outubro de 1967).

[153] "A madrugada deixou de meter medo", podia ler-se num artigo da imprensa especializada (cf. *Rádio e Televisão*, de 5 de janeiro de 1963, p. 24).

[154] Cf. *Rádio e Televisão*, de 5 de janeiro de 1963, p. 24.

[155] Uma reportagem que visava dar a opinião sobre a rádio portuguesa dos turistas estrangeiros de visita a Lisboa, acabava por comprovar essa tendência; duas escocesas, de rádio a tiracolo afirmavam: "Nós adoramos ouvir música, sobretudo moderna. E, francamente, Portugal é o país onde mais se ouve esse género de música" (cf. *Rádio e Televisão*, de 28 de agosto de 1965, p. 25).

"ligo a rádio para o '2º Programa' da EN. Se não encontrar motivos para grandes comentários, pelo menos tenho a certeza de que não escutarei ié--ié, não ouvirei conversas despropositadas entre locutores, não terei que suportar quilómetros de anúncios... Enfim, serei um cidadão quase feliz",

escrevia o crítico de rádio do Diário Popular, Duarte Ramos[156]. Ao mesmo tempo, o teatro radiofónico ia tendo uma presença maior nas emissões[157]. Pode dizer-se que a rádio melhorou, nestes primeiros anos da década:

"melhoraram, de um modo geral, os programas de teatro e musicais; aumentaram os períodos de emissão; surgiram novos nomes; apareceu uma nova forma de noticiários; sentiu-se um rejuvenescimento quase geral. Tudo isto chega para anular os débitos da teimosa sobrevivência de alguns programas que há muito já deram o que tinham a dar"[158].

É esta, pois, a dicotomia que enforma a programação da rádio em Portugal na época: os históricos programas da EN e os novos caminhos da rádio nas emissoras privadas.

O cinzentismo da EN e a nova rádio

Junto da EN, em 1960, a Rádio Universidade (RU) comemorava uma década de rádio "da juventude e para a juventude"[159]. Ao longo desses anos, a RU transmitiu através dos emissores de Lisboa 2 da EN, onde ficaria, até passar para o Lisboa 1, em 1967. A RU, que dependia da Mocidade Portuguesa, do Ministério da Educação Nacional e do Centro Universitário

---

[156] Cf. *Diário Popular*, de 12 de novembro de 1967.

[157] A crítica elogiava a EN pela preferência por originais portugueses no "Teatro das Comédias", dirigido por Álvaro Benamor, mas eram também dignas de referência abonatória o "Teatro dos Nossos Dias" do Programa 2, e a rubrica de teatro português no programa "Voz do Ocidente" (cf. *Diário Popular*, de 12 de novembro de 1967).

[158] Cf. *Diário Popular*, de 12 de novembro de 1967.

[159] Cf. *Rádio e Televisão*, de 9 de abril de 1960, páginas centrais. A RU havia começado a emitir em 3 de abril de 1950 na EN.

de Lisboa, teve um papel relevante nesta época, pelo lugar que deu aos jovens para experimentarem novos caminhos técnicos e estéticos (Cristo, 2005). A rádio nova que nascia em Portugal tinha o seu berço na RU e o seu palco na rádio comercial (Cristo, 2005). A EN passará ao lado desta revolução.

De facto, ao longo dos anos 60 são lançadas as bases para uma nova rádio, mas os programas que teimam em atravessar a década mostram que esta rádio, alicerçada no sucesso dos discos pedidos, no humor, nos folhetins e no desporto é, sobretudo uma rádio

> "introvertida, virada para si mesma, envergonhada e inibida. Uma rádio de cabina, realizada à base do diálogo entre, normalmente, dois locutores, cada vez mais rendidos quer às 'rodelas pretas', os discos de vinil, que inundam as estações, quer à publicidade. É a rádio bonançosa, tranquila e sossegada, cuja preocupação é não mais que distrair" (Cristo, 2005:17).

O RCP e a RR irão viver as revoluções musicais que vinham do estrangeiro. Mas a EN manter-se-á à parte, igual a si própria[160]. Pelos seus microfones, partilhados com os mais populares locutores da época[161], continuavam a passar os nomes que se haviam tornado grandes na canção portuguesa, como Tony de Matos, Maria de Lurdes Resende, Francisco José, Trio Odemira, Simone de Oliveira, Madalena Iglésias ou Rui de Mascarenhas[162]. José Manuel Nunes, que na RR tinha o "Página 1", recorda como

---

[160] No início da década, as páginas da imprensa destacavam, de entre a programação da EN, os folhetins, os espaços de teatro radiofónico, a poesia, o programa juvenil "Estrela da Tarde", a "História do Teatro" de Eurico Lisboa, o "Romance e Poesia da Bíblia" e as emissões infantis ("Parque Infantil", "Era uma vez" ou as rubricas realizadas por Odette de Saint-Maurice). Em 1966, no ano do Mundial de Futebol de Inglaterra, os destaques da imprensa para o Programa 1 da EN eram relativos ao seu espaço para mulheres durante a tarde; "A Ciência e o Homem" à noite, ou o "Tempo de Jazz" de Raul Calado. Na rádio havia discos pedidos, à imagem do clássico "Quando o telefone toca", do RCP, e de outros semelhantes que existiam noutras rádios. O Programa 2 era o palco das óperas ou das palestras

[161] Pedro Moutinho, Artur Agostinho ou Maria Leonor eram os preferidos do Concurso "Os melhores do espectáculo 1962" (cf. *Rádio e Televisão*, de 5 de janeiro de 1963, p. 26).

[162] Cf. *Rádio e Televisão*, de 14 de setembro de 1963, p. 13

"a EN continuava com as cançonetas das vozes da música ligeira portuguesa e com Salazar na garganta. A EN trabalhava para uma outra realidade: um Portugal rural, conservador e obediente. Isto não obsta a que tivesse uma estrutura organizacional adequada e que tivesse um quadro de produção com valências que outras estações de rádio não tinham. A EN era um organismo com meios técnicos de dimensão desconhecida pelos operadores privados e tinha um aparelho de produção desconhecido em estações privadas com programação comercial (...), enfim era uma rádio de Estado ao nível da RNE, só que mais pequena. Mas, rock e pop e inovações estilísticas: zero"[163].

De facto, a emissora não se renovava ao nível da programação. E isso teria, em breve, os seus custos.

A estagnação da EN

No início da década, quando Jaime Ferreira chegou à EN, avançou com alterações ao programa-tipo, que estava em vigor há cerca de um ano (desde maio de 1959). Embora reconhecesse que o gosto do ouvinte é insaciável e que a EN deveria ir ao encontro dos hábitos e predileções do auditório, Ferreira mantinha a convicção de que a estação oficial nunca deveria descurar o seu papel na correção do gosto do ouvinte. Para isso, deveria continuar a posicionar-se de forma a responder à transversalidade e à heterogeneidade de gostos do público[164]. Nesta altura, o número de horas de emissão para a metrópole é aumentado, mas a mais importante mudança reside na clara diferenciação entre os dois programas nacionais. Acaba a interrupção do Programa A durante o início da tarde, e estende-se a emissão entre as 7.00 e as 24.00 horas (o que significa um acréscimo de três horas e meia); o Programa B passa de cinco para

---

[163] Entrevista realizada em 31 de janeiro de 2010.

[164] Conferência de Imprensa de apresentação do novo programa-tipo da EN (cf. *Rádio e Televisão*, de 4 de junho de 1960, p. 3).

oito horas diárias (entre as 12.00 e as 15.00, e entre as 19.00 e as 24.00 horas). A carga musical e ligeira do Programa A é acentuada, em detrimento dos conteúdos falados, e sublinha-se a seriedade e a erudição do Programa B, tentando que não haja programas falados em simultâneo nos dois canais. O serviço informativo é também reforçado[165]. Outra particularidade interessante desta alteração, é a tentativa de adequação dos conteúdos às respostas dadas pelos ouvintes aos inquéritos da EN. Isso resultou numa correspondência maior com os hábitos do quotidiano: assim acontece com o "Programa da Manhã", entre as 07.00 e as 10.00 horas, assumindo a viagem para o trabalho, ou com a música ligeira que é apresentada como mitigadora do cansaço do trabalhador, entre as 11.15 e as 11.45 horas. Poucos anos depois, em 1964 encontramos a emissão da já EN perfeitamente estruturada de acordo com os hábitos de consumo radiofónico do auditório. Os seus momentos de maior audiência são das 07.00 às 10.00 horas, das 12.00 às 14.30 horas, das 19.00 às 21.30 e, aos domingos, das 14.00 às 20.00 horas[166].

---

[165] Cf. *Rádio e Televisão*, de 4 de junho de 1960, p. 3.

[166] A emissão do Programa Metropolitano Nacional 1 tinha um carácter informativo e recreativo. A abertura, às 06.30 horas, incluía informações variadas, com especial atenção para os agricultores e para os trabalhadores do mar; o programa da manhã, até às 10.00 inclui músicas ligeiras e alegres (o objetivo do programa é criar um fundo sonoro às tarefas matinais) e pequenos (3 a 4 minutos) blocos de informação de hora a hora. Às 10.00 tinha início um programa para as donas de casa e às 10.30 os programas escolares. Seguia-se um espaço de música para acompanhar os "operários em trabalho. Música viva, dinâmica, conforme as instruções psicotécnicas". A hora de almoço, entre as 12.00 e as 14.30 era dominada pela música e programas de variedades; às 13.00, o jornal falado tinha cerca de meia-hora de duração. Até às 17.30, o programa tinha em conta um público feminino variado e incluía música, folhetim, e conteúdos específicos para o público-alvo. Das 17.00 às 18.00 decorria a programação dedicada às crianças, seguida de uma hora para a juventude (Rádio Mocidade, por exemplo). Das 19.00 às 20.00 o objetivo era aliviar a pressão do dia de trabalho, pelo que a música ligeira e cantável dominava a emissão. Das 20.00 às 22.00, a música mantinha o mesmo espírito, e transmitia-se um segundo jornal falado, às 20.30 horas, com duração idêntica à do primeiro. Até à 01.00 hora da manhã, o objectivo era fornecer uma alternativa à televisão, através de um programa recreativo e instrutivo, que incluísse música ligeira, teatro, sketches, mas que não exigisse demasiada atenção dos que se aproximavam do descanso. A informação estava repartida por dois grandes jornais diários e dez pequenos noticiários com uma duração máxima de quatro minutos; a informação especializada (espetáculos, mercados, desporto, meteorologia, etc.) era, preferencialmente, transmitida junto aos noticiários. Os ouvintes do Programa 2 tinham hábitos diferentes: a previsão máxima de ouvintes estava situada entre as 12.00 e as 15.00 e entre as 18.00 e as 21.00 horas. A emissão do Programa 2, de dimensão instrutiva e cultural, decorria entre as 12.00 e a 01.00 hora. A programação era mais exigente, com predomínio da música erudita. Tinha um jornal falado às 21.00 horas

Ainda neste anos iniciais, antes do final de 1960 (a 25 de novembro), seria lançada na EN a "Rádio-Escolar", um programa da Direcção Geral do Ensino Primário que era transmitido duas vezes por semana, e que era usado como auxiliar pelos 200 professores que participavam no projeto. Os conteúdos alternavam entre a música e a história. O primeiro programa foi dedicado a um episódio dos Descobrimentos, perfeitamente enquadrável na exaltação da história nacional feita pelo regime.

Não obstante estas alterações, a programação da EN estava estagnada. Aí se mantinham elementos já com história, como os "Serões para Trabalhadores". Este clássico da EN apresentavam-se no início da década com novos moldes, mas mantendo o inalterado objetivo de "pelo engenho e arte dos seus colaboradores proporcionar aos muitos dos seus apreciadores, muitos momentos de recreio e de saudável evasão espiritual"[167]. Os serões eram uma presença antiga. Em 1960, e só em Lisboa, tinham já sido realizadas mais de 900 emissões deste programa, composto apenas por música e músicos portugueses e realizado em parceria com a F.N.A.T[168]. Muito naturalmente, o modelo estava gasto e a opção era considerada anacrónica pela crítica[169]. No Diário Popular podia ler-se a irónica pergunta: "Claro que fazer alterações é difícil. O melhor é deixar tudo como antigamente e prosseguir. Para quê um esforçozinho para renovar a apresentação e os conteúdos dos serões?"[170]. A crescente falta de qualidade de outros espaços era, também, exposta pela crítica. Jorge Guerra louvava os

---

(cf. *Noções a observar na concepção e realização de programas*, por José Luís da Silva Dias, Diretor dos Serviços de Programas, novembro de 1963; arquivo da RTP).

[167] Cf. Programa de uma das emissões citado em *Rádio e Televisão*, de 2 de janeiro de 1960, p. 20.

[168] Cf. *Rádio e Televisão*, de 2 de janeiro de 1960, p. 20.

[169] Segundo a crítica especializada: "um 'Serão para Trabalhadores' efectuado no Liceu de Camões pela E.N., em colaboração com a F.N.A.T. (...). Não consegui, por muito boa vontade que tivesse, descortinar onde residia a diferença entre este 'serão' e todos os que o antecederam. (...) A mesma orquestra, os mesmos assobios do público na entrada de qualquer artista do sexo feminino, as mesmas canções lamurientas (o fado, como repetiu o locutor, é momento indispensável destes 'serões'), o mesmo tom na apresentação e até as mesmas piadas" (cf. *Rádio e Televisão*, de 2 de janeiro de 1960, p. 20).

[170] Crítica do Diário Popular assinada por D.R. (cf. *Diário Popular*, de 2 de outubro de 1966).

"tempos áureos na nossa rádio, através dos 'Diálogos de Domingo'
da E.N., quando Olavo ainda era Olavo (...). Tudo desapareceu com
o tempo. O sorriso gastou-se ou gastaram-no. O ouvinte tem hoje mais
motivos para chorar do que para rir, quando escuta rádio. Reparem, por
exemplo, no 'Arco Íris' da E.N., que outrora ainda conseguia manter a
boa disposição do ouvinte e hoje não passa de uma manta de retalhos
de notícias curiosas e pouco mais"[171].

A imagem da EN junto da crítica era, pois, de estagnação e, também,
de cinzentismo[172]. Apesar disso, os meios de produção eram reconheci-
damente bons[173].

O novo mapa-tipo de programas[174] de 1968 traria poucas mudanças,
embora se ajustassem alguns horários. Mantinha-se o esquema geral
e solidificava-se a divisão entre a emissão cultural e a recreativa e ligeira.
No programa ligeiro, a estação reforçava a sua componente informativa,
acrescentando um noticiário e acertando todos os outros para uma perio-
dicidade horária. No total, a estação tinha agora 17 blocos de informação
por dia. Mantinham-se os serviços informativos regionais a partir de Faro,
Porto e Coimbra e acentuava-se o papel dos centros regionais[175].

---

[171] Cf. *Rádio e Televisão* de 30 de novembro de 1968, p. 23. A receptividade havia mudado em cinco anos, altura em que o mesmo programa era louvado nas páginas da mesma
revista (cf. *Rádio e Televisão*, de 5 de janeiro de 1963, p. 8).

[172] Isso era audível na informação e também no desporto, como pode comprovar-se nesta
referência a um locutor, num desafio domingueiro de futebol: "apático, monótono e nada emotivo
com o assunto, o locutor em questão não proporcionou grandes motivos para que se 'sentisse
o espectáculo' que relatava. Fiquei então a saber o motivo pelo qual há ouvintes que preferem
escutar outras estações – apesar da publicidade que se intercala no decorrer dos relatos" Crítica
de rádio do Diário Popular, assinada por D. R. (cf. *Diário Popular*, de 19 de setembro de 1966).

[173] Um dos fatores louvado pela crítica era o apuro de alguns dos espaços da EN: "bem vistas
as coisas, por estes lados os ares são outros! A produção é uma realidade. Nem sempre com
o nível que seria de exigir, é certo, mas de qualquer forma uma realidade. Enquanto que, por
outras 'bandas' não há meio de sair do 'disco-anúncio'", escrevia Duarte Ramos no Diário Popular.
No mesmo texto, o crítico destacava o prazer com que tinha escutado, de manhã, o professor e a locutora na educação musical inserida no espaço da "Rádio-Escola" e, à noite, "As
grandes figuras do mundo português", de Manuel Caldeira Pais; criticava a repetição vespertina
do programa escolar e os discos riscados e a mistura musical da hora do almoço (cf. *Diário
Popular*, de 1 de novembro de 1967).

[174] Cf. *Rádio e Televisão*, de 27 de janeiro de 1968, pp. 4-5.

[175] Além do serviço informativo de dez minutos que era transmitido às 19.30, passava a
ser transmitido de Faro um programa regional até às 20.00 horas. A essa decisão não terá

Da rádio com história à rádio com notícias

Com efeito, no amadurecimento da rádio que se verifica durante os anos 60, um dos elementos mais relevantes é o progressivo desenvolvimento de uma linguagem própria. E a informação é o exemplo perfeito do desenvolvimento dessa personalidade.

A EN foi, ao longo da década, dando mais atenção aos seus noticiários, como já foi referido. No entanto, a informação mais destacada era a do RCP, dirigida por Luís Filipe Costa desde o início dos anos 60. O ex-chefe de redação da Agência de Publicidade Artística (APA) desenvolveria no Rádio Clube uma nova linguagem para os noticiários: "dando corpo a uma entidade eminentemente radiofónica, independente quer dos jornais quer das informações escritas" (Cristo, 2005: 35). A rádio afastava-se da até então incontornável leitura de jornais[176] e incorporava a velocidade como valor essencial para a informação que transmitia[177]. O próprio mercado funcionou como um incentivo à mudança. O RCP precisava de publicidade. E, para ter audiências, precisava de ter um produto reconhecido. Algo que se distanciasse do cinzentismo da EN e das propostas da RR.

O Rádio Clube e a EN estavam em polos opostos, relativamente à forma de encarar a informação. Claramente, o RCP tinha conseguido mudar, ficando por isso na história. A EN, pelo contrário, tardava em modernizar o estilo, agarrada à linguagem escrita e aos extensos noticiários[178].

---

sido alheia a pressão a que a imprensa dava voz (no Diário Popular, de 31 de dezembro de 1967, um artigo intitulado "Várias sugestões para a criação de programas no emissor de Faro" dava conta da vontade crescente de ouvir uma programação regional). Por outro lado, o emissor de Coimbra, além de manter os espaços regionais que já tinha, passava a produzir duas horas semanais para a emissão nacional.

[176] Na década de 60, podia ler-se numa das paredes da redação do RCP: "Se o que escreveste pode sair no 'Diário de Lisboa', não presta para ser lido ao microfone" (cf. Cultura à espera da rádio. *Público*, de 22 de abril de 1992).

[177] Podia ler-se na crítica de rádio assinada por Duarte Ramos no Diário Popular, de 20 de setembro de 1966: "A notícia deve ser dada a conhecer no mais breve espaço de tempo. Esta, aliás a grande 'arma' que a rádio ainda possui".

[178] No final da década Jorge Guerra, crítico de rádio da Revista Rádio e Televisão, relatava a sua tentativa de comprovar as "alterações sofridas agora que se fala em 'aberturas', no conteúdo e na forma como são apresentados os noticiários e os comentários que por aí se transmitem. (...) Pois bem, da 'experiência feita nada resultou de positivo. As diferenças entre o presente e o passado não são visíveis, melhor, não são 'audíveis'.

Na verdade, a EN estava cerceada à partida. Tanto o controlo, como o autocontrolo, eram muito intensos, e as possibilidades de inovação na estação eram claramente menores do que as que existiam na RR e no RCP, onde todos os dias se continuava a inventar uma rádio diferente.

À época, a censura era transversal às estações de rádio. O regime tinha a rádio debaixo de apertado controlo. Na EN esse papel cabia a órgãos da estrutura, como os anteriormente referidos Conselho de Programas e Conselho de Planeamento de Programas, cujo trabalho se situava a montante da transmissão.

Nada era transmitido sem a prévia aprovação, como recorda Carlos Ventura, locutor da EN a partir do final dos anos 60:

"nós, na Emissora, qualquer texto que fizéssemos, desde que fosse escrito, nós não o podíamos ler ao microfone sem passar por uma coisa, que era a censura, no fundo, que se chamava departamento de Programas Literários, eufemisticamente; tudo passava por aí"[179].

Além disso, havia ainda o Gabinete de Análise, a Inspecção e os próprios inspetores externos, que tinham um papel de escrutínio a jusante.

Tudo continua, em matéria radiofónica, a viver na mais pacata indiferença perante os problemas sociais, económicos e políticos da hora presente. (...) Nos noticiários são francamente animadores os sintomas de uma maior síntese e tratamento das notícias. Começa-se a pensar em termos radiofónicos quando se redige uma notícia recebida por telex (...). Nesse aspecto, há que referir, especialmente, os resultados obtidos pelos serviços de noticiários de Rádio Clube Português, sem dúvida, os mais preocupados com o 'fenómeno' do tratamento a dar às notícias chegadas por telex. Claro, há falhas. A qualidade é difícil de manter, pois nem todos os noticiaristas estão preparados (...). Há, portanto, dias e horas para ouvir os noticiários que Rádio Clube Português transmite. No que respeita à estação oficial o problema da forma é ainda um caso por solucionar. A síntese parece não ser muito preferida pelos 'noticiaristas'. A prosa compacta, apenas aligeirada em relação ao que o telex transmite, continua a ser a fórmula usada. (...) Os progressos registados são tão pequenos que quase não se notam. Daí a longa e estafante maratona que constitui sempre o noticiário da noite da E. N.. Daí também o afastamento do ouvinte. Quando é que se compreenderá que a rádio não é o jornal?" (cf. *Rádio e Televisão*, de 21 de dezembro de 1968, p. 15).

[179] Entrevista realizada em 15 de janeiro de 2010.

A nova regulamentação

A EN precisava, claramente, de uma renovação nos conteúdos. Mas não só. O desajustamento do seu quadro regulatório era tal, que não era fácil perceber quanto tinham crescido os seus recursos humanos. Internamente, sucediam-se atrasos e outros problemas relativamente ao provimento e à promoção do pessoal[180]. O regulamento de admissão e promoção de pessoal do quadro era datado de janeiro de 1944[181], e havia sido desenvolvido de acordo com uma orgânica que estava revogada desde 1957. As omissões implicadas pela manutenção do artigo 33º do Decreto n.º 48.485, em conjunto com a legislação em vigor, causavam atrasos e diversas complicações, que só viriam a ser resolvidas em 1966, com o Decreto n.º 46.927. Na verdade, nesta altura, era possível entrar para a emissora ao abrigo de vários artigos, o que resultava em tipos diferentes de relação com a estação. Perante esta situação, os serviços da EN tinham alguma dificuldade em elaborar uma lista de pessoal, dada a diversidade de situações jurídicas existentes.

Depois das alterações à lei orgânica efectuadas em 1965[182], é publicado no ano seguinte o novo Regulamento da Emissora Nacional (Decreto n.º 46.927[183]). Mantém-se a livre escolha do governo relativamente aos cargos de topo. Mantém-se a possibilidade de contratar pessoal sem concurso em situações de emergência e clarifica-se que, além da necessária boa condição física, também é condição para a admissão nos concursos da EN a integração na ordem social e o repúdio ativo do comunismo. Mantêm-se as funções do Conselho de Programas, mas registam-se alterações na Análise de Programas e na Inspecção. A Análise de Programas junta-se ao Gabinete de Relações Públicas e a Inspecção junta às suas atribuições a recolha "de informações prestadas pelas pessoas incumbidas

---

[180] Cf. *Elementos para o relatório de 1962*; arquivo da RTP.

[181] Cf. Decreto n.º 33.492, de 7 de janeiro de 1944.

[182] O Decreto-Lei n.º 46.736, de 11 de dezembro de 1965, altera alguns artigos da Lei Orgânica da EN (Decreto-Lei n.º 41.484, de 30 de dezembro de 1957).

[183] O Decreto 46.927, de 30 de março de 1966 revoga os Decretos nº 33.942, nº 41.485 e nº 41.452.

de se pronunciarem sobre os programas emitidos, nos termos da parte final do artigo 28.º[184], do Decreto-Lei n.º 41.484. Um ano depois, seria ainda publicado o Decreto-Lei n.º 49.321, que regulava algumas disposições da lei orgânica da Emissora[185].

As mudanças regulatórias não implicaram apenas a organização interna da EN. Em 16 de maio de 1968, têm início uma série de reuniões entre representantes de vários organismos, como o Ministério do Ultramar, a Presidência do Conselho, a EN ou os CTT, com vista à criação de um Instituto Nacional de Radiodifusão[186]. Do relatório final dessas reuniões sobressai a forma como o poder entendia o papel dos *media*: a rádio e a televisão eram vistas como instrumentos na mentalização das grandes massas, na defesa nacional e no combate às emissões contrárias ao regime. A eles cabia a imposição de um "critério uniforme de culturação", e a divulgação de uma única imagem da realidade previamente estabelecida[187]. Essa entidade é criada, e a partir de janeiro de 1969, o Conselho

---

[184] O artigo 28.º refere-se à remuneração dos informadores de programas e noticiários da EN e de programas de rádios estrangeiras.

[185] Este decreto, datado de 27 de outubro de 1969 refere-se a disposições dos Decretos-Lei n.º 47.736 e n.º 49.272.

[186] Cf. Actas das reuniões; arquivo da RTP.

[187] No ponto 5 do relatório (arquivo da RTP), relativo à Formação, Informação e Propaganda podia ler-se na sua primeira alínea que "Deveria colocar-se cada vez mais em lugar relevante a preocupação de, através da radiodifusão (Sonora e por Televisão), formar uma corrente de opinião, uma mentalidade, uma superior visão dos acontecimentos nacionais e internacionais. (...) As recentes 'guerras frias e a 'guerra de nervos' têm de ser combatidas e neutralizadas com o único processo válido: uma informação adequada e eficiente que denuncie a mentira e esclareça as massas precipitadamente arrebatadas para um ponto de vista erróneo. (...) deveriam elaborar-se periodicamente esquemas de programas com a única finalidade de contrapropaganda. (...) haveria toda a conveniência em irradiar além-fronteiras, sobretudo nos países mais influentes, numerosos programas capazes de fazer luz sobre problemas capciosamente obscurecidos e deturpados". Na sua segunda alínea, o texto referia a necessidade de toda a informação "obedecer a uma séria coordenação que não favorecesse o clima de dúvida e não permitisse a mínima confusão em qualquer aspecto ou acontecimento da vida nacional. Ocorrências verificadas nos mais diversos pontos do território nacional deveriam ser primeiramente analisadas, julgadas e comentadas em nível apropriado, só daí irradiando uma opinião – a única válida para todo o espaço português". Na terceira alínea era assumida necessidade de dever dar "rigorosas directrizes à Censura a fim de impedir a difusão de programas radiofónicos, sonoros ou por televisão, que pela sua índole possam provocar sentimentos ou estados emotivos que venham a reflectir-se quer na opinião pública da Nação, tanto sob o ponto de vista político como moral. Por exemplo, a imagem acompanhando cenas de guerra, desacato ou alteração da ordem pública torna-as muito mais prejudiciais junto dos ouvintes do que se forem referidas como simples notícias".

Nacional de Radiodifusão (CNR) passou a ser uma das várias estruturas da Secretaria de Estado da Informação e Turismo (SEIT) que tutelava a EN e as rádios particulares relativamente às matérias de informação, programação e publicidade[188]. O CNR tinha como missão pronunciar-se sobre as atividades e o funcionamento da radiodifusão sonora e visual[189].

A década de 60 está a terminar. Com o afastamento de Salazar, Marcello Caetano assume a presidência do Conselho de Ministros. Caetano tinha uma preferência pelo RCP, ao contrário de Salazar que, assumidamente, se aproximava mais da EN (Serejo, 2001). Embora Caetano não mude a cúpula da estação oficial, irá nomear para a direção dos programas um homem da sua confiança. É sob a direção de Carlos Silva Gonçalves, que a estação passa a emitir 24 horas por dia para a metrópole, através de Lisboa 1, em 1969 (Serejo, 2001). Ao nível técnico, a EN haveria de terminar a década com um parque composto por 23 antenas de OC e sete emissores de 100 kW, que serviam 11 destinos[190].

---

[188] Cf. Decreto-Lei n.º 48.686, de 15 de novembro de 1968 e Decreto-Lei n.º 48.619 de 10 de outubro de 1968.

[189] Cf. Decreto-Lei n.º 46.686, de 15 de novembro de 1968.

[190] Cf. *Relatório e Contas da RDP*, de 2000.

CAPÍTULO II:
A RADIODIFUSÃO PORTUGUESA

Depois do adiamento de uma inevitável mudança que caraterizou os primeiros anos da década de 70, a revolução coloca um ponto final na estagnação da EN. Porém, não termina com a sua instrumentalização política. A Radiodifusão Portuguesa nasce após a turbulência dos primeiros anos da democracia. Pela primeira vez no nosso país fala-se efetivamente em serviço público na radiodifusão. Porém, as peculiares condições da nacionalização da rádio deram origem a um organismo que demorará anos a encontrar estabilidade e organização. A própria implementação dos princípios de serviço público não foi imediata, mas sim paulatina, num processo paralelo ao amadurecimento da democracia portuguesa. Será, precisamente, depois de atingida essa estabilidade que a RDP será inserida num processo de reestruturação do sector audiovisual público.

A DÉCADA DE 70:
OS ANOS TURBULENTOS DO NASCIMENTO DA RDP

O retardamento da inevitável mudança

Exonerado da Presidência do Conselho desde setembro de 1968, Salazar morre em julho de 1970. Na primeira página do Diário de Lisboa podia ler-se:

> "Com a morte do Presidente Salazar encerra-se um período da vida nacional. Pode dizer-se que foram quarenta anos em que a sua forte personalidade impôs ao País um estilo próprio, um estilo de pensamento e acção de que ficará sinal profundo e prolongado que os historiadores, passadas que forem as paixões do tempo, terão de julgar com serenidade impossível nesta hora de emotividade"[191].

Assim começava a década do princípio de todas as mudanças: no país e na sua emissora estatal. Era a rápida desagregação do marcelismo que principiava, em 1970 e 1971, a par com o agravamento do clima social e da situação económica trazidos pela subida da inflação (Rosas, 1994).

Sollari Allegro pede à tutela para sair da EN e subitamente regressa à Junta de Crédito Público. Segundo Serejo (2001), havia quem dissesse que a principal tarefa de Carlos Silva Gonçalves na EN tinha sido o afastamento de Allegro, muito embora não haja sustentação sólida para este rumor.

---

[191] Cf *Diário de Lisboa*, de 27 de julho de 1970.

Sollari deixa como principais legados a criação dos serviços médico-sociais da Emissora, os emissores da Guiné e de São Tomé e a aquisição dos novos emissores de OC (Serejo, 2001). A 18 de maio de 1970, Clemente Rogeiro regressa à EN, onde havia dirigido os Serviços Administrativos e Financeiros entre 1958 e 1969, desta feita como diretor da estação. Rogeiro abandonara a EN para ir ocupar o lugar de Director Geral da Informação. Estava conotado "com o chamado grupo da 'Choupana', o restaurante de S. João do Estoril onde, habitualmente, se reuniam os críticos do regime de Salazar, afectos a Marcelo Caetano" (Serejo, 2001:71). A análise dos discursos feitos na altura permite uma imagem clara da forma como os *media* se haviam recolocado no quotidiano. Clemente Rogeiro sabia que os espetadores da televisão, em breve seriam em maior número que os ouvintes da rádio e, sobretudo, que os hábitos tinham mudado, com a desterritorialização da escuta: "a televisão vê-se em família; a audição da rádio é solitária, sobretudo com a divulgação dos pequenos recetores, que se levam facilmente para qualquer lado"[192].

Apesar de alguns ajustes, o alinhamento ideológico da rádio pública não mudaria nos primeiros anos. Geraldes Cardoso, o novo Diretor Geral da Informação, inspirava-se no pensamento de Marcello Caetano acerca da opinião pública para vincar a

> "necessidade absoluta de informar, de trazer à Imprensa, à Rádio, à Televisão e às Agências, a notícia exacta, que dê conta do pensamento do Governo e dos seus propósitos. Sem se substituírem, naturalmente, à crítica que aquele pensamento mereça, os órgãos oficiais da informação contribuirão para que essa crítica seja útil, na medida em que poderá basear-se sobre documentos correctos e de que se conhece a origem"[193].

Clemente Rogeiro considerava que a rádio oficial estava muito longe de cumprir o que a legislação definia como sendo os seus objetivos. Ao fim de alguns meses à frente da rádio estatal, Rogeiro defendia uma

---

[192] Cf. *Novidades*, de 19 de maio de 1970, pp. 1 e 4.

[193] Cf. *Diário de Notícias*, de 19 de maio de 1970.

estrutura menos rígida que permitisse fazer mais e melhor na emissora e, claramente, pretendia alterações: "estamos, actualmente, na E.N. numa fase que não é cómoda nem agradável mas me parece necessária: repensar muitos problemas, desmanchar certos mecanismos para melhor os observar interiormente"[194].

A cobrança de taxas e o Centro de Preparação de Artistas eram alguns dos assuntos que Rogeiro tinha em cima da mesa para avaliação, bem como a construção de uma nova sede e de um novo edifício para o emissor regional do norte. Nesta altura, cerca de 83% do financiamento da rádio oficial era feito através de receitas provenientes das taxas de radiodifusão sonora. Há mais de dez anos que a emissora não recebia subsídios estatais e a extinção das dívidas resultantes dos vários empréstimos contraídos desde 1940 estava prevista já para 1975[195].

A informação tinha ganho espaço na emissão oficial. Havia boletins quase a todas as horas[196]. O acompanhamento das notícias internacionais era feito com o recurso a quatro correspondentes no estrangeiro, nomeadamente, em Madrid, Paris, Roma e Nova Iorque. O que esses correspondentes garantiam à informação da EN, era a existência de notícias não eivadas de valores ideológicos opostos aos do Estado português. O objetivo era diminuir a dependência das agências internacionais. No sector informativo da emissora oficial, havia mesmo a convicção de que os correspondentes poderiam ser um braço longo da estação no combate à informação que da Europa de leste provinha:

---

[194] Cf. ROCHA, N. 1971. Entrevista a Clemente Rogeiro. *Diário Popular*, de 8 de janeiro de 1971, pp. 26-27.

[195] Cf. ROCHA, N. 1971. Entrevista a Clemente Rogeiro. *Diário Popular*, de 8 de janeiro de 1971, pp. 26-27.

[196] Tanto no 1º como no 2º programa e em OC e OM havia noticiários quase de hora a hora, e o princípio defendido pela direção era o de que a notícia não tinha hora para surgir (cf. ROCHA, N. 1971. Entrevista a Clemente Rogeiro. *Diário Popular* de 8 de janeiro de 1971, pp. 26-27.). Os principais momentos informativos do Programa 1 da EN eram o jornal das 08.00 horas, as duas edições do "Diário Sonoro", às 13.00 e às 20.00 horas e o "Último Jornal", que era transmitido à 01.00 hora. Além destes, havia rubricas informativas com bastante destaque, como a relativa ao "Movimento dos Aviões", o "Cartaz de espectáculos", a "Informação da Bolsa" e a "Vida Religiosa". No programa para o Ultramar, os blocos noticiosos mais importantes eram o "Diário Sonoro" das 13.00 horas, que era transmitido para São Tomé, Príncipe, Angola, Moçambique, Macau e Timor; o das 15.00 horas, para Cabo Verde e Guiné e o das 21.00 horas para São Tomé, Príncipe, Angola e Moçambique.

"pois não se duvida de que nestas regiões se situem as fontes de todos os conluios contra a nossa presença em África. (...) O importante era que dispuséssemos de postos de observação e de recolha de informação na periferia desses países. (...) Penso que os correspondentes poderiam ser uma via de nos lançarmos no contra-ataque"[197].

A rádio do início da década de 70 era uma rádio virada para o entretenimento. Os programas de humor, teatro e música (ligeira) eram os preferidos. A tradição dos espetáculos de variedades promovidos pela estação mantinha-se. Na programação musical destacava-se agora o "Cantando me Entendes", que estava no ar desde março de 1969. Era um programa escrito por Varela Gomes, onde atores e cançonetistas em início de carreira contracenavam com nomes consagrados do espetáculo. A música ligeira lá estava, primordialmente, a portuguesa. Os "Jogos Florais" tinham regressado e o "Natal dos Hospitais" era uma presença assídua em antena desde a década de 60. O teatro surgia em rubricas como "Teatro dos nossos dias", "Noite de Teatro" e um espaço dedicado à crítica de espetáculos. Os folhetins estavam em antena, em 1970, com a reposição de "A Roça" (cuja ação se passava numa roça em São Tomé). O desporto tinha ganho peso internamente e agora existia uma secção especializada dentro dos programas, com uma maior presença na antena. Os grande sucessos, em 1970, são a domingueira "Tarde desportiva", que acompanha o futebol nacional, a cobertura da Volta a Portugal em Bicicleta e a divulgação dos resultados do Totobola[198].

A par com os conteúdos ligeiros, mantinham-se os espaços com maior carga ideológica. Sobre a situação no Ultramar existiam na programação

---

[197] Cf. *Boletim n° 1 da Divisão de Programação da Emissora Nacional de Radiodifusão*, primeiro trimestre de 1970, p. 9.

[198] Os espaços de desporto na EN eram: ao domingo a "Rádio Desporto" (1ª e 2ª emissão) o "Domingo Desportivo" e a "Tarde Desportiva"; à segunda-feira a emissão especial do "Rádio Desporto"; de terça a sexta-feira, a "Ronda Desportiva"; e, ao sábado, "Educação Física, Pensamento e Ação" e "Revista Desportiva". Os regionais transmitiam, a partir do Emissor do Norte, a "Semana Desportiva", aos sábados, e a "Informação Desportiva" aos domingos; a partir de Coimbra, o "Desporto Regional" ao final da tarde de segunda-feira; a partir do Emissor do Sul, o "Desporto no Algarve"; e, a partir dos Açores, o "Desporto nos Açores" (cf. *Boletim da Divisão de Programação da Emissora Nacional de Radiodifusão*, primeiro trimestre de 1970).

espaços como "Ideias e factos", um "breve ideário a cargo do Gabinete de Negócios Políticos do Ministério do Ultramar"[199], em que eram tratados, diariamente, para a OC e a OM, assuntos da política colonial; e "Cartas da Brasileira do Chiado", uma palestra de Ayala Monteiro, transmitida apenas em OC, e que visava o "esclarecimento político dos portugueses do Ultramar"[200]. Mantinha-se, também, a nota do dia "com a regularidade que a importância dos eventos vai impondo e justificando"[201].

Nesta altura, e aproveitando a anunciada "abertura" marcelista, a EN, pela mão do seu diretor de programas, Alberto Represas, apresenta no início da década, alguns espaços informativos que, apesar dos apertados limites, fugiam ao figurino da restante informação da estação: são os casos do "Momento 71" e da "Mesa Redonda Internacional" (Serejo, 2001). Mas não havia dúvidas, o espaço para a experimentação que existia no RCP, ou na RR, não tinha lugar na EN, apesar de haver na estação oficial um grupo de profissionais de uma geração mais recente (entrado em finais da década de 60), que estava atento ao que se fazia no estrangeiro e às experiências que se faziam por cá. Como explica Carlos Ventura,

"a máquina estava em andamento, nós entrávamos na máquina, sabíamos os limites, estava tudo muito bem definido, nós sabíamos até onde é que poderíamos ir (...), os limites e as fronteiras estavam perfeitamente definidos"[202].

Porém, anos e anos de um teimoso afastamento da cultura popular internacional e de valores democráticos, em favor de um cinzentismo cada vez mais gritante, tinham deixado marcas no auditório. Os ouvintes

---

[199] Cf. *Boletim da Divisão de Programação da Emissora Nacional de Radiodifusão*, primeiro trimestre de 1970, p. 36.

[200] Cf. *Boletim da Divisão de Programação da Emissora Nacional de Radiodifusão*, primeiro trimestre de 1970, p. 37.

[201] Cf. *Boletim da Divisão de Programação da Emissora Nacional de Radiodifusão*, primeiro trimestre de 1970, p. 6.

[202] Entrevista de Carlos Ventura realizada em 15 de janeiro de 2010.

estavam cansados. A rádio precisava de se reinventar[203]. Uma pesquisa feita ao auditório da EN revelava isso mesmo:

"Na generalidade há um desinteresse acentuado pelos programas falados, que não sejam do tipo informativo, sendo a música ligeira, em todos os critérios ventilados, o tipo de programa que interessa a todas as horas. (...) parece estarmos perante um auditório mentalizado por dezenas de anos de programação semelhante nos mesmos dias e às mesmas horas, sendo muito raras as excepções"[204].

De facto, não faltaria muito para que se tornassem visíveis as perdas de ouvintes da EN em relação ao RCP e à RR. O inquérito de 1972/1973 apontava as maiores perdas no Programa 1 da EN, e ganhos mínimos no canal erudito. A RR era a estação que mais subia nesta altura. A estação oficial estava a perder ouvintes em todas as regiões do país, com exceção das insulares, e o relatório era muito incisivo na análise da situação:

"a posição da E.N. está, pois, em declínio frente à R.R. perdendo audiências onde, até então, obtinha francas maiorias. Se essas zonas são servidas, em condições suficientes e até muito boas, como é o caso do Algarve, pelos seus Regionais, é na programação transmitida por estes que se deve procurar a deficiência, uma vez que no período [Abril de 1972 a Abril de 1973] a programação do emissor para onde 'fugiram' os ouvintes ainda não tinha sofrido alterações que justificassem essa fuga"[205].

---

[203] Mais do que essa ideia de cristalização, Sérgio Melides, que escrevia sobre rádio n'A Capital, sublinhava a falta de imaginação: "A lei vigente neste campo de comunicações continua a ser a do menor esforço: música-anúncios-piadas-notícias. Há programas que conseguem manter a mesma linha anos seguidos, como se nada de novo acontecesse à sua volta, como se a expressão Rádio fosse imutável... Outros programas variam constantemente a sua estrutura, à procura (desesperada) de uma certa coerência ou de novas fórmulas milagrosas (...) Uns e outros refletem uma certa crise de criação-imaginação que vai minando a Rádio portuguesa" (cf. *A Capital*, de 29 de dezembro de 1972).

[204] Cf. *Relatório do Inquérito feito ao auditório da EN* (em 1969), p. 60; arquivo da RTP.

[205] Cf. *Inquérito do Serviço de Inspecção / Análise de Programas aos Ouvintes de Rádio da ENR Abril de 1972 a Abril de 1973*, p. 10; arquivo da RTP.

Desse relatório, extraem-se dados importantes acerca das caraterísticas da escuta à época: por um lado, aumentava o interesse geral pelos discos pedidos, pelos "Programa da Manhã" e pelo "Convívio" da EN, e pelos programas de divulgação científica e literária. Por outro, decrescia o interesse pelos noticiários, pelo folhetim da EN, pelo folclore, pelo fado e pela música ligeira portuguesa. Não só a pouca isenção da informação oficial parecia ter os seus custos, como a sofisticação da revolução cultural que do estrangeiro se escutava parecia ter um apelo maior do que a tradição e o nacional cançonetismo.

A EN antes do 25 de abril

As estimativas apontavam para mais de dois milhões e meio de recetores no país, o que significava, praticamente, o dobro das licenças existentes. A maioria destes aparelhos concentravam-se no Porto, em Lisboa e no litoral norte. Em regra, só tinham recetores de FM as classes mais altas[206]. Nas estações mais pequenas, os fracos recursos limitavam a sofisticação das emissões. À época, existiam oito estações de rádio em Portugal continental. Além da EN, funcionavam o RCP, a RR, os Emissores Associados de Lisboa (EAL) e o Emissor do Norte Reunido (ENR), a Rádio Ribatejo, a Rádio Altitude e a Rádio Alto Douro. Nos Açores, funcionavam o Clube Asas do Atlântico e o Rádio Clube de Angra (para além do emissor das tropas norte-americanas e da EN). Na Madeira, além da estação oficial, transmitiam o Posto Emissor de Radiodifusão do Funchal e a Rádio Madeira[207].

---

[206] Cf. *Inquérito do Serviço de Inspecção / Análise de Programas aos Ouvintes de Rádio da ENR Abril de 1972 a Abril de 1973*; arquivo da RTP.

[207] Além destas estações, existiam no Ultramar as seguintes: o Rádio Clube de Cabo Verde, a Rádio Barlavento, o Rádio Clube do Mindelo (em Cabo Verde); a Emissora Oficial da Guiné (na Guiné); a própria EN (em São Tomé); a Emissora Oficial de Angola e 18 rádio-clubes locais (em Angola); o Rádio Clube de Moçambique e três rádio-clubes locais (em Moçambique); a Emissora de Radiodifusão de Macau e a Emissora Vila Verde (em Macau) e a Emissora de Radiodifusão de Timor (em Timor) (cf. o recenseamento feito por CASTANHEIRA, M., D'ASSUMPÇÃO, B. 1972. *Relatório interno. Emissora Nacional*; arquivo da RTP).

Não havia nesta altura um programa que atingisse toda a comunidade portuguesa espalhada pelo mundo, embora fosse convicção dos técnicos da EN de que existiam estruturas que permitiam fazê-lo sem grandes problemas. Efetivamente, muito se havia desenvolvido a EN, sobretudo na cobertura do território continental[208]. Ao nível da OM, em 1971, o Programa 1 da emissora era servido pelas estações de Valença, Chaves, Bragança, Mirandela, Miranda do Douro, Vila Real, Norte I, Porto (cidade), Viseu, Guarda, Coimbra, Covilhã, Castelo Branco, Portalegre, Elvas, Lisboa I e Faro. Restavam algumas zonas no interior norte e centro sem cobertura, e um pequeno enclave entre o Alentejo e o Algarve. O Programa 2 era difundido pelos emissores de Porto II e Lisboa II.

Porém, apesar do desenvolvimento da cobertura nacional da EN, muito havia ainda a fazer. A cobertura total em OM e FM era uma meta a atingir[209]. A EN tinha esse objetivo em cima da mesa e tentava articulá-lo com as tendências de regionalização de programas que lá fora se sentiam[210]. Para preparar essa descentralização, a EN encomenda um estudo interno sobre as condições de desenvolvimento das suas estruturas. Já nesta altura, a emissora estava sensibilizada para a necessidade de estimular a separação temporária dos emissores regionais e de desenvolver a produção local de emissões. Os emissores da Guarda, Covilhã e Viseu, onde já existiam pequenos estúdios, eram boas opções para iniciar a experiência.

Ao mesmo tempo tornava-se evidente a necessidade de estimular a utilização da FM nos ouvintes[211], dada a sua ainda fraca penetração. Até à data, a programação da emissora em FM era limitada, uma vez que a direção considerava escassos, tanto os recetores existentes no auditório,

---

[208] Cf. *Cobertura radiofónica de Portugal Continental (Onda Média) em junho de 1971*; arquivo da RTP.

[209] E, nesse sentido, a inauguração de emissores continuava. Em 1973 é inaugurado o novo emissor de 10 kW no Algarve, para substituição do (de 1 kW) que existia no Emissor Regional do Sul. Um pouco antes havia sido inaugurado o emissor de FM de São Miguel e, em breve, aconteceria o mesmo com o de Monchique (cf. *Diário de Notícias* de 2 de agosto de 1973, pp. 1 e 7).

[210] Nomeadamente, em Inglaterra, na Alemanha ou na França.

[211] Cf. CASTANHEIRA, M., D'ASSUMPÇÃO, B. 1972. *Relatório interno. Emissora Nacional*; arquivo da RTP.

como os discos disponíveis[212]. Naturalmente, também aqui, a EN perdia um segmento de público com interesses musicais mais elaborados, que se ligava às estações privadas. A atenção ultramarina da EN mantinha--se. Em 1972, o sector técnico da EN faz visitas às províncias de África para se inteirar da situação existente e dos potenciais problemas que o desenvolvimento da televisão estaria para trazer, em breve, às estruturas existentes. Desde logo, constatava-se que a cobrança das taxas era um enorme problema, uma vez que a mobilidade permitida pelo moderno transístor e a dificuldade em localizar os seus donos complicavam a tarefa. Mas, além disso, havia que melhorar as condições de difusão da mensagem oriunda da metrópole. É nesse sentido que é realizado um estudo para a cobertura da zona norte de Moçambique em OM[213]. Essa era uma zona que tinha duas grandes dificuldades que encareciam sobremaneira o investimento: havia grandes dificuldades de propagação a este tipo de ondas, bem como uma barreira resultante da diversidade linguística existente na região. É nesse mesmo ano, em 1972, que é criado o emissor regional da Guiné. Noutro canto do mundo, a EN aumentava o seu alcance com a inauguração de um novo centro emissor em Timor[214]. Este emissor, situado no alto da Marabia, iria permitir à Radiodifusão de Timor chegar também a algumas zonas da Austrália, Japão, Indonésia e Macau e, em FM, cobrir as cidades de Ataúro, Maubara e Dili.

Numa aparente calma, ao assinalar mais um aniversário, em agosto de 1973, a EN coloca ao serviço uma nova central horária. A precisão do sinal horário[215] da emissora sempre foi importante. Esta nova central era, pela primeira vez, inteiramente electrónica, pelo que não estava sujeita a entraves mecânicos e recebia o seu preciso sinal diretamente de uma estação inglesa.

Eis que chega abril de 1974.

---

[212] Cf. ROCHA, N. 1971. Entrevista a Clemente Rogeiro. *Diário Popular,* 8 de janeiro de 1971, pp. 26-27.

[213] Cf. *Relatório dos Serviços Técnicos* datado de abril de 1972; arquivo da RTP.

[214] A EN tinha no território timorense apenas um emissor de 1 kW e, com esta inauguração, passaria a ter mais um de 10 kW e um de 250 Watts para FM (cf. Novo Centro Emissor da Emissora de Radiodifusão de Timor. *Época*, de 4 de outubro de 1972.

[215] O emblemático sinal horário da EN era constituído por quatro traços de um segundo, seguidos de um traço com apenas um décimo, espaçados por cinco segundos.

A rádio liberdade

À EN não coube qualquer papel no movimento da revolução. Aliás, a estação oficial nunca foi opção para qualquer protagonismo, uma vez que a sua inequívoca posição pró-regime poderia levar a mal-entendidos. No entanto, a EN estaria presente nos outros momentos marcantes do PREC (Período Revolucionário Em Curso[216]).

A revolução é posta em marcha após a transmissão das senhas na rádio. A partir da madrugada do dia 25, seguiram-se os comunicados do Movimento das Forças Armadas (MFA) aos microfones do RCP, que havia sido ocupado e transformado em posto de comando.

A EN é ocupada na madrugada do dia 25, cerca das três horas. Um grupo, que havia sido formado por Oliveira Pimentel e Frederico Morais, no Campo de Tiro da Serra da Carregueira, toma a estação oficial. "Daqui maior de Lima Dezoito. Informo ocupámos Tóquio sem qualquer incidente", comunicaria Morais para o Posto de Comando, a partir das instalações do Quelhas (Centro de Documentação 25 de Abril, 1996). A estação é ocupada, mas não se verifica qualquer alteração na programação (Serejo, 2001). É que, entretanto, a emissão havia passado dos estúdios do Quelhas para os de S. Marçal e os próprios militares, que ocupavam o edifício do Quelhas, não terão prontamente percebido a origem e a forma de interromper a emissão[217]. O corte do programa só será feito ao início da manhã[218]. Mas, antes do corte da emissão foi ainda lido um comunicado do MFA pelo locutor de serviço, Eduardo Fidalgo, que entretanto, entrara ao serviço[219]. A estação é, finalmente, silenciada pelos militares. É bastante credível a hipótese de ter existido, ainda, um segundo corte, originado pelo lado afeto ao regime que soçobrava. Uma ordem terá sido

---

[216] Designação atribuída ao período compreendido entre a revolução de abril e a constituição de abril de 1976, tendo no 25 de novembro de 1975 o culminar do período de tensão que vinha crescendo.

[217] Segundo relato de Eduardo Fidalgo, em entrevista realizada em 12 de janeiro de 2010 (Fidalgo, locutor da EN, entrou ao serviço cerca das 07.00 da manhã do dia 25 de abril).

[218] Às 07.52 horas, segundo a cronologia do Centro de Documentação 25 de Abril (1996); depois das 08.30 horas, segundo Serejo (2001)

[219] Segundo relato de Eduardo Fidalgo, em entrevista realizada em 12 de janeiro de 2010

dada, de dentro da emissora, no sentido de cortar o cabo subterrâneo que levava a emissão do Quelhas para os emissores, numa das estações que o permitiam, na Avenida D. Carlos[220]. E essa terá sido a razão da (nem sempre explicada) demora na retoma da emissão, que sucedeu ao final do dia[221]. À noite, seria lida a proclamação do Movimento (Serejo, 2001). Durante este período, a emissão para fora da metrópole continuou sempre o seu normal curso, uma vez que era transmitida a partir de S. Marçal[222].

Após o regresso da emissão à EN, o momento é de algum desnorte interno[223], mas é também, de uma abertura e liberdade sem precedentes, ao nível do que se transmitia. À discoteca da EN vão-se buscar discos proibidos. Limpa-se o giz que inutilizava as faixas censuradas. Os militares davam carta-branca aos locutores. E isto duraria até ao início da manhã do dia 26, altura em que, por momentos, a orientação da emissão retrocede dois dias. Foram indicações da coordenação de programas, que ainda estava em funções, que surgiram como se nada tivesse acontecido no dia 25[224]. Porém, rapidamente, os militares colocam termo a esta orientação[225]. De facto, os dias imediatos ao 25 de abril foram de alguma confusão, uma vez que os diretores, embora sem poder efetivo, continuavam em funções (Serejo, 2001). E assim seria, até que a comissão ad-hoc, que havia entrado para dirigir a estação, suspende os cargos

---

[220] Segundo relato de Carlos Ventura, em entrevista realizada em 15 de janeiro de 2010.

[221] Carlos Ventura, um dos dois locutores presentes no reinício da emissão situa o final da interrupção nas 18 horas. Serejo (2001), refere a retoma da emissão às 21.00 horas.

[222] Uma descrição pormenorizada dos acontecimentos na EN durante este período pode ser encontrada no trabalho de Serejo (2001).

[223] Uma história exemplificativa é relatada por Carlos Ventura (entrevista realizada em 15 de janeiro de 2010): "o capitão que comandava a força que estava a ocupar a emissora disse-nos: a partir deste momento, vocês fazem aquilo que entendem que devem fazer. Foi assim. Inclusivamente, há uma situação engraçada com os noticiários. Nessa noite, de 25 para 26, começam a aparecer os noticiaristas, como naquele tempo se dizia, e então eles aparecem, e dentro da tradição que existia, começam por ir a quem manda. Quem é que manda? É o capitão. Chegam ao capitão e dizem-lhe: senhor Capitão, eu sou noticiarista e venho fazer o noticiário das tantas horas. (…) E o que é que eu faço, pergunta o jornalista. E ele (o capitão) diz, então mas o senhor está a perguntar-me a mim? Eu só sei de guerra".

[224] Conforme relato de Carlos Ventura (entrevista realizada em 15 de janeiro de 2010).

[225] Conforme relato de Carlos Ventura (entrevista realizada em 15 de janeiro de 2010).

de topo da emissora (Serejo, 2001). Imediatamente, a filiação partidária e ideológica começaram a justificar perseguições internas[226].

A EN, tal como a RR, viveu os seus tempos mais conturbados logo entre a revolução de abril e o 25 de novembro de 1975:

> "foi mais de um ano e meio de permanente crise, em que os ideais de liberdade anunciados pela Revolução dos Cravos ameaçaram dissolver-se numa mera substituição de uma ditadura decadente por uma outra de sinal contrário, mas de contornos mais rígidos" (Serejo, 2001: 75).

As direções militares

A 28 de abril entra em funções na EN uma comissão *ad-hoc* constituída pelo Major Delfim Moura[227], e pelos Capitães José Azevedo e Carlos Moura. Praticamente até ao final da década haverá uma intensa rotação nos cargos diretivos, a par com uma forte instabilidade vivida pelos trabalhadores. Sob a dependência dessa comissão *ad-hoc* é constituído um grupo de trabalho que incluía pessoas de fora da emissora com experiência radiofónica e outras sem qualquer ligação ao meio (Serejo, 2001)[228]. Essa comissão civil imediatamente começou a coordenar a orientação da emissão da EN; os responsáveis imediatos pela programação foram, pois, o major Delfim Moura e Álvaro Belo Marques[229].

À época, o mais importante era o corte simbólico e efetivo com o passado. Independentemente do caminho a tomar, houve momentos em que o que interessava era vincar a distância relativa ao que estava para trás. Isso ressalta de alguns textos na imprensa, onde era evidente uma visão

---

[226] Conforme relato de Eduardo Fidalgo (entrevista realizada em 12 de janeiro de 2010).

[227] Segundo Serejo, o major Delfim Moura, embora fosse um especialista em engenharia electrotécnica tornou-se "estratega da área da programação, onde viria a traçar uma linha de orientação no mínimo polémica, e geradora dos numerosos conflitos profissionais e ideológicos que alastraram internamente" (2001: 77).

[228] O grupo, que era liderado por Álvaro Belo Marques, incluía Jaime Gama (que dirigia os noticiários) José Jorge Letria, João Paulo Guerra ou José Júdice, entre outros (Serejo, 2001).

[229] Cf. Uma nova madrugada. *Diário de Lisboa*, de 5 de setembro de 1974.

maniqueísta deste momento. Ao noticiar a nova emissão da madrugada na estação, o Diário de Lisboa enaltecia a renovação estética e de processos de trabalho que se vivia na estação e cindia os tempos entre o bom da nova programação e o mau que ainda não havia sido retirado[230].

Entretanto, a comissão *ad-hoc* termina as suas funções e, a partir de 29 de maio de 1974, a direção da EN é entregue ao Tenente-coronel José Calvão Borges, ficando a direção do Serviço de Programas, primeiro a cargo de Delfim Moura e, após o dia 2 de janeiro de 1975, a cargo do Tenente--coronel Raul Martins.

Dentro da EN, como noutros meios de comunicação, sucediam-se as pressões de grupos afetos a várias fações ideológicas, tentando controlar a orientação da empresa. As convulsões internas eram constantes em todo o sector. Calvão Borges pediria a demissão do cargo logo em fevereiro, "em consequência de atitudes extremistas tomadas por alguns trabalhadores e de um processo reivindicativo desencadeado no Emissor Regional do Norte"[231]. O pedido de demissão da comissão administrativa provocou um movimento de apoio por parte de centenas de trabalhadores da EN[232]. Borges chegou a ser recebido por Costa Gomes, em maio, para explicar os motivos da sua decisão[233], mas o Conselho Superior da Revolução recusou o pedido; daí resultaria o compromisso de Borges se manter à frente da estação por "um período de tempo razoável, o que não invalida que, entretanto, se registem mudanças, tais como a entrega dos sectores técnicos e administrativos aos trabalhadores"[234]. A direção manter-se-ia mais algumas semanas até que, à porta do "Verão Quente de 75", a 3 de julho, o Capitão-tenente Bouza Serrano assume a direção

---

[230] Cf. Uma nova madrugada. *Diário de Lisboa*, de 5 de setembro de 1974.

[231] Cf. Trabalhadores da EN solidários com a direcção demissionária desde fevereiro. *Diário de Notícias*, de 5 de maio de 1975.

[232] Cf. "O general Costa Gomes recebeu o presidente da Direcção da Emissora Nacional". *Diário de Notícias*, de 17 de maio de 1975 e Trabalhadores da EN solidários com a direcção demissionária desde fevereiro. *Diário de Notícias*, de 5 de maio de 1975.

[233] Cf. O general Costa Gomes recebeu o presidente da Direcção da Emissora Nacional. *Diário de Notícias*, de 17 de maio de 1975.

[234] Cf. Calvão Borges continua a presidir. *O Século*, de 19 de maio de 1975.

da emissora; nessa altura o Serviço de Programas[235] passou a ser dirigido pelo Capitão Jorge Alves. Serrano defendia que a EN deveria estar

"ao serviço do povo português como voz revolucionária da unidade Povo-M.F.A., contribuindo assim para o seu esclarecimento e informação e mobilizando-o para uma sempre crescente participação na vida revolucionária para o socialismo"[236].

O posicionamento do novo presidente da EN era claro:

"É preciso não confundir um antifascista desejoso de viver numa sociedade capitalista com todos os inerentes privilégios burgueses, com um antifascista desejoso de viver numa sociedade socialista onde acabe de vez a exploração do homem pelo homem e que portanto continua a lutar de uma forma revolucionária, até a meta ser atingida"[237].

Esta direção fica em funções apenas durante cerca de três meses. A 30 de setembro, uma nova comissão é designada: desta feita, com o Major João Figueiredo à frente da emissora e o Tenente-coronel Raúl Martins na direção dos Programas. A mudança dá-se nos fervilhantes dias de setembro de 1975[238]. A EN estava, desde a manhã do dia 29 de setembro, ocupada

---

[235] As direções dos serviços administrativos, financeiros e técnicos também são alteradas nas mesmas datas; pela importância de que se revestia a direção dos programas, optámos por apenas referir as alterações relativas a esta estrutura.

[236] Cf. A Emissora Nacional vai ser 'a voz da unidade povo-MFA'. *Diário de Lisboa*, de 4 de julho de 1975.

[237] Cf. A Emissora Nacional vai ser 'a voz da unidade povo-MFA'. *Diário de Lisboa*, de 4 de julho de 1975.

[238] Os deficientes das Forças Armadas reivindicavam justiça relativamente à sua condição; mas a ação, que acabaria manipulada por marxistas, terminou com uma tentativa de sequestro do governo, que se encontrava reunido na residência do primeiro-ministro (Rodrigues, 1997). A ocupação, que surgira após o turbilhão do fim de semana estaria, porventura, "relacionada com uma reunião efectuada na tarde de domingo, na mesa da Armada, em Cascais, a que estiveram presentes o almirante Pinheiro de Azevedo, a maioria dos membros do Conselho da Revolução, os ministros militares do governo, os chefes do Estado-Maior do Exército e da Força Aérea, o comandante do COPCON, o comandante da PSP-GNR, comandantes de algumas unidades operacionais e alguns ministros civis" (cf. Manifestação de protesto contra as ocupações. *Diário de Notícias*, de 30 de setembro de 1975). Um artigo publicado no jornal República (nesta altura com uma redação renovada

por militares e limitada à transmissão noticiosa de comunicados emitidos pelo respectivo ministério e telegramas das agências noticiosas. À porta dos estúdios do Quelhas, havia grupos de "vigilância revolucionária" que apoiavam os trabalhadores da emissora em luta pela "livre expressão de pensamento" e os deficientes das Forças Armadas[239]. Aos trabalhadores, que aguardavam uma explicação do governo, apareceu Figueiredo, já na noite desse dia, com uma credencial de nomeação pelo ministro da Comunicação Social, que lhe dava plenos poderes para assumir o cargo. Segundo Figueiredo, a sua nomeação, e a própria ocupação da estação haviam sido justificadas pela necessidade de fazer cumprir o artigo 66º da Lei de Imprensa que continha "as garantias mínimas para que neste momento se possa trabalhar"[240]. Os restantes membros da direção da EN, apoiando Bouza Serrano, estavam também demissionários.

A ocupação da EN (e, simultaneamente, da televisão) havia sido ordenada pelo Almirante Pinheiro de Azevedo, que substituía o chefe de Estado, ausente na Polónia. A ação, que veio no seguimento dos acontecimentos da semana anterior, foi justificada com a necessidade de se preservar uma informação "livre, responsável e pluralista, ao serviço dos dois grandes objectivos da Revolução Portuguesa: a independência nacional e a construção da sociedade socialista e de evitar o estado de emergência"[241].

---

e maioritariamente de extrema-esquerda (Mesquita *et al.*, 1996), de 1 de outubro, espelha bem o momento e a sua pulsação ideológica: "Nas ruas de Lisboa, nos quartéis, nas redacções, nos gabinetes, confrontam-se duas vias de resolução da presente crise. De um lado, os trabalhadores que querem o poder popular, os soldados ao lado do povo, uma Informação ao serviço dos trabalhadores e da Revolução. Do outro, a burguesia, as forças de direita que dispõem de um aparelho de Estado que não funciona, que não é capaz de reprimir a luta popular e 'meter na ordem' o processo revolucionário" (cf. Poder popular ou poder de estado. *República*, de 1 de outubro de 1975).

[239] Cf. Novo Presidente da Emissora Nacional. *Diário de Notícias*, de 30 de setembro de 1975.

[240] Cf. Novo Presidente da Emissora Nacional. *Diário de Notícias*, de 30 de setembro de 1975.

[241] A nota, que a Presidência fez sair através do COPCON, fazia referência aos dias anteriores e à escalada dos acontecimentos, sobretudo na capital, nos quais se incluía a própria ocupação da EN e a tentativa de sequestro do governo: "indiferentes às consequências da sua atuação, no plano dos interesses nacionais, alguns órgãos da Informação, com destaque para as estações de Rádio e da TV, desenvolveram toda uma campanha provocatória e de aliciação de atitudes sediciosas, que põe em causa e em risco a continuidade da própria Revolução. (...) Em criminosa escalada, as forças da reação e as que inconscientemente lhe

Quarenta e oito horas depois da ocupação, e cumpridos os objetivos de recondução da programação "a parâmetros política e socialmente aceitáveis, no âmbito do processo revolucionário"[242] eram retiradas as tropas de todas as emissoras (exceto da RR). Mas a desocupação não acontecia sem que se deixasse o aviso:

> "Confia-se que essa retirada não venha a ser explorada para se regressar, ao nível da programação à situação que determinou a medida de excepção que agora se suspende. O Primeiro-Ministro e Presidente da República em exercício, o Conselho da Revolução e o governo confiam em que não volte a ser necessário, para defesa da autoridade, da disciplina revolucionária e da própria Revolução, voltar a encarar medidas de emergência",

podia ler-se no comunicado emitido por Pinheiro de Azevedo[243]. Assim se manteria a EN ao longo deste período. Refletindo as fortes convulsões provocadas pelas diferentes fações políticas. Refém da sua variável importância na orientação da população e, por vezes, mesmo à deriva.

João Figueiredo manter-se-ia à frente da estação até outubro de 1978, passando o período da nacionalização e a criação da Radiodifusão

---

fazem o jogo, exploram persistentemente as liberdades que o M.F.A. lhes assegura para destruírem a própria Revolução e assegurarem o regresso do totalitarismo fascista. Consciente das suas responsabilidades perante a Nação, e da gravidade da situação presente, em si e nas suas linhas tendenciais, equivalente a uma situação de facto de verdadeira emergência, o Primeiro ministro e Presidente da República (...) como medida de excepção destinada a evitar a declaração do estado de emergência (...) ordenou a ocupação militar das estações de Rádio e da TV. (...) A ocupação (...) destina-se a assegurar uma informação não manipulada ao serviço do País e da Revolução" (cf. A rádio e a TV foram ocupadas para 'se evitar a declaração do estado de emergência'. *Diário Popular*, de 29 de setembro de 1975). O mesmo artigo incluía um comunicado do Secretariado Político do PRP-BR (Partido Revolucionário do Proletariado – Brigadas Revolucionárias) que classificava a ocupação do dia 29 como "tentativa de golpe fascista"; mencionava a possibilidade de eclosão de uma guerra civil e deixava um apelo aos "seus militantes e simpatizantes e para os trabalhadores em geral" no sentido de "avançar para ganhar desde já posições para a tomada do Poder".

[242] Cf. Comunicado de Pinheiro de Azevedo transcrito em As forças militares que ocupam a R.T.P., E.N. e R.C.P. são hoje retiradas – anunciou Pinheiro de Azevedo. *O Primeiro de Janeiro*, de 1 de outubro de 1975.

[243] Cf. As forças militares que ocupam a R.T.P., E.N. e R.C.P. são hoje retiradas – anunciou Pinheiro de Azevedo. *O Primeiro de Janeiro*, de 1 de outubro de 1975.

Portuguesa[244]. Essa primeira Comissão Administrativa da RDP seria posteriormente remodelada em junho de 1978[245]. João Figueiredo e Vasco Rosado seriam exonerados, a seu pedido, em outubro[246], sendo substituídos por Júlio Silva, na presidência, e Raul Dionísio.

Ao serviço da revolução

O período subsequente ao dia 25 de abril é um momento de grande luta no sector dos *media*, da qual são exemplo, no caso da rádio oficial, as várias mudanças diretivas.

Em Portugal, a ação que se desenvolvia nesse período instável tinha dois objetivos principais, por um lado, a abolição da censura; e, por outro, o controlo dos *media* mais representativos, de forma a garantir a influência ideológica sobre estes, tal como é exemplificado em algumas das medidas imediatas do MFA relativas ao sector[247] (Mesquita, 1988). Deste ano e meio nasceria a estrutura da comunicação social portuguesa, no seio da qual, se desenvolverá a RDP, enquanto entidade prestadora de um serviço público.

O controlo dos *media*, até ao final de 1975, seria, então, disputado por três correntes:

"Os herdeiros do antigo regime, que procuravam retardar o desmantelamento dos mecanismos censórios, a pretexto da necessidade de controlar o processo de descolonização (...). Os defensores de teses

---

[244] O elenco da primeira comissão administrativa da RDP, nomeada em 23 de dezembro de 1975, incluía, além de Figueiredo, os militares José Santa Clara Gomes e José Dias (que transitavam da direção anterior), e Vasco Durão e António Coutinho.

[245] Resolução do Conselho de Ministros de 14 de junho de 1978, publicada no Diário da República n.º169, II Série, de 25 de julho de 1978.

[246] Resolução do Conselho de Ministros de 25 de outubro de 1978, publicada no Diário da República n.º 255, II Série, de 6 de novembro de 1978.

[247] Nomeadamente com a criação da comissão *ad hoc* que, transitoriamente, controlaria os meios de comunicação social, e era dependente da Junta de Salvação Nacional (Mesquita, 1988).

revolucionárias e vanguardistas (de inspiração marxista ou terceiro-
-mundista), que, paradoxalmente, eram favoráveis, no plano legislativo
(pelo menos no caso do PCP e dos seus aliados) à adopção de formas de
censura a posteriori. Os partidários de concepções pluralistas do sistema
de comunicação social, baseadas no modelo de democracia política, que,
no domínio jurídico, preconizavam a ausência de formas de repressão
administrativa" (Mesquita et al.,1996: 360, 361).

A EN, de instrumento da ditadura passava a arma da revolução.
Coerentemente, uma coisa parecia não ter mudado: a estação oficial continuava a sua tarefa de formação da opinião pública e de sensibilização
das massas. Mas, desta vez, ao serviço do ideário da revolução. Antes
do 25 de abril, como explica Carlos Ventura, a rádio oficial

> "era o pilar do regime; a seguir ao 25 de abril (...) o poder estava
> dividido por alguns grupos (...) que influenciavam a programação (...).
> Mais tarde, acabou por estar ao serviço dos partidos que estavam no
> governo. Ia estando..."[248].

De facto, na emissora são criados, logo após o 25 de abril, os Serviços
Criativos, dirigidos por Manuel Alegre, recentemente regressado do exílio[249].
Substituindo os anteriores conteúdos de divulgação do ideário do Estado Novo,
existia agora, entre outros, o programa "Formação Política", que era apresen-
tado por Manuel Alegre e Eduarda Ferreira, dos Serviços Criativos da EN[250].
Tinha três edições, que passavam em antena cerca de dez vezes por semana.

Vivia-se, para além da grande efervescência interna, um momento de
enorme criatividade nos conteúdos e de grande atenção noticiosa. Aliás,
o PREC terá sido o período de maior dinâmica na EN e isso terá resultado

---

[248] Entrevista realizada em 15 de janeiro de 2010.

[249] Durante os acontecimentos de 28 de setembro de 1974, o papel de Alegre aos
microfones da EN destacou-se, quer pela "leitura dos comunicados quer com palavras de
apelo à calma e à confiança no Movimento das Forças Armadas" (Cf. O porta-voz duma
certeza. *Diário de Notícias*, de 1 de outubro de 1974).

[250] Cf. *Diário Popular* de 23 de setembro de 1974 e República de 24 de setembro de 1974.

das melhores condições técnicas que a estação já tinha, dos profissionais (que tinha e dos que, entretanto, recebeu) e da enorme liberdade e abertura para a experiência que se vivia à época[251]. Exemplo disso eram os jornais das 13.00 horas e das 20.00 horas que, na emissora, passaram a ter a duração de uma hora, com uma dinâmica absolutamente nova, cheios de reportagens e elementos sonoros. Os grandes jornais passavam, aliás, a ter equipas estruturadas com diversos elementos, incluindo um realizador[252].

No primeiro aniversário da revolução decorriam as primeiras eleições livres dos últimos 50 anos:

> "A Rádio portuguesa disse presente ao País, tanto nas comemorações do aniversário da nossa revolução, como na total cobertura do acto eleitoral. A partir da meia-noite de 25 de Abril começou uma movimentação de caraterísticas especiais. O povo veio espontaneamente para a rua festejar a sua libertação e o reconhecimento da legitimidade dos seus direitos (...). E parte dele dirigiu-se ao Rádio Clube Português, por ter certamente presente o papel de preponderância que esta estação tem desempenhado no nosso processo revolucionário. (...) De salientar o serviço "especial eleições" montado simultaneamente pela Emissora Nacional e pelo Rádio Clube Português que se manteve até à manhã de sábado, dia 26. De facto, todo o País pôde, assim, ouvir todo o País"[253].

A informação ganha assim uma dinâmica nova na estação, depois de anos de recusa. A rádio pública estava a aprender novos processos e novas dinâmicas informativas, que até aí lhe estavam vedados.

Como já foi referido, embora durante o 25 de abril a EN tenha estado ao largo das principais ações, isso não aconteceu nos momentos seguintes do PREC. Durante os acontecimentos do 28 de setembro de 1974[254], a emis-

---

[251] Segundo relato de Carlos Ventura (entrevista realizada em 15 de janeiro de 2010).

[252] Segundo relato de Carlos Ventura (entrevista realizada em 15 de janeiro de 2010).

[253] Cf. LEIRIA, I. 1975. Missão Cumprida?... *A Capital*, de 3 de maio de 1975.

[254] Os acontecimentos do 28 de setembro resultaram de um movimento de apoio promovido pelo sector conservador da sociedade, destinado a apoiar o General Spínola, mas que culminou na sua renúncia ao cargo de Presidente da República.

sora foi mesmo a única fonte de informações disponível durante um largo período[255]. Mais tarde, durante o 11 de março de 1975, a EN voltou a estar no centro dos acontecimentos[256]. Da parte das forças da revolução, havia a percepção da agilidade e importância dos audiovisuais como altifalante, o que era visível nas tentativas de instrumentalização e nas ocupações já relatadas.

Dentro da EN, o 11 de março acabou por deixar marcas vincadas, nomeadamente o aumento da instabilidade nas relações entre os grupos com diferentes convicções políticas e o afastamento de "socialistas de tendências moderadas como, por exemplo, Jaime Gama e Manuel Alegre (...) deixando o caminho aberto para o crescente domínio da esquerda radical" (Serejo, 2001: 79). Os episódios que vinham relatados nos jornais davam uma imagem da divisão e da instabilidade internas. Os confrontos sucediam-se. E, naturalmente, não se circunscreviam à sede. Todos os centros regionais viveram essa efervescência, à qual a direção tentou responder, de forma a evitar excessos[257].

---

[255] O jornal Expresso fazia uma descrição detalhada da forma como os acontecimentos políticos se iam espelhando na emissora - uma ilustração eficaz da instabilidade que se vivia à época e mais uma mostra da importância estratégica do uso da rádio pelas forças em disputa: "no decurso da madrugada do dia 28, foi transmitido repetidamente um comunicado do Ministro da Comunicação Social que aconselhava o desmantelamento das barricadas e a manutenção da calma. A certa altura o tipo de canções transmitidas alterou-se e, após um longo período sem notícias Igrejas Caeiro leu um primeiro comunicado do MFA, seguido pouco depois de uma nota da Presidência da República. Mais tarde, Igrejas Caeiro leu um comentário à situação em que se referia o facto de que, mais uma vez, o General Spínola se identificara com o interesse da Pátria. Os comunicados seguintes foram-se alterando, indicando o controle progressivo da Comissão Coordenadora do MFA sobre a situação. Passou-se ao 'uso abusivo' do nome do Presidente da República', deixando a partir de certo momento de se falar no General Spínola. Já durante o dia 29, apareceu o brigadeiro Saraiva de Carvalho, cuja mensagem principal (reforçada mais tarde pelo ministro Vítor Alves) era no sentido da substituição dos piquetes populares pelas forças legais e na estrita obediência às Forças Armadas" (cf. Mudanças de tom na mesma onda. *Expresso*, de 30 de setembro de 1974). No dia 28 de setembro a chamada "maioria silenciosa" é impedida de realizar uma manifestação de apoio ao presidente Spínola. Foi uma reação do sector mais conservador da sociedade que terminaria com a demissão do General Spínola, no dia 30, após o afastamento dos três militares mais conservadores do MFA.

[256] À hora de almoço começam a organizar-se piquetes de trabalhadores (de esquerda e extrema esquerda) dentro da emissora e, às 13.00 horas, a estação declara-se "a única voz autorizada", passando a transmitir, exclusivamente, informação da 5ª Divisão do Estado Maior; Durante o início da tarde a estação oficial vai sendo o amplificador, primeiro de Duran Clemente, depois dos comunicados do gabinete de Vasco Gonçalves e, ainda, de Otelo, que vem dar conta do controlo da situação (Serejo, 2001; Centro de Documentação 25 de Abril, 1996). Dá-se, nesta altura, o reforço dos sectores da esquerda, nomeadamente do PCP e assiste-se ao final de qualquer resistência da direita.

[257] Como exemplo, podem referir-se os acontecimentos ocorridos na Madeira, no dia 7 de outubro de 1975, quando se gerou um confronto resultante da ocupação do emissor

A tensão vai crescendo. Com o 11 de março, a resistência da direita havia cedido. A célula do PCP na EN acusava a estação de defender o imperialismo e provocar o povo angolano; além disso classificava a programação como "um suceder de provocações contra-revolucionárias, de manifestações de incompetência e do mais descarado sectarismo"[258]. Abaixo-assinados, acusações entre fações, moções de sindicatos e comissões de trabalhadores sucedem-se. Dias antes do 25 de novembro, um grupo de trabalhadores acusa a direção de João Figueiredo de promover uma escalada de censura dentro da estação[259]. Na origem da acusação estaria a censura, ao abrigo do art.º 66º da Lei de Imprensa[260], de moções de sindicatos e trabalhadores que apoiavam uma manifestação realizada em Belém[261]. Crescem os rumores de que a EN estaria pronta para passar a sua emissão para o Porto, caso algo acontecesse à emissão feita a partir da sede[262].

Dá-se, então, o decisivo 25 de novembro[263]. A emissora é, de novo, ocupada. Cerca das 17.00 horas, forças da polícia militar e do COPCON invadem a EN e, no jornal das 20.00 horas, são lançados apelos, em

---

(cf. Nomeada uma comissão de inquérito aos acontecimentos no emissor da Madeira. *O Século*, de 11 de outubro de 1975).

[258] Cf. A E.N. tem conduzido uma campanha de provocação ao povo de Angola e de cobertura ao imperialismo. *Diário de Notícias*, de 12 de novembro de 1975.

[259] Cf. A E.N. Está com a revolução ou com a reação?. *Diário Popular*, de 21 de novembro de 1975.

[260] O art.º 66º do Decreto-Lei n.º 85-C/75, de 26 de fevereiro, era relativo às infrações.

[261] "A tomada de posição dos manifestantes e também de trabalhadores da E.N. derivou do facto daquela estação de rádio não ter transmitido convocatórias para a manifestação e moções de apoio de trabalhadores a essa movimentação de massas, durante a manhã e parte da tarde. A E.N., nesse período, emitia, tranquilamente, programas musicais, sobretudo à base de música anglo-saxónica. Uma breve referência à manifestação apenas surgiu no noticiário das 17 horas (...). O panorama radiofónico mudaria, depois, com a programação da Rádio Juvenil, em que foram transmitidas moções e comunicados e música revolucionária", podia ler-se no artigo A Emissora Nacional ignorou mas os trabalhadores venceram. Cf. *Diário de Notícias*, de 21 de novembro de 1975

[262] Cf. A EN com armas e bagagens transferida para o Porto?. *O Século*, de 21 de novembro de 1975; Os trabalhadores repudiam 'o silêncio' da Emissora Nacional. *Diário de Lisboa*, de 21 de novembro de 1975 e A EN desmente a 'mudança' para o Porto e a censura interna. *O Século*, de 22 de novembro de 1975.

[263] O 25 de novembro marca o final do confronto político do Verão Quente de 1975. Confronto entre moderados e esquerda radical. Chega a ser decretado estado de sítio em Lisboa pelo Presidente da República. Com a vitória dos moderados, abriu-se o caminho para a posterior estabilização democrática.

nome de Otelo, ao povo e à revolução (Centro de documentação 25 de Abril, 1996). O principal jornal da noite não teve mais de dez minutos e foi interrompido após as notícias sobre o levantamento militar[264]. Cerca das 20.30 horas, são audíveis, através do rádio da Polícia Militar, pedidos de reforços para a emissora. Às 20.45, a emissão passaria para o Porto (Centro de documentação 25 de Abril, 1996), a partir de onde seria mantida, em conjunto com os emissores de Coimbra e Faro, uma vez que os estúdios do Quelhas estavam inoperacionais[265]. Muitos dos trabalhadores abandonaram o edifício, após indicação da direção, outros ficaram à espera; no edifício havia comunicados afixados "por uma Emissora livre e Democrática" e dois guardas da Polícia de Segurança Pública[266]. Pouco depois, na televisão, dá-se o célebre episódio da interrupção do comunicado de Duran Clemente pelas canções de Danny Kaye. É declarado o estado de sítio na área da Região Militar de Lisboa. No dia seguinte, as emissões da EN e da RTP continuam a ser feitas a partir do Porto[267] (em Lisboa, apenas a rádio Alfabeta, dos EAL, estava no ar, com uma programação de música ligeira); todos os serviços ligados aos programas no Quelhas são encerrados pela direção e os trabalhadores são mandados para casa, onde aguardaram indicações para o regresso ao trabalho[268].

No rescaldo do 25 de novembro, as administrações dos diários estatizados ou com participação do governo são demitidas e as publicações suspensas até às novas nomeações[269]. Na emissora, diversos trabalhadores são suspensos por eventualmente estarem ligados aos

---

[264] Cf. O Controlo da informação audiovisual. *Diário Popular*, de 11 de dezembro de 1975.

[265] Cf. O Controlo da informação audiovisual. *Diário Popular*, de 11 de dezembro de 1975.

[266] Cf. O Controlo da informação audiovisual. *Diário Popular*, de 11 de dezembro de 1975.

[267] Ainda no dia 26 houve, no Porto, uma tentativa de corte da emissão da EN (e também da RTP), no entanto, os sabotadores cortaram a ligação telefónica do Sanatório D. Manuel II, ao invés de cortarem o abastecimento elétrico aos emissores (cf. O Controlo da informação audiovisual. *Diário Popular*, de 11 de dezembro de 1975.)

[268] Cf. O Controlo da informação audiovisual. *Diário Popular*, de 11 de dezembro de 1975.

[269] O Século, O Diário de Notícias, A Capital, o Diário Popular, o Diário de Lisboa, o Jornal de Notícias e o Comércio do Porto foram as publicações abrangidas. As duas últimas, com sede no Porto, tiveram as suas administrações reconduzidas (cf. Rádio e TV antes e depois do 25 de Novembro. *Expresso*, de 1 de dezembro de 1975.

acontecimentos, o que implicou ajustes nas estruturas internas. Alguns chegaram a ser demitidos[270].

O novo ano traria nova vida à EN[271]. Estava terminado um período muito particular na rádio portuguesa, que fora marcado pelo fervor revolucionário e pelo reflexo da luta pelo poder entre várias fações. A rádio que se segue, segundo João Figueiredo, ganhou "em equilíbrio o que se perdeu em espontaneidade"[272].

Os saneamentos

No verão de 1974, após o início do processo de saneamento na função pública[273], é criada dentro da emissora uma Comissão Interna de inquérito para saneamento e reclassificação. Na altura, estavam já vários funcionários da emissora suspensos. Em Ordem de Serviço era determinado que seriam estudados os casos dos funcionários que tivessem tido ligações ao regime, ou que tivessem sido simpatizantes empenhados. A direção esclarecia, ainda, que qualquer outro funcionário, independentemente da sua data de entrada na estação, podia ser alvo de um processo de saneamento. Assim tinha início o tempo dos saneamentos na emissora. Foi um período de "caça às bruxas" (Serejo, 2001:78) dentro da estação,

---

[270] Cf. Almeida Santos baseou-se num 'inquérito sumário' em que não fomos ouvidos – carta de trabalhadores demitidos da E.N. *Diário Popular*, de 19 de janeiro de 1976.

[271] No Jornal Sonoro das 20.00 horas do dia 4 de dezembro, era lido um comunicado da direção que assumia os inquéritos em curso e se congratulava com o regresso da emissão ao Quelhas, após a reabertura das instalações da emissora; a direção sublinhava a sua tentativa de não cedência perante fações políticas ou radicalizações internas e prometia uma nova grelha "ao serviço do povo" no começo do ano que se avizinhava, assim como uma nova regulamentação interna que, depois de discutida com os trabalhadores, iria à aprovação da tutela (cf. Finalmente! Emissora Nacional ao serviço do povo. *O Comércio do Porto*, de 6 de dezembro de 1975).

[272] Cf. Os portugueses terão, no futuro, a rádio que merecem. *Tempo*, de 9 de dezembro de 1976.

[273] Através do Decreto-Lei n.º 277/74, de 25 de junho de 1974. Tinha início uma reestruturação dos organismos públicos, com vista ao desenvolvimento democrático do país; para tal, como se podia ler no ponto 1º do Decreto, "Os servidores civis do Estado, serviços e empresas públicas, autarquias locais e demais pessoas colectivas de direito público podem ser demitidos, mandados aposentar, suspender ou transferir, nos termos estabelecidos por este diploma".

com conflitos entre trabalhadores, denúncias infundadas e situações de algum oportunismo. Dos inúmeros trabalhadores que foram alvo de autos para saneamento (o que acontecia ao sabor dos confrontos ideológicos internos e externos) quase todos viram os seus processos arquivados e apenas dois não viriam a ser posteriormente readmitidos: Clemente Rogeiro e Alberto Represas (Serejo, 2001).

A insegurança era enorme, à medida que listas de demissões e aposentações compulsivas de funcionários públicos dos mais diversos serviços eram publicadas na imprensa da época. Logo após o 25 de novembro, cerca de 40 trabalhadores da EN foram suspensos e alguns colaboradores foram mesmo dispensados[274]. Embora os trabalhadores fossem, aos poucos, regressando ao serviço, depois de terminadas as averiguações acumulavam-se as situações de suspensão. Em meados de 1976, a RDP tinha "revolucionários" e "reacionários" suspensos de funções. E o seu regresso raramente era pacífico[275]. Passavam internamente abaixo--assinados e havia uma oposição à reintegração de uns ou de outros[276]. A própria direção não sabia o que fazer em relação à reintegração de alguns funcionários[277], sobretudo quando se tratava de antigos dirigentes[278]. Olhando para as conquistas de abril, não deixava de ser irónico, como escrevia João Alferes Gonçalves, que, apesar de ter extinto alguns programas menos alinhados, o regime anterior nunca tivesse agido sobre os profissionais mais incómodos em bloco; mas "esse velho desejo dos

---

[274] Cf. "Os portugueses terão, no futuro, a rádio que merecem". Tempo, de 9 de dezembro de 1976.

[275] Quando 11 dos 40 funcionários suspensos aquando do 25 de novembro regressam ao trabalho, são criados os Grupos Dinamizadores Especiais de Programas (GDEP's): "face à nova situação, os candidatos a revoltosos, normalmente conhecidos como 'perigosos reaccionários' optaram pela criação de grupos de base que possam, de modo organizado, vir a gozar de regalias semelhantes às dos colegas suspensos há mais de seis meses para gozo de saborosas e (remuneradas) férias" (cf. Rubrica "Bastidores". *Jornal Novo*, de 7 de julho de 1976).

[276] Cf. "A inocência vencerá". *Jornal Novo*, de 8 de julho de 1976.

[277] Cf. Documento da CA datado de 11 de janeiro de 1977.

[278] As reintegrações, nesta altura, de funcionários que tinham tido cargos de relevo até ao 25 de abril provocaram contestação, à qual se juntou a imprensa, que noticiava a afronta de algumas dessas reintegrações (cf. Os que são reintegrados. *O Diário*, de 5 de janeiro de 1977).

repressores burgueses veio a ser realizado na sequência dos acontecimentos do 25 de Novembro"[279].

A nacionalização

Depois da nacionalização da banca, dos seguros e da imprensa diária,
começam a circular rumores acerca dos destinos da rádio[280]. As dúvidas
iam sendo lançadas no quotidiano dos portugueses.

Em consequência do 25 de novembro de 1975, a rádio é, então, nacionalizada com a publicação do Decreto-Lei n.º 674-C75[281]. O sector
da radiodifusão em Portugal passará, doravante, a ser alicerçado em dois
pilares: o Estado e a Igreja. São nacionalizadas praticamente todas as estações do país: com o objetivo de assegurar o serviço público de rádio,
nasce a Empresa Pública de Radiodifusão (EPR), juntando à EN, os ENR,
o RCP, a Rádio Alto Douro, a Rádio Ribatejo, o Clube Radiofónico de
Portugal, a Rádio Graça, Rádio Peninsular, Rádio Voz de Lisboa e Alfabeta
(EAL). De fora ficariam apenas a RR[282] e pequenas estações como
a Rádio Altitude, da Guarda; a Rádio Pólo Norte, do Caramulo; o Rádio
Clube de Angra e o Clube Asas do Atlântico, ambas dos Açores[283].

---

[279] Cf. Nas ondas concêntricas das 'emissoras nacionais'. *O Diário*, de 22 de maio de 1976.

[280] Inicialmente, especulava-se se seriam apenas estatizadas as frequências de OM
(de forma a que a União Europeia de Radiodifusão [UER] pudesse atribuir algumas a países
africanos); ao mesmo tempo falava-se em "monolitizar (...) a atividade radiofónica portuguesa, que, depois do 25 de abril, nada realizou de palpável para se inserir espontânea e
verdadeiramente no espírito da Revolução" (cf. Rádio nacionalizada motivo de desacordo.
O Tempo, de 31 de julho de 1975).

[281] Com data de 2 de dezembro de 1975.

[282] A RR fica de fora devido à Concordata com a Santa Sé. Note-se que, durante o PREC,
a RR viveu um período particularmente agitado numa luta constante pelo poder sobre a
estação, com diversos incidentes, incluindo a destruição à bomba do seu emissor. A par
com os incidentes vividos no República, terá sido a situação mais grave deste período
(Mesquita *et al.*, 1996).

[283] De acordo com o texto do decreto são, pois, aglutinadas a EN, o Rádio Clube Português,
S.A.R.L., Emissores Associados de Lisboa, S.A.R.L., J. Ferreira e Cª Lda. Sociedade Portuguesa
de Radiodifusão, Lda, e Alfabeta – Rádio e Publicidade, S.A.R.L.; além dos postos emissores
e retransmissores do Clube Radiofónico de Portugal, da Rádio graça, Rádio Peninsular e da
Rádio Voz de Lisboa.

Não havia dúvidas quanto aos fundamentos da nacionalização. O decreto legislativo assumia a importância do contributo da rádio no avanço das conquistas de abril, mas sublinhava a necessidade de direcionar o meio de comunicação para o lado certo. A rádio era um precioso meio de consumo cultural, tendo em conta a elevada taxa de analfabetos. Mas precisava de ser serena e isenta, abandonando, definitivamente, o comportamento apaixonado e panfletário[284] que tivera no último ano e meio. Além desta, várias razões eram invocadas pelo governo para justificar a nacionalização: nomeadamente, a sujeição às limitações internacionais, a racionalização da gestão e a condução da rádio ao serviço da revolução[285].

A nova EPR é uma empresa gigante[286], com trabalhadores oriundos de várias realidades. É um artifício jurídico sem uma identidade própria[287] e com um enorme ativo. O maior problema daí resultante é o facto de a integração de património e pessoal ter sido feita meramente como

---

[284] "Desnecessário será, com efeito, realçar o papel de extraordinário relevo que pode e deve desempenhar a radiodifusão como instrumento de recreio, de difusão de informações e conhecimentos, e em geral de cultura, num país com tão elevada taxa de analfabetismo e em processo de convalescença política. Tão influente é ela que bem pode dizer-se que sem o seu positivo concurso será retardado, se não comprometido, o processo evolutivo para a sociedade socialista em que se empenhou a Revolução posterior ao 25 de Abril. A este respeito, é manifesto que tem estado longe de exemplar o comportamento da generalidade das nossas estações emissoras. Apaixonadas e parciais, onde lhes cumpria que fossem serenas, objectivas e isentas, não raro panfletárias, têm chegado por vezes ao extremo limite dos convites à sedição. Indiferentes aos sentimentos, às apetências e às necessidades e interesses do povo português, pressupõem-no moldado ou moldável à rádio que praticam, o que, por não ser exato, o afasta dela e da Revolução" (cf. Decreto-Lei n.º 674-C/75, de 2 de dezembro).

[285] Era preciso ter em conta a escassez do espectro radiofónico, e Portugal, de forma excessiva, usava 34 das 121 frequências de OM disponíveis a nível internacional. Além disso, O diploma estabelecia uma comparação com a realidade europeia: Portugal tinha 16 operadores de radiodifusão, ao contrário do que sucedia na Europa, onde uma (geralmente) ou poucas entidades desenvolviam essa atividade; tinha vinte programas de OM, ao contrário da maioria dos países europeus, que não ultrapassavam os 7; considerava-se, também, que a concentração viria a ser vantajosa para a gestão racional do sector, sobretudo se fosse tida em conta a dimensão económica resultante da dispersão das várias infra-estruturas de difusão existentes em todo o país.

[286] Como já foi referido, aquando da descolonização, a RDP recebe indiscriminadamente muitos funcionários oriundos das ex-colónias, (cf. *Relatório e Contas da RDP*, de 1992).

[287] Segundo João Figueiredo, a RDP, "além de uma amálgama de entidades com características e dinâmicas absolutamente diferenciadas, foi, antes do mais, uma criação jurídica. Só o tempo, a capacidade de decisão dos seus dirigentes (...) e o próprio curso do processo social determinarão para a Empresa uma imagem personalizada" (Cf. Os portugueses terão, no futuro, a rádio que merecem. *O Tempo*, de 9 de dezembro de 1976.

um somatório de bens. De repente, além de 2600 trabalhadores, a rádio nacionalizada tem mais de dez edifícios na capital, várias delegações e pequenos estúdios em diversas cidades, três orquestras, um cinema, uma editora, uma fábrica de discos e uma exploração agrícola, entre outros[288]. Como os trabalhadores vinham de realidades completamente distintas, com salários diferentes para funções idênticas, e como tinham contratos de natureza diferente, não tardaram as contestações internas (Serejo, 2001). Com efeito, a coexistência de dois tipos de contrato (um público e outro privado) era uma situação complexa e que demoraria mais de 30 anos a resolver. Mas, mais do que a dimensão formal ou organizacional, o próprio espírito das empresas agora reunidas era bem distinto. Jaime Fernandes, que na época trabalhava no RCP, explica como:

> "os funcionários da EN eram funcionários públicos (...). O RCP era a antítese de tudo isto, mesmo antes do 25 de Abril. (...). E esta integração entre o espírito do Rádio Clube e o espírito do funcionalismo público da EN foi a princípio claramente chocante, mas ainda assim (...) o governo da época teve pelo menos um cuidado que foi o de não juntar todos: nós mantivemos as instalações do velho RCP, a EN (...) manteve as suas instalações e o governo da altura criou um sector autónomo"[289].

Como não era possível, compulsivamente, passar os beneficiários de um regime para o outro, a situação manteve-se ao longo dos anos, como explica José Manuel Nunes:

> "respeitaram-se os direitos de cada um e viveu-se sempre com as diferenças dos regimes coexistentes. O regime assistencial era e é diferente, as regras das férias eram diferentes, enfim, ao longo do tempo homogeneizaram-se as regalias possíveis, esperando que os funcionários públicos que começaram por ser quase um milhar fossem, natural ou

---

[288] Cf. *Relatório da Comissão Administrativa da RDP*, com data de 12 de julho de 1979 (arquivo da RTP) e *Anuário da RDP de 1977*.

[289] Entrevista realizada em 15 de janeiro de 2010.

artificialmente, decrescendo. Naturalmente pelas reformas. Artificialmente pelos planos de rescisão da função pública e pelos decretos de aplicação temporária que permitiam uma aposentação mais rápida. No dia-a-dia não havia distinção"[290].

O diagnóstico feito, na altura, pelo presidente da Comissão Administradora, João Figueiredo, identificava os vários problemas estruturais da nova mega-empresa:

> "a dispersão e inadequação das instalações; a obsolescência dos equipamentos; a deficiente especialização da massa laboral; a inadiável necessidade de reconversão de toda uma pesada máquina administrativa, de tipo estadual, num aparelho capaz de ocorrer às exigências de uma Empresa que se quer dinâmica e com um máximo de rentabilidade"[291].

Ou seja, perante uma empresa que não havia sido planificada previamente, a direção via-se a braços com uma complexa realidade, à qual ia tentando responder, apesar da sua frequente incapacidade de apresentar mais do que medidas pontuais[292]. Apesar das tentativas de integração de serviços, pessoal, contabilidade e equipamentos, nos primeiros anos, a reestruturação e a organização da RDP eram, de facto, tarefas gigantescas. Era claro que não se havia conseguido mais do que a junção material, dada a impossibilidade de "ter sido feita a nacionalização dos espíritos e das culturas, que são sempre a alma das rádios" (Câmara, 1986: 35). Como consequência, nos anos que se seguiram, a RDP nunca seria a imagem de uma rádio nova, uma vez que apenas "misturou as rádios velhas" (Câmara, 1986: 36).

---

[290] Entrevista realizada em 31 de janeiro de 2010.

[291] Cf. Os portugueses terão, no futuro, a rádio que merecem. *O Tempo*, de 9 de dezembro de 1976.

[292] A tutela começa por debruçar-se, em 1976, sobre alguns problemas dos funcionários da rádio pública, nivelando os vencimentos de cada categoria (pelo valor mais alto de entre os auferidos nas empresas nacionalizadas), criando uma tabela de remunerações e definindo as respetivas categorias (cf. Decreto-Lei nº. 418/76, de 27 de maio).

Os estatutos da RDP

A designação Radiodifusão Portuguesa (RDP), surgiria em fevereiro de 1976[293], substituindo a anterior. No seu surgimento, são evocados muitos dos princípios que caraterizam as rádios públicas, por oposição às rádios oficiais ou estatais. O enquadramento da nova empresa revelava preocupações como a salvaguarda da sua autonomia em relação aos poderes político e económico; a representação dos trabalhadores nos órgãos de gestão e fiscalização, e dos ouvintes num órgão de base, de forma a permitir um pluralismo ideológico[294].

A publicação dos estatutos, que deveriam refletir estas orientações, foi adiada, acontecendo apenas em abril[295]. Até lá, era anunciada uma coerente abertura para que os trabalhadores contribuíssem para os estatutos[296]. Durante esse período de vazio, a RDP adotou uma proposta transitória de funcionamento[297], que perdurou até à implementação dos estatutos. Na verdade, tratava-se de um documento de compromisso. Tinha em conta as possibilidades técnicas; a disponibilidade de frequências de acordo com a União Internacional de Telecomunicações (UIT); a necessidade de ter uma programação transversal e de maior qualidade e, também, a salvaguarda das condições existentes para a publicidade dos pequenos negócios.

Dois dias depois da publicação da Constituição da República Portuguesa, a 10 de abril de 1976, na qual são consagrados os direitos à liberdade de

---

[293] Cf. Decreto-Lei n.º 153/76, de 23 de fevereiro.

[294] Cf. Decreto-Lei n.º 674-C/75, de 2 de dezembro.

[295] Cf. Decreto-Lei n.º 274/76, de 12 de abril.

[296] Nesse sentido, um grupo de funcionários do ex-RCP avança com uma primeira proposta de estatuto, na qual estava bem vincada essa ideia de pluralismo: o presidente do Conselho de Administração seria eleito pelas direções de todos os sindicatos do país, o vice-presidente pelo governo e os cinco vogais seriam eleitos pelos trabalhadores (cf. Posições antagónicas nos projectos de estatutos. *Jornal Novo*, de 26 de dezembro de 1975; Contra o monolitismo da informação. *Diário de Lisboa*, de 27 de dezembro de 1975). Apesar das suas virtudes e defeitos, esta proposta chamava a atenção para os perigos de uma "voz única na rádio" (cf. Posições antagónicas nos projectos de estatutos. *Jornal Novo*, de 26 de dezembro de 1975).

[297] Cf. *Proposta elaborada pela comissão instaladora da EPR*, datada de 23 de dezembro de 1975 (arquivo da RTP), publicada em Ordem, de Serviço Série A, nº6/76, de 9 de fevereiro de 1976.

expressão, informação e de imprensa[298], é aprovado o estatuto da RDP[299]. O documento é feito à imagem do que havia sido recentemente publicado para a televisão[300]. A RDP nasce, assim, como pessoa coletiva de direito público. O estatuto prevê uma minoria de administradores nomeados pelo governo[301]. A dimensão mais importante que o estatuto pretendia passar era a da construção de uma "imagem genuinamente democrática"[302]. É esse objetivo que está na origem do conselho de informação, ao qual competia a salvaguarda da pluralidade ideológica e da assembleia, que representava transversalmente a sociedade e os utentes do serviço. No entanto, estes dois órgãos, "durante toda a vigência do Estatuto, nunca foram implementados", como é explicado por Serejo (2001: 81). A co-gerência da empresa por parte dos trabalhadores, que através da sua CT poderiam eleger um vogal da administração, também era uma das marcas mais relevantes do documento. Por outro lado, estava prevista a autonomia financeira e administrativa da RDP, que tinha como principal função a prestação do serviço público de rádio aos portugueses. Para tal, deveria apresentar programas de vários tipos, pedagógicos, infantis, desportivos, culturais, de comentário ou recreativos, entre outros. Deveria

---

[298] A Constituição, nos seus artigos 39º e 40º, faz referência à salvaguarda da independência dos meios de comunicação detidos ou controlados indiretamente pelo Estado em relação ao governo e à Administração Pública; impõe a sua abertura à discussão e à pluralidade ideológicas e define que esse pluralismo deve ser salvaguardado por conselhos de informação, compostos por representantes indicados pelos partidos políticos. Além disso, é consagrado o direito de antena na rádio e na televisão (cf. Decreto de aprovação da Constituição, de 10 de abril de 1976).

[299] Decreto-Lei n.º 274/76, de 12 de abril.

[300] Cf. Decreto-Lei n.º 179/76, de 13 de março.

[301] A estrutura deste serviço público assenta numa Assembleia de Radiodifusão, na qual está representada com grande amplitude a sociedade, através de representantes nomeados pelo governo, pela Assembleia Legislativa, pela Igreja, incluindo confissões não católicas, pelo poder judicial, pelo poder local, por sindicatos, pelos trabalhadores da RDP e por sectores considerados relevantes pela própria assembleia. Este órgão tinha como funções a discussão e a aprovação a vários níveis, nomeadamente de relatórios e contas e linhas gerais da programação, a eleição de vários órgãos, incluindo membros do conselho de administração, etc. Além deste órgão, existem um conselho de administração (CA), do qual apenas o presidente e um vogal seriam eleitos pelo Conselho de Ministros (o vice-presidente e um vogal seriam eleitos pela assembleia de radiodifusão, e o outro vogal pela comissão de trabalhadores [CT]); um conselho fiscal, um conselho de informação (CI) e um conselho de programas (que funciona à parte dos órgãos da empresa).

[302] Cf. Prâmbulo do Decreto-Lei n.º 274/76, de 12 de abril.

chegar a todos os portugueses e defender e divulgar a sua cultura[303].
Apesar das suas limitações, o estatuto era um instrumento que pretendia travar ingerências externas[304]. Constituiu-se como uma interessante
tentativa de criar um meio independente. Porém, a sua aplicação nunca
foi fácil e muita coisa ficou por implementar.

A degradação da empresa

Uma das questões mais relevantes para uma empresa com tal dimensão
e complexidade, era a do financiamento. A taxa de radiodifusão tinha
sido atualizada em fevereiro de 1975 para os 150$00[305]. O último valor
(fixado nos 100$00) tinha já cerca de 30 anos.

Era um momento de transitoriedade, uma vez que a transformação
da EN estava a ser preparada pela tutela. Assim, a taxa é suspensa em
maio de 1976 e reposta em novembro do ano seguinte. Na verdade,
a sua definição, enquanto garantia de autonomia financeira em relação
ao poder, só ocorreria depois da publicação dos estatutos[306].

Até à data, a taxa era cobrada diretamente pela Emissora, e incidia
sobre os cidadãos possuidores de aparelhos de rádio[307], o que nunca
fora bem visto junto da população. Porém, com o passar dos anos, a
eficácia da máquina de cobrança havia diminuído, e os casos de incumprimento eram cada vez mais; estimava-se que cerca de um terço dos
possuidores de rádio não requeressem a respetiva licença[308]. Por isso,
era necessária uma mudança. A solução encontrada refletiu, precisamente,

---

[303] À RDP competia, também, a organização do seu espólio de forma a criar um Museu
da Rádio e uma Fonoteca Nacional, onde ficariam arquivados os sons da memória do país.

[304] Cf. *Anuário da RDP de 1977*.

[305] Através do Decreto-Lei n.º 87/75, de 27 de fevereiro de 1975.

[306] Cf. Decreto-Lei n.º389/76, de 24 de maio.

[307] Além da taxa relativa à rádio, a RDP recebia 10% da taxa de televisão, como contrapartida da prestação à RTP de serviços de emissão e cobrança dessa mesma taxa.

[308] Cf. Preâmbulo do Decreto-Lei n.º389/76, de 24 de maio. O texto faz referência aos
quatrocentos mil incumprimentos existentes no final de 1974, a que se somariam cerca de
vinte mil durante o ano seguinte.

a mudança de uma rádio estatal para um serviço público, que a todos dizia respeito[309]. Assim, passavam a pagar a taxa de radiodifusão (no respectivo recibo emitido pelo prestador do serviço), todos os consumidores domésticos de energia eléctrica, em duodécimos, e de acordo com escalões definidos. Porém, o processo não funcionou desde logo. A sua execução dependia de regulamentação, que não foi publicada de imediato, devido à complexidade envolvida. Não estavam definidas as contrapartidas que a RDP deveria pagar às distribuidoras de energia[310] e muitas delas recusavam-se a fazer a cobrança. Também não estavam estabelecidas sanções por incumprimento. Ou seja, a RDP teve de negociar com os vários distribuidores, o que inviabilizou uma execução imediata e resultou numa implementação gradual do processo. Em 1979, a cobrança atingia apenas 27% dos consumidores e estimava-se que as receitas obtidas seriam manifestamente insuficientes para as necessidades da empresa[311]. Perante isto, a situação económica da rádio pública degradou-se bastante[312]. O Estado interveio, avalizando um financiamento de 110 mil contos, no final de 1976, e impôs a realização de um plano de reconversão administrativo e financeiro[313]. No ano seguinte, a RDP voltou a recorrer a empréstimos e subsídios reembolsáveis, adiando compromissos e restringindo gastos[314].

Um outro problema que influenciou decisivamente a degradação da empresa foi a dificuldade em integrar as contabilidades das empresas de rádio nacionalizadas e das suas participações em outros ramos

---

[309] O texto do Decreto-Lei referia mesmo que "deve ser a colectividade nacional, globalmente considerada e de acordo com as possibilidades económicas de cada um, a financiar uma instituição de interesse colectivo. É de resto, o que sucede com quase todos os impostos que o Estado lança para custear serviços públicos".

[310] As distribuidoras eram mais de 200, incluindo autarquias, empresas públicas, privadas e cooperativas (cf. *Relatório da Comissão Administrativa da RDP*, com data de 12 de julho de 1979).

[311] Cf. *Relatório da Comissão Administrativa da RDP*, com data de 12 de julho de 1979.

[312] A receita das taxas evoluiu da seguinte forma: 184000 contos (1975); 2000 contos (1976); 300 contos (1977); 102000 contos (1978); 260000 contos (1979); 276000 contos (1980).

[313] Cf. *Resolução do Conselho de Ministros* de 7 de dezembro de 1976.

[314] Cf. *Anuário da RDP de 1977*.

de atividade. A própria estrutura dos serviços estava a braços com uma tarefa para a qual não estava preparada[315].

Assim, ao virar da década, a empresa não era auto-sustentável nem tinha qualquer plano orçamental. Como peso adicional contava com os prejuízos das atividades não-radiofónicas que herdara. Para sobreviver, ainda precisava de subsídios do governo e de empréstimos que, sem qualquer garantia, iam chegando para o pagamento dos salários e despesas de manutenção[316].

A taxa continuava como um dos principais problemas a resolver, o que se considerava ser uma das principais razões da não existência de uma "autêntica independência face ao poder político"[317]. Quando a tutela revoga o estatuto da rádio, em fevereiro de 1979, as contas dos dois anos anteriores ainda não estavam fechadas e a empresa não tinha feito qualquer proposta ao Estado no sentido de avançar para o seu saneamento económico[318]. Na realidade, as contas de 1977 só seriam apresentadas em 1980.

A administração, que agora era dirigida por Humberto Lopes[319] faz, à chegada, o diagnóstico da empresa e identifica uma "situação administrativa caótica e uma profunda crise económico-financeira"[320]. A RDP estava a perder audiência, sobretudo para a RR, o que podia ser explicado pela falta de uma política criteriosa de programas que havia transformado a

---

[315] A confusão era tanta, nestes anos iniciais, que há registo de episódios como a descoberta numa gaveta de 50000 contos de faturas, à hora de fecho das contas (cf. *Relatório e opinião sobre o Balanço e Contas do exercício de 1977*, da Comissão de Fiscalização; arquivo da RTP).

[316] Carlos Ventura (em entrevista realizada em 15 de janeiro de 2010) recorda-se de um episódio em plena crise: "uma carrinha parar à porta do Quelhas 2 e sair um colega nosso (...) com um tabuleiro, como se fosse um tabuleiro de bolos, cheio de notas; subir as escadas do Quelhas com aquele tabuleiro na mão para pagar os ordenados, já estava tudo em bicha à espera, e aquilo foi pago em dinheiro, que era uma coisa que nunca tinha acontecido"

[317] Cf. *Anuário da RDP de 1977*, p. 13.

[318] Cf. Decreto-Lei n.º 17/79, de 8 de fevereiro.

[319] Através da Resolução n.º 7-A/79, de 10 de janeiro, publicada no Diário da República n.º 10 I Série, de 12 de janeiro, era exonerada a anterior administração e nomeada uma comissão administrativa composta por Humberto Lopes, Rui Ressurreição, António Aguiar, José Dias e Luís Carlos Sampaio.

[320] Cf. *Relatório da Comissão Administrativa da RDP*, com data de 12 de julho de 1979, p. 1; arquivo da RTP.

empresa numa rádio de esquerda[321]. A estação tinha 2499 funcionários[322], mantinha três orquestras, empresas de atividades marginais à rádio e várias despesas no âmbito dos serviços sociais (infantários, bares e refeitórios, um supermercado, subsídios, etc). Para pagar os salários contava com subsídios mensais do Estado[323]. Mas, claramente, além dos problemas financeiros, a rádio estava tecnicamente desatualizada, e os bens que herdara com a nacionalização ainda não eram alvo de uma gestão integrada, apesar de já terem sido tomadas algumas iniciativas de racionalização de espaços de emissão[324]. Em 1979, o governo declara a situação económica difícil da RDP[325]. A direção da empresa pretende iniciar uma profunda remodelação, no entanto, não tem meios legais e financeiros que permitam fazê-lo. Opta, pois, por definir objetivos pontuais[326], privilegiando uma abordagem mais imediata.

Como resultado de um longo processo de organização contabilística, as primeiras contas que vieram refletir a verdadeira situação patrimonial e financeira da RDP foram as de 1979. Os prejuízos transitados desde 1975 totalizavam 1 691 000 contos. No entanto, era já visível uma tendência de melhoria nesse ano[327].

Os canais da RDP

Após a nacionalização, a RDP passou a dispor de várias estações. No entanto, nos primeiros anos mais não fez do que acumular os canais

---

[321] Cf. *Relatório da Comissão Administrativa da RDP*, com data de 12 de julho de 1979, p. 2; arquivo da RTP.

[322] Dos quais 1775 do sector público, 625 do sector privado, 53 contratados a prazo, 46 requisições e 170 colaboradores (cf. *Ordem de Serviço* série A, nº5/79, de 19 de fevereiro).

[323] Mensalmente chegavam aos 44.500 contos (cf. *Ordem de Serviço* Série A, nº15/79, de 23 de março).

[324] Cf. Despacho da administração de 27 de janeiro de 1976, no qual se dividiam as emissões pelos vários estúdios.

[325] Cf. Resolução n.º110/97, de 28 de fevereiro de 1979.

[326] Cf. *Ordem de Serviço* série A, nº5/79, de 19 de fevereiro.

[327] Prejuízos dos exercícios: 610000 contos (1977); 649000 contos (1978); 415000 contos (1979); 392000 contos (1980).

que recebera, sem articular ou controlar as suas programações[328]. Limitou-
-se a fazer pequenos ajustes. Ainda assim, após a nacionalização, a RDP
tem uma posição claramente dominante no mercado[329].

O seu aumentado leque de emissões passou a incluir programação
comercial, com exploração publicitária, e programação de serviço público.
O regulamento provisório de 1976 definia quatro canais. O Programa 1
era o herdeiro do programa principal da EN; transmitia em OM e FM, a
partir dos estúdios do Quelhas um programa nacional, não comercial,
de carácter informativo, formativo e recreativo, durante 24 horas diárias,
com participação dos emissores regionais[330]. O Programa 2, à imagem
do seu antecessor da EN, tinha uma dimensão cultural. Era composto,
sobretudo, por música clássica, teatro e palestras, e usava a segunda rede
de FM, transmitindo, também, em estéreo. O Programa 3 era constituído
por uma emissão comercial, com predomínio de música ligeira e alguns
conteúdos a cargo de produtores independentes. Funcionava a partir
dos estúdios do ex-RCP, cuja rede de OM (assim como a da ex-Rádio
Alto Douro) usava para transmitir; este programa incluía publicidade
e desdobramentos de emissão com os regionais, que também podiam
passar publicidade local. Era o espaço privilegiado para a transmissão de
programas como "Quando o telefone toca" ou "Clube das donas de casa".
O Programa 4 tinha origem nos estúdios do ex-RCP e servia-se da sua
rede de FM. Era um canal moderadamente comercial, que apostava em
conteúdos musicais (ligeiros ou eruditos) de qualidade, razão pela qual
emitia, por vezes, em estereofonia).

Além dos quatro já referidos, existia a emissão internacional em OC
da ex-EN, e duas emissões locais, comerciais e ligeiras, uma para a capital, com o Programa 3 Local de Lisboa (ex-EAL) e outra para o Porto,

---

[328] Cf. *Relatório da Comissão Administrativa da RDP*, com data de 12 de julho de 1979;
arquivo da RTP.

[329] Os quatro canais da RDP eram ouvidos por 23,7% da amostra em 1976, o que representava uma enorme diferença face ao desempenho da RR, que totalizava 4%. Dados
referentes à percentagem de ouvintes na véspera em relação ao total da amostra ponderada
(cf. Santos, 2012).

[330] No entanto, o objetivo era, com o tempo, vincar o carácter nacional da emissão e
passar definitivamente os desdobramentos regionais para o Programa 3.

com o Programa 3 Local oriundo dos ENR. Simultaneamente, dispunha ainda do Programa Local da Régua, proveniente da ex-Rádio Alto Douro. A Rádio Ribatejo ficara inativa. No total, no fim da década, a RDP tinha, ao todo, um canal internacional[331], quatro nacionais, cinco regionais e três locais[332]. Havia uma direção provisória para a área de programação comercial e uma redação comum, embora se produzissem noticiários individualizados. Nesta altura, a tendência de mercado era já clara: a FM estava em franca expansão e já se percebera que a generalização dos recetores era inevitável.

Aproveitando este imenso campo de ação, a rádio pública definia várias linhas de força: reforçar a consciência política e cívica[333], consolidar a democracia, regionalizar, formar, informar e entreter, dirigindo-se a um público transversal[334]. Esta orientação era particularmente evidente no Programa 1, cuja emissão se enquadrava num espírito de "rádio todo o serviço". Porém, a instabilidade interna não havia ainda sido erradicada. Embora menos frequentemente, a emissão ainda vagueava, por vezes, ao sabor das convicções políticas de quem estava ao microfone[335].

O espaço dos quatro canais foi-se estabelecendo e, de certa forma, delimitando o lugar de cada um deles, apesar da ausência de políticas de programação coerentes. O Programa 1 foi, ainda durante algum tempo, o mais ouvido dos canais públicos. Em 1978, a sua audiência estava

---

[331] A RDP prosseguia com as suas emissões em OC para a Europa, Extremo Oriente, África, América do Norte, Venezuela, Brasil e Índia. A grande parte das emissões era feita em português, embora existissem conteúdos em francês, inglês, alemão, italiano, espanhol e concani.

[332] Cf. Relatório da Comissão Administrativa da RDP, com data de 12 de julho de 1979; arquivo da RTP.

[333] Segundo João Figueiredo os conteúdos que a RDP devia privilegiar eram "formação política, reforma agrária, divulgação de técnicas agrícolas e pecuárias, organização cooperativa, cultura portuguesa (literatura, história, folclore), higiene (alimentar, habitacional, individual), saúde, economia, poluição, transportes, defesa do consumidor, promoção do desporto, turismo interno, etc" (cf. Os portugueses terão, no futuro, a rádio que merecem. *O Tempo*, de 9 de dezembro de 1976).

[334] Linhas provisórias de orientação da RDP. Cf. *Ordem de Serviço* Série A, n°6/76, de 9 de fevereiro de 1976.

[335] Cf. *Relatório da Comissão Administrativa da RDP*, com data de 12 de julho de 1979; arquivo da RTP.

estimada em 2582000 ouvintes[336]. A divulgação da música portuguesa, que ocupava 40% da emissão, era já uma linha mestra da estação[337]. O Programa 2 transmitia apenas 17 horas diárias e tinha uma audiência estimada de 198000 ouvintes. Apenas um quinto da sua programação era constituída por conteúdos falados, o restante era música. As orquestras sinfónicas de Lisboa e do Porto eram um elemento precioso nesta programação. O Programa 3 também pretendia ser tematicamente transversal, tal como o Programa 1. Mas a sua vocação urbana era claramente maior e a publicidade que tinha dava-lhe uma dinâmica mais intensa. Tinha aproximadamente 2380000 ouvintes e entre os seus realizadores contavam-se Pedro Castelo, Orlando Dias Agudo ou Maria Estrela Serrano. O Programa 4 funcionava durante 16 horas, em estéreo, e era ouvido, aproximadamente, por 287000 portugueses. A sua programação, na qual se incluíam espaços ligados ao cinema, artes plásticas, ciências ou literatura, primava pela escolha e pela novidade musicais. Tinha um alvo mais seleccionado, dirigia-se a jovens e quadros médios e superiores. A sua programação tinha a presença de nomes como João David Nunes, Jaime Fernandes ou Júlio Isidro.

Porém, apesar destas orientações, o estabelecimento de políticas formais de antena não estava ainda implementado na RDP. Frequentemente, a definição dos objetivos de determinados programas era, simplesmente, da responsabilidade dos realizadores. E sem uma filosofia de canal que articulasse os objetivos dos programas, era possível que, por um lado, determinados conteúdos ou públicos não fossem abrangidos, e por outro, que houvesse excesso ou concentração de alguns géneros. Essa era, aliás, uma preocupação interna[338].

---

[336] Cf. *Dossier da visita do conselho de informação para a RDP*, 22 de março de 1978; arquivo da RTP.

[337] O seu mapa diário estava dividido em quatro grandes painéis: a "Música na noite", entre a 01.00 e as 07.00 horas, com produção dos centros regionais; o "Programa da Manhã", até às 10.00 horas com António Sala; a "Sequência 10-13", realizada por Maria Júlia, e onde se incluíam espaços de defesa do consumidor, saúde ou educação, e o "Contraponto", de José Manuel Nunes, com uma temática predominantemente sociocultural, entre as 21.20 e as 24.00 horas. Havia ainda espaços ligados ao sindicalismo, à literatura, à divulgação da história, à arte, etc. (cf. *Dossier da visita do conselho de informação para a RDP*, 22 de março de 1978; arquivo da RTP).

[338] Cf. *Inquérito aos realizadores da RDP*, abril de 1986; arquivo da RTP.

Em 1979 os programas 3 e 4 separam-se dos dois primeiros, assumindo a sua dimensão comercial. Passariam a chamar-se Rádio Comercial e a transmitir em OM e FM. Nascia um importante espaço de criatividade de onde iriam despontar vários nomes e programas que ficariam na história da rádio portuguesa[339].

A reestruturação

A primeira comissão administrativa da rádio pública liderada por um civil foi nomeada no início de janeiro de 1979[340]. No entanto, Humberto Lopes (e a sua equipa) teria vida curta no lugar, uma vez que, em setembro, seria substituído.

Uma das heranças que Lopes deixa é um relatório muito contundente em relação às condições da empresa. Lopes propunha várias soluções, mas sabia que, na verdade, não teria tempo de as implementar na totalidade, tendo em conta a instabilidade política da época[341]. Ainda assim, consegue levar a cabo uma reestruturação orgânica da empresa, canalizando meios para as emissões de rádio – que eram a verdadeira essência da atividade da RDP. ”A RDP existe para fazer rádio”, afirmava Humberto Lopes[342]. Elaborou, ainda, uma política de programas com o objetivo de dar identidade aos canais (que, efetivamente, não existia), de terminar com a confusão de algumas emissões[343] e de implementar um nível de planeamento e coordenação que não existiam[344]. É extinta

---

[339] Cf. *Ordem de Serviço* Série A, n.º 2/79, de 7 de fevereiro; Memórias. *Visão*, de 25 de março de 1993.

[340] Cf. Resolução n.º7-A/79, de 10 de janeiro, publicada no Diário da República n.º10, I Série, de 12 de janeiro.

[341] Cf. *Relatório da Comissão Administrativa da RDP*, com data de 12 de julho de 1979; arquivo da RTP.

[342] Cf. *Ordem de Serviço* Série A, n.º 2/79, de 7 de fevereiro.

[343] Lopes insurgiu-se contra a «amálgama de programas» da emissão 3 (cf. *Ordem de Serviço* Série A, n.º 2/79, de 7 de fevereiro). Imediatamente, o Programa Local 3 de Lisboa seria suspenso a 1 de março de 1979 (cf. *Ordem de Serviço* série A, n°6/79, de 28 de fevereiro).

[344] Cf. *Ordem de Serviço* Série A, n.º 2/79, de 7 de fevereiro.

a direção do serviço de programas e são criados, ao mesmo nível, quatro centros de produção: programas comerciais, não comerciais, informação e exploração. Ou seja, a informação é, pela primeira vez, autonomizada na rádio pública. Deixa de estar dependente da direção de programas e da própria CA, como vinha a acontecer nos últimos anos[345]. Adicionalmente, a informação ganhava uma linha de orientação específica que correspondia à identidade de cada canal[346]. A resposta à gestão da comissão administrativa (que era acusada de arbitrariedade e prepotência) é imediata: uma dezena de sindicatos ameaça com um aviso de greve de zelo[347].

Recorde-se que muitos dos aspetos que estavam previstos no estatuto da RDP, nunca haviam chegado a ser implementados[348]. E no final da década, a tutela não só considerava desajustada a natureza do estatuto de 1976, como considerava o normativo incapaz de conduzir a empresa ao necessário equilíbrio. A RDP devia, nesta altura, cerca de um milhão e 600 mil contos[349]. Por tudo isto, o governo de Mota Pinto tenta revogar o estatuto da RDP, criando um regime excecional, ainda em fevereiro de 1979[350]. Porém, no mês seguinte, a Assembleia da República recusa a ratificação do Decreto-Lei[351], que criava esse regime excepcional, passando a RDP a reger-se transitoriamente pelas bases gerais das empresas públicas[352]. Em 1979 e 1980 dois novos projetos de estatutos da RDP são declarados inconstitucionais[353], e só em 1984 os estatutos serão, finalmente, aprovados.

---

[345] Cf. *Ordem de Serviço* série A, n°30/79, de 26 de junho.

[346] Ao contrário do que acontecia até então, a administração pretendia que cada canal tivesse uma informação que, na forma e no conteúdo, se adequasse aos seus diferentes públicos, nomeadamente: com sobriedade e transversalidade no primeiro canal, com profundidade no segundo, bem como na emissão FM da Comercial, e mais popular e dinâmica na OM da Comercial (cf. *Ordem de Serviço* série A, n°30/79, de 26 de junho).

[347] Cf. *Ordem de Serviço* série A, n.°26/79, de 7 de junho.

[348] Cf. Decreto-Lei n.° 371-A/79, de 6 de setembro.

[349] Cf. *Ordem de Serviço* série A, n°5/79, de 19 de fevereiro.

[350] Cf. Decreto-Lei n.° 17/79, de 8 de fevereiro.

[351] Cf. Resolução n.° 82/79, de 23 de março.

[352] Cf. Decreto-Lei n.°260/76, de 8 de abril.

[353] Cf. Resolução n.°300/79, de 16 de outubro e Resolução n.° 170/80, de 22 de maio.

A influência política

Apesar de não ser das caraterísticas mais vincadas da RDP, no início da década de 80, estudos de audiência e imagem mostram que a rádio pública é considerada menos independente do poder político do que a RR (Santos, 2012). Justifica-se assim uma referência nesta obra, mesmo que breve, à tradição de controlo político na RDP. Com efeito, ao terminar a década, era evidente que, apesar de a RDP ter deixado de ser a rádio do regime, não se tinha ainda tornado numa rádio independente. Isso não tinha sido trazido pela jovem democracia portuguesa. Meio ano depois da nacionalização, Estrela Serrano considerava que os receios relativos à independência da rádio eram fundamentados e alertava para a tentação que o poder continuava a ter:

> "a tentação dirigista não é exclusiva dos regimes totalitários (...). Insinua-se também nos regimes democráticos. É a escolha de elementos de confiança política, ainda que profissionalmente ineptos. É a seleção prévia dos conteúdos a programar. São as pressões das cúpulas políticas. E são também os argumentos da 'falta de oportunidade' ou da 'impreparação do povo' a impedirem o tratamento de temas considerados acima da 'temperatura' desejável. É necessário que esta tentação seja ultrapassada"[354].

Aliás, nessa altura, o próprio presidente da Comissão Administrativa da RDP, o major João Figueiredo reconhece que era difícil a rádio manter-se "independente do poder político, o que, na fase de aprendizagem geral, a todos os níveis, em que o País ainda se encontra, não será tarefa fácil de conseguir"[355].

Logo depois do PREC verifica-se, por um lado, uma clara necessidade de um crescimento deontológico da parte dos trabalhadores, que não

---

[354] Cf. Realizadores da RDP debatem problemas da rádio. *A Capital*, de 29 de novembro de 1976.

[355] Cf. Os portugueses terão, no futuro, a rádio que merecem. *Tempo*, de 9 de dezembro de 1976.

poderiam dar prioridade em antena aos seus interesses partidários. Por outro, havia alguma esperança nos órgãos recém-instituídos pelo estatuto para a fortificação do pluralismo interno. No entanto, o estatuto da RDP nunca foi posto em prática, em muitas das suas vertentes, como já foi referido. Por isso, os mecanismos aí propostos nunca chegaram a ter o seu efeito. E assim, o processo de estabilização ideológica da RDP foi lento.

A RDP não tinha desenvolvido nem uma independência política, nem uma tranquilidade ideológica. Segundo Adelino Gomes[356], "na rádio nacionalizada do pós-25 de novembro prevaleceu a linha estatal da EN (...). Com breves exceções, os governos da democracia quiseram utilizá-la em proveito próprio e os partidos do bloco central, PPD/PSD e PS, sempre que puderam partiram e repartiram, entre os seus, os melhores bocados"[357].

Na televisão, o processo era semelhante. A RTP teve, no pós-25 de abril, uma época caraterizada pelos "comissários políticos", como afirma Barata-Feyo (2002: 15). O ex-diretor de informação da RTP explica como o

"pecado original da RTP nasceu com o singular Estatuto governamental, único na União Europeia, que lhe foi atribuído pelo 25 de Abril. O governo nomeia o presidente do conselho de gerência ou de administração que, por seu turno, nomeia os directores - inclusive os de Informação e os de Programas que deviam ter autonomia e independência editoriais e funcionais, como estipulado na Lei da Televisão - bem como todas as macro e micro-estruturas da empresa. Todos se tornam, assim, de alto a baixo, criaturas e potenciais instrumentos do governo" (2002: 19-20).

Nos anos iniciais da democracia portuguesa, os primeiros governos constitucionais vão-se interrompendo e sucedendo entre 1976 e 1987, altura em que o décimo primeiro, liderado por Aníbal Cavaco Silva, vai iniciar funções e, pela primeira vez, levará o mandato até ao fim. Nesses 11 anos há uma enorme rotatividade dirigente. Só nesta década,

---

356 Adelino Gomes foi diretor de informação na rádio pública entre 1995 e 1997 e provedor do ouvinte entre 2008 e 2010.

357 Cf. As causas da coisa radiofónica. *Público*, de 31 de dezembro de 2002.

após a entrada em funções do III Governo Constitucional, a 29 de agosto de 1978, dá-se uma remodelação na Comissão Administrativa da RDP a 6 de novembro. Pouco depois, toma posse o IV Governo, a 22 de novembro, e é nomeada uma nova administração em 12 de janeiro de 1979. O V Governo, chefiado por Maria de Lurdes Pintassilgo, toma posse a 7 de julho de 1979, a direção da RDP é exonerada, sendo nomeada uma nova a partir de 19 de setembro. O VI Governo, de Francisco Sá Carneiro, toma posse a 3 de janeiro de 1980; a administração da RDP muda a 15 de fevereiro. As administrações da RDP sucediam-se ao ritmo das mudanças governamentais. Assim será, também na década seguinte. Nobre-Correia denunciava esse controlo, mesmo depois da passagem da RDP a sociedade anónima:

> "A nomeação de novas administrações logo nas primeiras semanas da chegada ao poder foi um mau serviço prestado pelo Governo à RDP e à RTP. (...) A rapidez e o radicalismo de tais decisões só podem confirmar, porém, a impressão da dependência da rádio e da televisão públicas em relação ao Executivo. A impressão que mais não são do que 'a voz do dono'"[358].

Ao longo dos anos, solidificou-se assim esta ideia de subordinação das estações públicas ao poder político. Esta dependência estava patente no ritmo da rotação dirigente, e ia sendo reforçada pelas declarações de quadros dirigentes dos *media* públicos e de *opinion makers*.

---

[358] Cf. Ouvir e ver a diferença. *Expresso*, de 16 de dezembro de 1995.

A DÉCADA DE 80: A REESTRUTURAÇÃO

A difícil gestão da rádio pública

Ao entrar na nova década, a RDP é, então, uma empresa em claras dificuldades. Mas, mais do que isso, é uma empresa cujo futuro depende de várias medidas urgentes: o saneamento financeiro, a aprovação de uma Lei da Rádio, os estatutos da empresa e dos trabalhadores, e a resolução das complexas situações dos seus funcionários.

Com a entrada em funções do novo governo, a 19 de setembro é nomeada outra administração, encabeçada por Amílcar Martins[359]. No entanto, esta ficará no cargo ainda menos tempo que a de Humberto Lopes. Uma das primeiras deliberações de Martins foi o reforço da posição da informação na estrutura[360]. Era uma das faces da nova arrumação da orgânica da empresa[361]. Porém, nada chega a acontecer, de facto. Em fevereiro de 1980, João Barreiros Cardoso é nomeado para encabeçar a nova administração da RDP[362] e, imediatamente após a primeira reunião, suspende várias das alterações feitas pelas administrações anteriores; há estruturas que são repostas ou de novo reorganizadas, há movimentação de pessoal que deve ser revertida e alterações de categorias e cargos de chefia[363]. Entre

---

[359] Com José Manuel Fonseca, Rui Santos, António Aguiar e José Dias como vogais.

[360] Cf. *Ordem de Serviço* série A, n°46/79, de 19 de outubro e *Ordem de Serviço* série A, n°48/79, de 31 de outubro.

[361] Cf. *Ordem de Serviço* série A, n.°3/80, de 6 de fevereiro.

[362] Tendo como vogais António Aguiar, José Costa e Arlindo de Carvalho.

[363] Cf. *Ordem de Serviço* série A, n.°9/80, de 22 de fevereiro; *Ordem de Serviço* série A, n°10/80, de 25 de fevereiro; *Ordem de Serviço* série A, n.°11, de 29 de fevereiro; *Ordem de Serviço* série A, n.°12, de 4 de março; n.°15/80, de 10 de março.

janeiro de 1979 e fevereiro de 1980, a RDP tem três administrações, nomeadas por outros tantos governos. À instabilidade política correspondia a rotatividade diretiva da RDP, resultando em avanços e recuos na reorganização da empresa. A instabilidade interna é evidente. Uma greve de três dias, logo em março, levou à passagem das emissões para outros locais, nomeadamente para os regionais, que garantiram alguns períodos da programação[364]. É uma época de luta dos trabalhadores. São recorrentes dentro da empresa os comunicados da administração para que os períodos de paralisação decorram sem infrações à lei. Em 1983, duas greves afetam a empresa. Uma em julho e outra em agosto. Nesta última, na qual estavam em causa reivindicações salariais, os trabalhadores chegam a desligar o emissor do Porto Alto (RC em OM) e a parar a emissão internacional (Reis, 1996).

Nesta altura, a rádio pública era considerada lenta na capacidade de resposta e decisão, plena de burocracia, sem comunicação horizontal e com elevados custos de funcionamento[365]. Produziam-se demasiados papéis na RDP[366]. Barreiros Cardoso era sensível a esses problemas e avançou com diversas alterações internas na empresa[367]. O seu objetivo era que a RDP passasse, finalmente, a planificar a prazo[368].

Nos primeiros anos da década de 80, o emagrecimento da empresa é bem visível. O número de funcionários diminui 3% em 1980; 4,2% em 1981; 1,6% em 1982; 12% em 1983 e 0,9% em 1984. A RDP chega a 1985 com 2028 trabalhadores[369]. Mas é, ainda, uma empresa enorme. Embora

---

[364] Cf. *Ordem de Serviço* série A, n°21/80, de 17 de março e *Ordem de Serviço* série A, n.°24/80, de 20 de março.

[365] Cf. *Ordem de Serviço* série A, n.°58/80, de 31 de julho.

[366] Cf. *Ordem de Serviço* série A, n.°69/80, de 25 de agosto.

[367] Desde a regulamentação de horários de trabalho ou a simples reprodução de fotocópias, à reestruturação ou criação de serviços. É um período de reorganização da macroestrutura, à qual se segue uma fase de definição das microestruturas.

[368] É criado o Gabinete de Estudos e Planeamento para desenvolver planos estratégicos e operacionais, projetos de reestruturação, desenvolver estudos de audiência, opinião ou de implementação de sistemas de gestão (cf. *Ordem de Serviço* série A, n.°58/80, de 31 de julho; mais tarde reestruturado pela *Ordem de Serviço* série A, n.°25/82, de 26 de abril).

[369] Em 1986, a tendência inverte-se: o número de funcionários passou de 2028 para 2038; em 1987 para 2040; em 1988 para 2015.

a RDP pretendesse respeitar o ritmo natural de saídas[370], havia iniciado, em 1981, uma política de reformas antecipadas[371].

O redimensionamento da empresa era acompanhado por um investimento nos recursos humanos. A formação começa a fazer parte da política de gestão da rádio. Desde o final de 1977 que estava em funcionamento um centro de formação e aperfeiçoamento profissional. Além disso, paulatinamente, iam-se ajustando as funções às categorias e às respetivas retribuições. A resposta às necessidades funcionais da rádio era feita, frequentemente, através de recrutamento interno. E embora isso resultasse numa grande capacidade de movimentação profissional, muitas vezes resultava numa diferença entre as funções dos trabalhadores e as categorias em que estavam classificados. Esse era um dos problemas que a direção tinha em mãos e que procurava solucionar[372]. Porém, o problema maior resultava da confusão relativa às diferentes naturezas dos vínculos dos seus funcionários. Havia necessidade de definir o regime jurídico dos trabalhadores da rádio pública. Entre outras questões, levantava-se a dúvida sobre as aposentações dos ex-funcionários da EN[373]. Em meados de 1981, avança um anteprojeto de Decreto-Lei, com vista a regulamentar o regime jurídico dos trabalhadores. O documento previa a coexistência (que, de facto, veio a acontecer) de trabalhadores com contratos de natureza privada e vínculos vitalícios à função pública, no caso dos trabalhadores da ex-EN[374].

A organização da empresa encontrava, igualmente grandes obstáculos na gestão do património imobiliário. A dispersão dos serviços por vários

---

[370] Cf. *Boletim interno da RDP*, n.º2, de janeiro de 1981.

[371] Esta iniciativa, apesar de resultar na diminuição de efetivos, não resultou na alteração da distribuição etária dos trabalhadores Efetivamente, as proporções mantiveram-se e a RDP não se tornou uma rádio mais jovem (cf. *Estudo de reestruturação financeira e proposta de contrato-programa para 1985/88 da RDP* - 2ª versão; arquivo da RTP).

[372] Nomeadamente, através do Projeto de carreiras profissionais previsto no plano de gestão de 1982. Incluído neste processo estava também o regulamento de avaliação dos funcionários (cf. *Ordem de Serviço*, série A, n.º18/82, de 15 de março).

[373] A Caixa Geral de Aposentações defendia a sua responsabilidade meramente sobre o tempo de serviço prestado na ex-EN, ao contrário do que defendia a RDP.

[374] Cf. *Ordem de Serviço* série A, n.º41/81, de 16 de julho.

edifícios na cidade continuava a ser um óbice[375]. A administração avança, então, pela primeira vez, com a realização de um estudo para uma "casa da rádio"[376]. Porém, a construção desse projeto estava, sobretudo, dependente da vontade política.

Entretanto, na sua gestão quotidiana, a RDP deparava-se com a inexistência de uma lei da rádio, ou de normativos específicos para a rádio pública. Enquanto essa situação não se resolvia, a rádio pública adotava, por analogia, os procedimentos da RTP[377]; isto acontecia com o direito de antena, ou com a composição dos conselhos de redação.

Já em agosto de 1981, na sequência da entrada em funções de um novo governo[378], a RDP receberia uma nova CA, dirigida por Manuel Marques Magro[379]. Com a nova direção, prosseguiriam as remodelações da orgânica da rádio a todos os níveis. Em meados de 1983, Mário Soares é empossado como primeiro-ministro. Na RDP entra uma nova administração, encabeçada por Bráulio Barbosa[380]. Barbosa ficará à frente da rádio pública até 1986. Ao iniciar funções, as palavras de ordem da administração de Barbosa não serão diferentes das que se ouviram antes: contenção de custos, maior produtividade e racionalização de processos[381].

---

[375] Apenas ao nível dos serviços centrais, em 1985, a RDP tinha serviços financeiros na Rua Castilho, programas nos n.ºs 2 e 21 da Rua do Quelhas, na Rua Sampaio e Pina e estúdios de gravação na Rua de São Marçal. Em Lisboa, a RDP tinha 13 edifícios.

[376] Cf. OLIVEIRA, L. M. A. 1980. A casa da rádio. *Boletim interno da RDP*. pp. 9-13.

[377] Cf. Lei da Radiotelevisão (Lei n.º 75/79, de 29 de novembro).

[378] O VII Governo Constitucional toma posse em janeiro de 1981. A nomeação de Magro é de março, para início de funções em agosto.

[379] Cf. Resolução n.º184/81, publicada no Diário da República n.º189, de 19 de março. Faziam parte desta comissão os vogais António Aguiar, José Manuel Ferreira e Francisco Mascarenhas.

[380] Por resolução do Conselho de Ministros de 29 de setembro de 1983, a administração da RDP passa a ser composta por Bráulio Barbosa (presidente), Carlos Adrião Rodrigues, Fausto Correia, José Ferreira e António Aguiar (vogais). Por resolução do Conselho de Ministros de 4 de outubro de 1984, Arlindo de Carvalho substitui José Ferreira. António Aguiar seria substituído por Manuel Cardoso Menezes em 1986.

[381] Cf. *Ordem de Serviço* série A, n.º56/83 (s/d). Durante a administração de Bráulio Barbosa é criado um grupo de trabalho destinado a analisar e estudar formas de melhorar a orgânica e a eficácia dos vários sectores, incluindo o que estava relacionado com o orçamento (cf. *Ordem de Serviço* série A, n.º11/84, de 5 de abril). Na sequência deste grupo, é criado, em 1986, um gabinete de organização e métodos, cujo objetivo é uma análise conducente à melhoria de produtividade (cf. *Ordem de Serviço* série A, n.º27/86, de 11 de junho). Uma das medidas tomadas por esta administração é a "descentralização da gestão

Barbosa sairia da RDP no último trimestre de 1987. Para a presidência do CA da rádio pública passaria Arlindo de Carvalho[382]. As prioridades da administração passariam a ser a aposta na regionalização, concorrendo com as locais e a melhoria do serviço internacional[383].

O serviço público de radiodifusão

Nos primeiros anos da década de 80, os canais da RDP estavam, claramente, divididos em dois sectores: o de serviço público e o comercial. O desenvolvimento da estratégia da empresa foi-se estruturando a partir desse princípio. Porém, nesta altura, e durante algum tempo, chegou a haver publicidade nos canais de serviço público, como adiante se verá.

Até 1982, as referências escritas à missão do serviço público encontravam-se espalhadas pelas diferentes comunicações internas ou pelos estatutos. Tratavam-se, sobretudo, de indicações genéricas, feitas em momentos de remodelação dos vários sectores, nomeadamente da informação[384] e dos programas não comerciais[385]. Em qualquer dos casos, as referências à orgânica e ao funcionamento dos sectores eram sempre mais pormenorizadas do que as que eram feitas às caraterísticas da missão pública. Só em 1982 é usada na orgânica da empresa a expressão serviço público no sentido da tradição europeia do termo, com a criação da Direcção de Programas RDP/Serviço Público. E, nessa altura, ela é enquadrada e estudada com algum pormenor[386]. O serviço público era, nesta altura, constituído pela

---

e a valorização das hierarquias" (cf. O presidente do C.A. da RDP Dr. Bráulio Barbosa ao 'informação rádio'. *Informação Rádio – Boletim interno da RDP*, n.º 7, de junho de 1985).

[382] Toma posse a 16 de outubro de 1987. Como vogais iriam manter-se Fausto Correia e Cardoso de Menezes. A administração passa de cinco para três elementos.

[383] Cf. Rádio Comercial será privatizada em outubro de 88. *Expresso*, de 17 de outubro de 1987.

[384] Cf. *Ordem de Serviço* série A, n.º 30/79, de 26 de junho (são definidas as caraterísticas que devem identificar a informação de cada canal).

[385] Cf. *Ordem de Serviço* série A, n.º 11/79, de 14 de março; *Ordem de Serviço* série A, n.º3/80, de 6 de fevereiro; *Ordem de Serviço* série A, n.º25/80 de 21 de março; *Ordem de Serviço* série A, n.º51/82 de 30 de setembro (acerca da evolução do sector não comercial de programas)

[386] Cf. *Ordem de Serviço* série A, n.º51/82, de 30 de setembro e *Ordem de Serviço* série A, n.º1/83, de 3 de fevereiro; bem como *GABINETE DE PLANEAMENTO DA RDP. 1982. Projecto Óptica Divisional/Serviço Público*, de 15 de março de 1982; arquivo da RTP.

Antena 1 (para o grande público, 24 horas por dia), Programa 2 (de promoção cultural), RDP Internacional (com uma emissão que privilegiava a manutenção dos laços culturais e afetivos com a comunidade portuguesa e com as emissões em língua estrangeira, que serviam a imagem externa do país), pelos centros regionais da RDP (norte, centro e sul, que contribuíam com emissões ligadas à região) assim como pelos das regiões autónomas (Açores e Madeira). Eram também considerados, para efeitos da orgânica, o centro de exploração e a direção de informação.

O serviço público tinha como linhas mestras a variedade de programas e a complementaridade nacional, regional e local. As emissões deviam responder a necessidades sociais, democráticas e manter uma dimensão educativa ou, simplesmente, de entretenimento de qualidade. Através do serviço público de rádio, o maior número possível de ouvintes deveria ter acesso às mais variadas formas de cultura. A difusão da cultura e dos valores nacionais, principalmente através da OC, era outra das funções mais relevantes da rádio pública. A programação devia assentar em pilares como diversidade, pluralismo ideológico, qualidade, equilíbrio, rigor, objetividade, imparcialidade, não perturbando, de forma alguma, a paz e a sensibilidade sociais. A igualdade no acesso de diferentes pensamentos à rádio devia ser garantida pelo direito de antena (cuja implementação havia sido desenvolvida ao longo do ano de 1982). A missão da rádio pública era baseada numa independência face aos poderes político e económico. A Antena 1 e a emissão em OC poderiam ter publicidade num máximo de seis minutos por hora; o objetivo não seria o lucro, mas sim o benefício social, tal como estava regulamentado. O controlo do serviço seria feito pelo público, através de um órgão a institucionalizar.

Esta dualidade estava bem presente no objeto da RDP: entendia-se que o objetivo principal era a prestação de um serviço público de rádio, no entanto, a empresa poderia ter atividades complementares, ligadas à radiodifusão comercial[387]. E assim será por algum tempo até que, mais tarde, haverá uma mudança de orientação que termina com esta posição da RDP.

---

[387] Cf. *Estudo de reestruturação financeira e proposta de contrato programa para 1985/88 da RDP*, outubro de 1985; arquivo da RTP.

Os anos 80 são um período de questionamento da legitimidade do serviço público, devido às mudanças tecnológicas e de mercado. Com a abertura de alguns mercados, pela Europa haviam aparecido operadores privados, provocando uma enorme mudança estrutural no sector. A cada vez mais residual manutenção de monopólios do Estado no sector da radiodifusão, radicava ainda no argumento da gestão de um bem escasso, como é o espectro radioelétrico. Ao nível europeu, é um momento de grandes mudanças para a rádio pública. Em 1985, Alasdair Milne, o diretor-geral da BBC, identificava precisamente esse momento de reavaliação dos fundamentos e dos objetivos destes canais. Milne, que definia a emissão de serviço público como "a radiodifusão que exerce as suas atividades em todos os domínios, de acordo com o interesse do público", explicava que este conceito deveria evoluir, acompanhando as pessoas. O "serviço público não deve apenas dar provas de paciência, mas criar novas convenções programáticas e explorar novos filões, de acordo com a ideia de que toda a concepção estática do gosto do público é falsa e ilusória"[388], uma vez que "as caraterísticas culturais de uma comunidade nacional são naturalmente mutáveis"[389].

O pensamento de Milne, numa época de pleno questionamento do serviço público, sublinhava essa necessidade de reinvenção constante, de acordo com a evolução do gosto do público. E Milne estava correto: nos anos seguintes, frequentemente, os operadores públicos aproximar-se-iam do sector privado o suficiente para que o público não se afastasse. Mas eram, claramente dois sectores muito distintos: "os primeiros [serviço público] servem para fazer programas e os segundos [comerciais] para fazer dinheiro"[390]. Aqui residia a particularidade do sistema português. Tinha os dois. E essa dualidade, embora permitisse durante algum tempo uma situação privilegiada ao nível das receitas e da própria audiência,

---

[388] Cf. O futuro da Radiodifusão de serviço público na Europa. *Informação Rádio – Boletim interno da RDP*, n.º8, de outubro de 1985, pp. 9-10.

[389] Cf. O futuro da Radiodifusão de serviço público na Europa. *Informação Rádio – Boletim interno da RDP*, n.º8, de outubro de 1985, pp. 9-10.

[390] Cf. O futuro da Radiodifusão de serviço público na Europa. *Informação Rádio – Boletim interno da RDP*, n.º8, de outubro de 1985, pp. 9-10.

não foi benéfica para a RDP. Na verdade, acabou por não contribuir para a construção de uma imagem sólida do operador de serviço público de rádio junto dos portugueses. Estudos de audiência da época mostram que os portugueses não tinham uma correta percepção desta estrutura e desta divisão, o que resultava numa imagem pouco definida da RDP (Santos, 2012). Efetivamente, a RC vinha ganhando uma autonomia identitária, era reconhecida e vista praticamente como uma estação independente da rádio pública, dadas as diferenças entre a sua programação e a dos canais públicos. Isso era visível na forma como a própria imprensa tratava a RC, que estava em plena ascensão no mercado. A imagem da RDP não era corretamente associada à prestação de serviços comerciais e não comerciais de serviço público. Contrariamente, a imagem da RR era correta junto da audiência[391]. Com efeito, as constantes mudanças estruturais na RDP e a forma como a sua oferta de canais tinha sido estabelecida, tinham consequências na fraca solidez da imagem que os portugueses construíram da estação durante os anos 80 (Santos, 2012).

O saneamento económico

A RDP está, oficialmente, em situação económica difícil, desde 1979[392]. O diagnóstico da situação era claro: privada das taxas até esse ano, a RDP tinha de recorrer a empréstimos estatais e bancários para garantir a sua atividade, uma vez que a publicidade não chegava para as despesas. Esta foi a origem dos sucessivos resultados negativos. Em 1976, o Estado nacionalizou, mas "não injectou na Empresa o capital mínimo necessário à continuação regular da sua exploração e do objecto com que foi criada", explicava Carlos Sousa Brito, secretário de Estado da comunicação social[393]. Para a tutela, era urgente que a RDP apresentasse uma proposta de acordo

---

[391] Cf. *Estudo de audiência e opinião na grande Lisboa*, 1986, Dossier II, p. 6; arquivo da RTP.

[392] O governo prolongará esse estatuto por um ano, no início de 1980, de acordo com a Resolução n.º 101/80, de 23 de fevereiro.

[393] Cf. Entregue ao Estado o projecto de acordo de saneamento económico-financeiro. *Boletim interno da RDP,* de 1980, p. 22.

de saneamento económico-financeiro (ASEF). Mas, o governo pretendia, também, que a RDP racionalizasse a cobertura nacional em FM e OM, tendo em conta a desatualização técnica dos meios existentes, que propusesse um estatuto para o seu pessoal e que fixasse o seu capital estatutário.

Imediatamente, a empresa avançou com um plano de ações prioritárias, que incluía a consolidação e o alargamento da cobertura radiofónica e a remodelação e reapetrechamento de estúdios e outros meios técnicos[394] Para suportar esses investimentos tecnológicos e para evitar a ruptura da empresa, a RDP contou, ainda em 1980, com uma verba do Orçamento Geral do Estado[395]. A primeira proposta do ASEF é, pois, entregue ainda em setembro de 1980, porém, apenas em fevereiro de 1982 esse acordo seria firmado com o Estado[396].

No que diz respeito à contabilidade, a RDP precisava, efetivamente, de atingir uma regularização. Mas só em 1980 se considerou ultrapassada a confusão dos anos anteriores. Além disso, era necessário resolver o problema da taxa, cujo valor já se considerava desajustado. No final desse ano encontravam-se cobertos apenas 55% dos consumidores de energia eléctrica[397]. O que acontecia, em suma, era que a RDP tinha um exagerado passivo a curto prazo, excesso de créditos a médio e longo prazo e insuficiência de capital próprio[398]. A solução passava, internamente, pela implementação de medidas de austeridade e contenção de gastos[399].

É precisamente para fazer face a esta situação que a RDP decide abrir a exploração publicitária a todos os seus canais, existentes ou que viessem a ser criados[400]. Na verdade, não existia impedimento legal a tal alargamento, e essa era uma fonte de receitas que se afigurava interessante. A publicidade era considerada um mal necessário. Entendia-se que

---

[394] Cf. *Ordem de Serviço* série A, n.º 74/80, de 2 de setembro.

[395] Cf. *Relatório e Contas da RDP*, de 1980.

[396] Publicado na II série do Diário da República de 31 de março de 1982.

[397] Publicado na II série do Diário da República de 31 de março de 1982.

[398] Publicado na II série do Diário da República de 31 de março de 1982.

[399] Por determinação governamental, a RDP tem de reduzir em 20% a energia eléctrica que gasta a partir de 1981 (cf. *Ordem de Serviço*, série A, n.º15/81, de 24 de fevereiro).

[400] Cf. *Ordem de Serviço* série A, n.º 75/80, de 5 de setembro.

uma boa planificação podia impedir o prejuízo do ouvinte e que podia haver diferenças entre a grande massa publicitária da RC e uma outra "publicidade de prestígio"[401]. No entanto, esta nunca foi uma solução consensual[402]. No final de 1981 a direção da empresa decide terminar a experiência. A justificação da administração apontava a não existência prévia de um estudo de mercado que apoiasse o alargamento da publicidade, bem como a falta de estrutura interna e o facto de a Antena 1 ter explorado segmentos que já eram cobertos pela RR e pela RC[403]. A publicidade no primeiro canal (e na OC) passaria, pois, a existir dentro de critérios mais apertados e consentâneos com o serviço público: publicidade coletiva e de interesse geral; de prestígio, formativa e de divulgação, institucional e de serviço público. Porém, deve notar-se que, em 1982, a cessação de publicidade comercial na Antena 1 provocou uma queda de 61,7 mil contos no total faturado pela RDP[404].

Pode afirmar-se que a RDP inicia uma nova fase da sua existência em 1982. A formalização do ASEF[405] é o momento decisivo no processo de viabilização da RDP. Aqui se definiam, entre outros pontos, a previsão da evolução das receitas da empresa, as comparticipações do Estado, a política de gestão dos recursos humanos, as formas de contenção de custos, os investimentos (que incluíam a tão desejada Casa da Rádio, o alargamento da cobertura nacional e internacional e o reapetrechamento dos estúdios) e os desinvestimentos (venda de terrenos). Anexos ao acordo, foram celebrados protocolos entre a rádio pública, instituições bancárias, RTP e EDP, igualmente destinados a contribuir para o saneamento financeiro[406].

---

[401] Cf. Publicidade na rádio, um mal necessário. *Boletim interno da RDP*, de 1980, pp. 15-20.

[402] Num estudo feito em meados de 1981 (cf. *Opinião sobre a RDP e a sua programação*, maio de 1981; arquivo da RTP), cerca de metade (56,3%) dos indivíduos que reconheciam a publicidade na Antena 1 concordavam com ela; o número aumentava (62,3%) em relação ao Programa 2. O facto de já ser paga uma taxa não era a principal razão para discordarem da publicidade. O que pesava mais no desacordo era o excesso de tempo ocupado pela publicidade.

[403] Cf. *Ordem de Serviço* série A, n.º 54/81, de 24 de novembro.

[404] Cf. *Relatório e Contas da RDP*, de 1982.

[405] Foi assinado com o Estado em 25 de fevereiro de 1982.

[406] Cf. *Relatório e Contas da RDP*, de 1982.

A RDP termina o ano de 1982 já com uma melhoria na sua situação financeira. Para isso, contribuíram a sucessiva implementação da cobrança das taxas[407], a atualização do respectivo valor em junho[408], e as operações e dotações de capital relacionadas com o saneamento financeiro[409]. Devem aqui ser distinguidas duas dimensões: a situação económica, que encontrara o equilíbrio, e a dimensão financeira, que continuava a ser preocupante, uma vez que os passivos acumulados em anos anteriores eram consideráveis[410]. Porém, a situação global da empresa era já distinta da que se vivera antes do ASEF. A partir de 1983 os resultados começam mesmo a ser positivos, apesar do desequilíbrio ainda causado pelas taxas e da diminuição do apoio do Estado[411]. Ou seja, o ASEF, segundo o diretor financeiro da RDP, Alves Cunha, revelara-se o instrumento decisivo na viragem da situação da empresa:

> "actualizou as taxas de radiodifusão para os níveis de que a RDP carecia; definiu um regime de contenção de custos rigoroso, no qual se salienta a gradual redução dos efectivos (...); possibilitou a reconversão tecnológica da empresa (...); transformou a imagem da empresa junto da Banca, do Estado, Previdência e generalidade dos fornecedores"[412].

Porém, esta melhoria não foi isenta de percalços. A previsão da evolução económica que serviu de base ao ASEF acabou por se afastar da realidade,

---

[407] De 1517000 consumidores abrangidos em 1981, passou-se a 1700000.

[408] Cf. Decreto-Lei n.º203/82, de 22 de maio (o valor das taxas, que não era atualizado desde 1976, é fixado em 20$00 e 60$00 mensais, conforme o escalão de consumo). No início de 1983 há um novo ajuste apenas no escalão superior (Decreto-Lei n.º33/83, de 24 de janeiro). Em março de 1984, há um novo aumento, para 25$00 e 125$00 mensais (cf. Decreto-Lei n.º59/84, de 23 de fevereiro).

[409] Cf. *Relatório e Contas da RDP*, de 1982.

[410] Cf. O presidente do C.A. da RDP Dr. Bráulio Barbosa ao 'informação rádio'. *Informação Rádio – Boletim interno da RDP*, n.º 7, de junho de 1985.

[411] De acordo com o diretor financeiro da RDP, José Alves Cunha, a situação da rádio pública em 1985 era já muito razoável: "se não é a desejável, coloca a empresa numa situação ímpar em relação às restantes empresas públicas de comunicação social (...) em 1983 a RDP foi a única destas empresas públicas que registou lucro – se bem que modesto (...) e tudo isto com a sucessiva redução de apoio financeiro do Estado" (cf. O director financeiro ao 'informação rádio'. *Informação Rádio - Boletim da RDP*, n.º2, de janeiro de 1985).

[412] Cf. O director financeiro ao 'informação rádio'. *Boletim da RDP*, n.º2, de janeiro de 1985.

pelo que o acordo teve de ser revisto três anos mais tarde. Várias razões estiveram na origem desse afastamento. Desde logo, a cobrança de taxas, embora fosse paulatinamente implementada e gerasse mais receitas, no final de 1982, ainda não abrangia, tal como havia sido previsto, a totalidade da população[413]. Tampouco estavam a ser cobradas as taxas atrasadas, da forma que se previa no ASEF. E deve sublinhar-se a importância para o equilíbrio da empresa que era atribuída às taxas, tanto as cobradas, como as que estavam em atraso[414]. Outro desvio à previsão do ASEF resultou de despesas não antevistas com funcionários das orquestras[415], bem como de um atraso nas dotações financeiras e uma diminuição do montante da indemnização compensatória[416] de 1984.

Com o passar dos anos, a totalidade do país passará a ser abrangida pela cobrança de taxas. Em 1986, 98% do território continental está coberto[417]. No entanto, mesmo nesta altura, as taxas provenientes das últimas zonas abrangidas, ainda demoravam a ser arrecadadas, o que se traduzia em pontuais dificuldades de tesouraria.

Em 1988, muitas das empresas fornecedoras de eletricidade são integradas na EDP. Será esse processo que acabará por levar a RDP a, lentamente, atingir as zonas que ainda não estavam cobertas pelo sistema.

---

[413] Note-se, porém, que em 1983 as taxas foram atualizadas para além do valor da inflação – que era o inicialmente previsto, pelo que houve uma receita adicional de cerca de 220 mil contos; esse aumento superior tinha o objetivo de compensar a empresa pelas falhas nas indemnizações compensatórias (cf. *Estudo de restruturação financeira e proposta de contrato programa para 1985/88 da RDP*, outubro de 1985 – 2ª versão; arquivo da RTP).

[414] No final de 1984, a RDP tinha 3,9 milhões de contos de taxas por cobrar (cf. *Estudo de restruturação financeira e proposta de contrato programa para 1985/88 da RDP*, outubro de 1985 – 2ª versão; arquivo da RTP).

[415] Embora as orquestras não tivessem saído da RDP em 1983, tal como o acordo admitia, a abertura a reformas antecipadas permitiu minorar o peso dos 170 funcionários que acabaram por ficar; mas, mesmo assim, o número de funcionários previsto havia sido ultrapassado.

[416] Tendo em conta as dimensões iminentemente sociais ou culturais destes serviços, o Estado deveria pagar indemnizações compensatórias relativas aos encargos anuais das orquestras, do serviço internacional e das delegações das ilhas. Só em 1983 começaram a ser cobradas taxas na Madeira; o processo demorou mais a ser implementado nos Açores.

[417] Cf. *Relatório e Contas da RDP*, de 1986.

A empresa mantém a política de contenção de custos e otimização de meios. Por um lado, investia na informatização da sua contabilidade[418], o que se traduzia numa maior eficácia do sector financeiro[419]. Aliás, a contabilidade foi o ponto de partida do processo de informatização global da RDP, ainda na primeira metade dos anos 80. Por outro lado, avança com restrições na contratação de pessoal e sobretudo, tenta reduzir os efetivos. Outras medidas de contenção passaram pela redução das emissões internacionais para a Europa e pelo desinvestimento em alguns bens improdutivos ou pela desativação de instalações[420].

Assim, a segunda metade da década foi de consolidação. A crónica deficiência da empresa é, finalmente, resolvida em 1988, altura em que, pela primeira vez, a RDP tem um valor positivo no seu Fundo de Maneio Líquido[421].

As emissões

No início dos anos 80 a rádio pública está ainda a aprender a viver no novo contexto democrático. A adaptação às novas dinâmicas sociais e informativas, claramente, demorou o seu tempo[422]. As emissões da

---

[418] A eficácia do processo de informatização acabou por estar relacionada com a formação profissional, que nesta época era intensa, sobretudo com o acesso aos fundos europeus.

[419] Processo iniciado em 1983 (cf. *Relatório e Contas da RDP*, de 1984).

[420] Cf. *Estudo de restruturação financeira e proposta de contrato programa para 1985/88 da RDP*, outubro de 1985 – 2ª versão; arquivo da RTP

[421] Cf. *Relatório e Contas da RDP*, de 1988.

[422] No campo informativo, um episódio ocorrido aquando do início da campanha eleitoral para as eleições de outubro de 1980, mostra como a relação entre a pluralidade, a liberdade e o rigor era ainda um terreno pouco desbravado. Antes da campanha ter início, a direção da empresa apresenta uma série de indicações, com vista ao cumprimento do dever de neutralidade (cf. *Ordem de Serviço* série A, n.º70/80, de 1 de setembro), baseadas num parecer não vinculativo da Comissão Nacional de Eleições, que desaconselhava a cobertura de acontecimentos ligados às figuras do governo, de manifestações, comícios ou conferências de imprensa. Eram, também, aconselhadas a exclusão de canções ou hinos conotados com qualquer ala partidária, a suspensão de programas com qualquer conteúdo político e a entrada de telefonemas de ouvintes em direto. A direção de informação levou à letra algumas dessas recomendações, o que resultou na não cobertura de qualquer acontecimento promovido por forças políticas e na suspensão de alguns programas. Após queixas dos partidos políticos, que afirmavam que largos estratos da população estariam a ser privados de informação sobre atualidade política, a CA reformula a sua posição, permitindo uma cobertura noticiosa apartidária (cf. *Ordem de Serviço* série A, n.º80/80, de 22 de setembro).

RDP têm os clássicos objetivos Reithianos: informar, cultivar e distrair[423]. A informação vai ganhando relevo no quotidiano da RDP. Aliás, é nesta altura que se define, com pormenor, a política editorial da rádio[424]. Logo desde o início da década está a funcionar um grupo de trabalho destinado a estudar a criação de um novo canal[425].

Antena 1

Portugal entra para a Comunidade Económica Europeia (CEE) em 1985. A própria assinatura do Tratado de Adesão à CEE, no dia 12 de junho, foi motivo para uma emissão especial com simultâneos entre todos os seus emissores e mesmo com a Rádio Nacional de Espanha. Há um reforço na rede de correspondentes no estrangeiro. É um momento de grande aposta na informação como forma de construir a imagem da RDP[426]. Nesse ano, a RDP assinala os seus 60 anos com uma série de iniciativas: um colóquio no Fórum Picoas, as Conferências da Rádio e vários espetáculos ao vivo, alguns dos quais com a participação das orquestras; a Antena 1 levou a vários pontos do país o seu programa "O som da malta", com atuações de diversos artistas portugueses[427].

---

[423] Cf. A RDP/Empresa pública (II). Informação Rádio – *Boletim interno da RDP*, n.º2, de janeiro de 1985.

[424] Essa definição é de 1984 (cf. *Ordem de Serviço* série A, n.º25/845, de 28 de junho). São estabelecidos os procedimentos que, no âmbito da informação, devem nortear os profissionais da rádio pública. Tratava-se de um documento normativo com indicações baseadas nas obrigações de serviço público da empresa, que incluía, também, formas de atuação em situações quotidianas, quer na construção da notícia, quer na forma de lidar com um entrevistado, ou na atitude perante uma catástrofe. Esta aposta na informação da rádio pública levaria à criação posterior de um núcleo especial dedicado à reportagem (cf. *Ordem de Serviço* série A, n.º10/85, de 14 de março).

[425] Cf. *Ordem de Serviço* série A, n.º39/80, de 22 de maio. Um estudo realizado em 1986 abria a porta à criação do novo canal em Lisboa, embora reconhecesse que o investimento poderia não ser justificado, uma vez que a RC vinha a ganhar quota de mercado publicitário à RR (cf. *Estudo de audiência e opinião na região da Grande Lisboa*, dossier I; arquivo da RTP).

[426] Cf. O presidente do C.A. da RDP Dr. Bráulio Barbosa ao 'informação rádio', *Informação Rádio – Boletim interno da RDP*, n.º 7, de junho de 1985.

[427] Cf. *Relatório e Contas da RDP*, de 1985.

A Antena 1 (designação adotada a partir de 1981) cobre o país com recurso a 17 emissores de OM e 14 de FM. É uma rádio dirigida ao grande público, feita entre a informação (não apenas no sentido jornalístico) e a música. A informação era, aliás, uma estratégia de recuperação de ouvintes[428]. A informação desportiva foi reforçada[429]. Estabelecem-se as informações de trânsito, que começam a ser prestadas de forma regular. A "Onda Verde", na Antena 1, reunia uma equipa que prestava informações diárias durante o programa da manhã, bem como ao domingo ao final da tarde. Fazia operações especiais em períodos festivos e divulgava situações acidentais[430].

Os assuntos tratados pela rádio eram da mais diversa natureza, fazendo jus à sua vocação generalista. Incluía espaços dirigidos a públicos específicos, como a população rural, a terceira idade, ou as mulheres, entre outros. A Antena 1 estava sempre nos momentos marcantes do país, ao nível religioso, desportivo ou institucional[431]: o futebol, o ciclismo, o automobilismo, os Jogos Olímpicos, as cerimónias de Fátima, a visita do Papa João Paulo II em 1982, o 25 de abril, concertos de nomes conhecidos da maioria do público, viagens oficiais do Presidente da República ou as principais feiras do país[432]. Estas eram âncoras da sua programação. Além disso, a Antena 1 estava em alguns palcos internacionais, como centros de conflito, ou em momentos decisivos dos novos parceiros europeus. Era uma rádio, frequentemente, em itinerância pelas regiões, atenta aos costumes de fora dos grandes centros, com programas como o "Lugar ao

---

[428] A direção da empresa adota uma estratégia de reforço da componente informativa na Antena 1, em 1982. As audiências do canal haviam diminuído e a direção pretendia reverter a queda com a implementação de uma informação sóbria e de qualidade (cf. *Ordem de Serviço* série A, n.º55/81, de 16 de novembro)

[429] Além de ter sido a única rádio portuguesa a estar nos Jogos Olímpicos (1984), também acompanhou uma série de outros eventos, num ano particularmente rico a esse nível.

[430] Cf. *Informação Rádio – Boletim interno da RDP*, n.º12, de fevereiro de 1986.

[431] Cf. *Informação Rádio – Boletim interno da RDP*, n.º1, de dezembro de 1984.

[432] As emissões experimentais da Rádio Santarém, começaram, precisamente, durante o acompanhamento de uma das iniciativas a que a Antena 1 sempre dedicava muita atenção, a Feira Nacional da Agricultura (cf. *Informação Rádio – Boletim interno da RDP*, n.º 7, de junho de 1985).

Sul", o "Andarilho" ou o "Cavaleiro Andante"[433]. Uma das marcas mais relevantes da sua programação era a música portuguesa. Em 1981, tinha sido publicada a legislação que regulava a quota de música portuguesa nas rádios[434], o que foi uma das razões por detrás dos ajustes feitos à grelha, na altura[435].

Dentro do espírito de fornecimento de um serviço transversal e complementar, a Antena 1 lança, em 1983, uma emissão alternativa ao predomínio desportivo no fim-de-semana. Ao domingo, enquanto os relatos de futebol estavam no ar, a OM do segundo canal passava quatro horas de música[436].

Os primeiros anos da década são de descida nas audiências do canal, o que só se veio a inverter em 1984[437], ano em que há uma mudança relevante na sua programação. De todo o modo, a maior fatia no desempenho da RDP é da responsabilidade da RC e não dos canais de serviço público, como se torna visível, logo no início da década de 80. De facto, a posição do canal generalista herdeiro da EN vai-se deteriorando à medida que a RC e a RR sobem. Em meados da década, os programas de maior destaque no primeiro canal da RDP eram o "Programa da Manhã", o "Musicomania" ou o "Grande Hotel".

Em 1987 a emissão da Antena 1 passa a ser diferente em OM e FM. A primeira ocupava-se de programas generalistas, enquanto a segunda privilegiava conteúdos musicais, atendendo à sua dimensão estereofónica[438]. Este é, também, o ano em que o primeiro canal público dá início a uma campanha de solidariedade destinada a crianças com necessidades especiais, que se viria a tornar numa das suas marcas: o Pirilampo Mágico[439].

---

[433] Cf. *Relatório e Contas da RDP*, de 1989.

[434] Os canais que transmitissem música ligeira estavam obrigados à transmissão mínima de 50% de obras de autores portugueses; os canais dedicados à música erudita teriam de preencher uma quota mínima de 15% de música composta e 25% de música interpretada por portugueses (cf. Lei n.º12/81, de 18 de junho).

[435] Cf. *Relatório e Contas da RDP*, de 1981.

[436] Cf. *Relatório e Contas da RDP*, de 1983.

[437] Cf. *Relatório e Contas da RDP*, de 1984.

[438] Cf. *Relatório e Contas da RDP*, de 1987.

[439] Cf. *Relatório e Contas da RDP*, de 1987.

Programa 2

No início dos anos 80, o Programa 2 ainda só chegava a cerca de 60%
da população, através de FM[440]. O canal tinha, desde meados de 1981,
um nova orientação com vista ao alargamento do seu público. O conceito
de cultura que estava subjacente à emissão havia sido ampliado, para
além do conteúdo erudito. Tinham sido incluídas áreas como o jazz,
a música popular, o cinema ou a biologia, entre outras[441]. Tratava-se
de privilegiar a componente formativa em detrimento do carácter elitista,
e de tentar chegar a um público mais amplo. A emissão era iminentemente musical, numa tentativa de conciliação entre compositores
consagrados e autores contemporâneos[442]. Para a sua programação
contribuíam as duas orquestras sinfónicas da RDP cujas interpretações,
em estúdio ou em concerto, eram gravadas e difundidas nas emissões.
A transmissão das temporadas de ópera do Teatro Nacional de São Carlos
era uma das tradições da estação.

Na sequência do que já acontecera uns anos antes e do que acontecia
aos domingos à tarde, o Programa 2 deixará de emitir em OM em 1985,
tendo o seu emissor sido afeto à RC. Esta mudança resultava numa assinalável economia para a empresa, quer ao nível da gestão da cobertura
das duas estações, quer através da gestão de trabalhadores e venda de
terrenos. É na sequência dessa decisão que o maestro José Atalaya, diretor
adjunto do canal, se demite. O Conselho de Comunicação Social (CCS),
confrontado com a situação, classifica o fim da OM como lesivo do canal
e da sua audiência, e aponta a necessidade de a RDP repor a situação
existente e rever a sua decisão, recorrendo a um estudo sólido[443]. Porém,
a RDP não o faria, justificando a diretiva do CCS como um ato nulo[444].

---

[440] *Projecto Óptica Divisional/Serviço Público, do Gabinete de Planeamento da RDP*,
de 15 de março de 1982.

[441] *Projecto Óptica Divisional/Serviço Público, do Gabinete de Planeamento da RDP*,
de 15 de março de 1982.

[442] Cf. *Informação Rádio – Boletim interno da RDP* n.º1, de dezembro de 1984.

[443] Cf. Diretiva do Conselho de Comunicação Social, de 7 de outubro de 1985.

[444] Cf. Supressão do emissor de Onda Média do Programa 2, comunicado do CA da RDP.
Informação Rádio – Boletim interno da RDP, n.º16, de dezembro/janeiro de 1987, p. 3. Foi

A emissão do Programa 2 passa a ser de 24 horas apenas 1988[445]. Ao nível técnico, os discos compactos (CD) vão-se vulgarizando no final da década, e passam a ter um lugar cada vez mais importante nas emissões[446]. O Programa 2 foi, ainda, pioneiro em Portugal, ao co-produzir e transmitir em direto, via satélite, uma emissão com a Rádio France Musique[447]. A transmissão via satélite seria, posteriormente, bastante utilizada pelo Programa 2, sobretudo para a transmissão dos concertos da temporada da UER. Simultaneamente, o prémio Jovens Músicos consolida-se como uma das iniciativas mais relevantes da estação.

A Rádio Comercial

A RC realizava algumas iniciativas com bastante impacto. As suas duas emissões (em OM e FM) eram tão diferentes, que as iniciativas que promoviam atingiam públicos muito distintos, desde os apreciadores de *Heavy Metal* aos melómanos ouvintes de Jordi Savall[448]. Uma das suas iniciativas mais marcantes, o "Piquenicão", chegava a reunir cerca de 100 mil pessoas[449]. De facto, o impacto da RC era grande no mercado, tal como a sua importância para a RDP[450]. A RC estará em constante subida até à solidificação das rádios locais no sector, no final da década. Mas em 1981, a sua cota publicitária ultrapassava os 50%[451].

considerado que o CCS estaria a exorbitar a sua competência. A argumentação da RDP baseou-se sobretudo no que a reformulação do ASEF já previa (cf. Carta do CA da RDP n.°635/CA/85, de 28 de novembro). Este diferendo prolongou-se por algum tempo. Atalaya era o representante da Secretaria de Estado da Cultura no Conselho Geral da RDP.

[445] Cf. *Relatório e Contas da RDP*, de 1988.

[446] Em 1989, eram o suporte de cerca de três quartos da música transmitida (cf. *Relatório e Contas da RDP*, de 1989).

[447] Cf. *Relatório e Contas da RDP*, de 1988.

[448] Músico e compositor catalão, especialista em música medieval e em viola da gamba. Fundou o grupo Ensemble Hesperion XX.

[449] Cf. *Relatório e Contas da RDP*, de 1986.

[450] Em meados da década, 70% da audiência da RDP era obtida pelo sector comercial, enquanto os restantes 30% provinham do serviço público; RC e RR tinham 80% do total de ouvintes da rádio (cf. Informação Rádio – Boletim interno da RDP, n.° 6, de maio de 1985).

[451] Cf. *Informação Rádio – Boletim interno da RDP*, n.° 6, de maio de 1985.

A RC, que se definia como "urbana, jovem e dinâmica", era líder de audiências, em alguns segmentos, sobretudo nos meios urbanos. Durante alguns períodos do dia, transmitia em OM a partir dos centros regionais da RDP. Naturalmente, dava atenção ao desporto, tal como a Antena 1, no entanto, diferenciava-se, ao cobrir menos partidas de futebol nacional e estender a sua atenção a outros desportos, como o ténis, ou a outras provas, mesmo no estrangeiro. Dava, também, atenção a festivais de cinema e a bastantes concertos[452]. Em 1986 foi pioneira, em Portugal, na utilização de um helicóptero ao serviço da informação de trânsito[453].

A RDP Internacional

A RDP Internacional continuava com as suas emissões em português (200 horas semanais), inglês, francês, espanhol, italiano e alemão, para a Europa, América do Norte, América do Sul, África, Oceânia, Médio e Extremo Oriente (45 horas semanais). As emissões em OC eram, na sua grande maioria, pré-gravadas desde 1980[454]. Mas a nova direção acaba com esse modelo em 1984, o que acabou por resultar numa maior ligação com os ouvintes[455]. Neste ano, recuperou-se uma velha tradição da estação, ao criar um espaço (também repetido pela Antena 1) que permitia o contacto dos emigrantes na Europa com os residentes em Portugal.

No âmbito das políticas de redução de custos da RDP, são feitos vários ajustes às emissões internacionais. Ao nível dos conteúdos, as emissões em língua estrangeira foram progressivamente alteradas e extintas[456]. Mas as emissões em OC eram caras, também, tecnicamente: por um lado, o consumo de energia e válvulas; por outro, a necessária melhoria do

---

[452] Cf. *Relatório e Contas da RDP*, de 1983.

[453] Cf. *Relatório e Contas da RDP*, de 1986.

[454] Cf. *Relatório e Contas da RDP*, de 1984.

[455] Em 1984 o número de cartas recebidas pela RDP Internacional dobrou.

[456] Por motivos económicos, primeiro terminou a de língua espanhola e, aos fins-de--semana, todas eram interrompidas (cf. *Informação Rádio – Boletim interno da RDP* n.º1, de dezembro de 1984).

seu arsenal de emissores. A redução das emissões que foi efetuada nessa altura tinha em vista, precisamente, a diminuição do consumo de eletricidade[457]. É uma altura de viragem para o centro emissor de ondas curtas (CEOC): desde os anos trinta que as suas emissões vinham a aumentar, mas em 1985 elas são reduzidas em 23 por cento[458].

Em 1987, a RDP Internacional autonomiza-se na macroestrutura da empresa; vincam-se os seus objetivos de defesa da identidade cultural do país, de reforço dos laços afetivos entre portugueses e a sua terra, e de valorização da imagem nacional no estrangeiro. As suas condições técnicas são, finalmente, renovadas em 1988, o ano em que a rádio é reestruturada e se passa a chamar, RDP Internacional – Rádio Portugal[459].

O serviço de intercâmbio, que já vinha do tempo da EN, continuava a sua atividade, enviando a estações estrangeiras, com as quais havia acordos de cooperação, programas produzidos para os emigrantes portugueses[460].

As emissoras locais e regionais

Os centros regionais dos Açores e Madeira tinham programação própria, em OM e FM. O ano de 1984 é importante nestes centros, sobretudo pelas

---

[457] A emissão destinada ao Extremo Oriente foi encurtada em meia-hora, em 1985 (cf. *Informação Rádio – Boletim Interno da RDP* n.º4, de março de 1985).

[458] *Informação Rádio – Boletim interno da RDP* n.º10, de dezembro de 1985.

[459] Tratou-se de um plano de melhoria geral da estação que incluiu remodelações completas ao nível técnico, financiadas pelo Estado. A remodelação era essencial. Como explica Francisco Mascarenhas, o diretor técnico da RDP, a radiodifusão em OC estava internacionalmente congestionada e a única forma de resolver os problemas daí decorrentes era com aumentos de potência. O Estado financiou novos equipamentos, mas o plano inicial não foi totalmente cumprido, inviabilizando a boa receção em alguns locais, mesmo depois de uma reordenação internacional do espaço disponível. A RDP retomaria, desta feita com recursos próprios, o investimento nas condições de transmissão para as comunidades no estrangeiro, em 2001, apostando já em material compatível com a tecnologia Digital Radio Mondiale (cf. A renovação do Centro Emissor de Onda Curta. *Relatório e Contas da RDP*, de 2001). Os dois últimos anos da década são, na verdade, uma fase de investimento e mudança na estação, na qual está incluída a inauguração de um novo emissor que reforçaria a cobertura para o sul de África em 1989 (cf. *Relatório e Contas da RDP*, de 1989)

[460] Este serviço de intercâmbio só não tinha uma atividade mais dinâmica porque existia falta de articulação dentro da RDP e, frequentemente, os programas dos canais nacionais com caraterísticas que interessavam ao serviço de intercâmbio, não chegavam a este sector (cf. *Informação Rádio – Boletim interno da RDP*, n.º11, de janeiro de 1986).

melhorias técnicas e de cobertura. Essa era uma preocupação de há muito. Ao longo dos anos seguintes, irão ser aumentadas as horas de emissão e irá ser privilegiada alguma descentralização na emissão açoriana, que passará a incluir produção oriunda dos centros existentes noutras ilhas.

A Rádio Porto e a Rádio Alto Douro tinham, em OM, programação própria, embora a emissora da Régua retransmitisse, parcialmente os conteúdos da Rádio Porto. As suas emissões eram direcionadas para os públicos locais. Atendendo às caraterísticas económicas da região, havia mesmo um programa rural diário[461]. Estas rádios, tal como os centros regionais de Coimbra e Faro tinham um caráter comercial[462], incluindo publicidade nos desdobramentos de emissores que faziam na rede da RC. Posteriormente, a Rádio Porto passa mesmo a ser denominada Rádio Comercial Norte (RCN). Já integrada na estrutura da RC, a RCN dá início às suas emissões em abril de 1988. Manteve o espírito de ligação à região, mas renovou a emissão, a redação e algumas das vozes. Em 1984, com a entrada em funcionamento do emissor de FM de Coimbra, abriu-se a porta a uma emissão de proximidade e foi lançada uma grelha de programas regionais, aproveitando a abrangência distrital do novo emissor[463]. Era o início da regionalização da rádio pública. Nesta altura, todos os canais mudam de designação, adotando o prefixo RDP. Essa estratégia compreende-se pela dificuldade que existia na criação de uma identidade global perante o público[464].

A descentralização da rádio pública

No final da década de 70, os estúdios regionais da RDP participavam regularmente na emissão nacional do Programa 1 e transmitiam emissões

[461] Cf. *Relatório e Contas da RDP*, de 1983.

[462] Cf. *Estudo de reestruturação financeira e proposta de contrato-programa para 1985/88 da RDP* (2ª versão); arquivo da RTP.

[463] Cf. *Relatório e Contas da RDP*, de 1984.

[464] O público tinha dificuldade em identificar os canais da RDP, pelo que se tornava urgente identificar as emissões regionais de forma que não houvesse qualquer equívoco. Isso veio a acontecer, com a utilização da sigla RDP em todos os canais, seguida da respetiva designação (cf. *Ordem de Serviço* série A, n.º 27/84).

próprias através da separação temporária da rede de emissores[465]. Porém, a situação era agora diferente do que existia antes da nacionalização. Com a junção das rádios no final de 1975, o panorama radiofónico disponível em algumas regiões tinha-se alterado, fruto do encerramento ou da mudança nas emissões. Foi o caso de Trás-os-Montes onde, até então, se podia ouvir a emissão da Rádio Alto Douro (que fazia parte do RCP). Com a integração das rádios e a redistribuição das emissões, a rede da Rádio Alto Douro passou a servir também para retransmissão da emissão principal. E a pouca produção local que passou a ter, tornou-se, sobretudo, musical, o que deu origem a uma pressão local no sentido de devolver à região uma emissão de proximidade com preocupações culturais[466]. Tal como sucedia neste caso, outras pressões e pedidos existiam, oriundos de várias regiões, alguns até ao nível dos municípios[467].

De facto, a RDP caminhava no sentido da regionalização. O regulamento provisório de 1976 definia o objetivo de regionalizar, a prazo, em nove regiões, incluindo as ilhas. Mais tarde, o estatuto da RDP afirmava a intenção de avançar com a regionalização, para que, paulatinamente, as emissões pudessem ter origem em várias zonas do país[468]. Porém, era preciso desenvolver um plano geral de acordo com as frequências e os meios técnicos disponíveis; o que fez com que, na altura, os objetivos da RDP fossem reduzidos para sete programas regionais (dois nas ilhas, um no norte do país, três no centro e um no sul)[469].

---

[465] A grelha de 1977 incluía "Música, texto e pretexto", entre as 15.00 e as 16.00 horas a partir da RDP Norte, seguido de "Musivária", até às 17.00, a partir da RDP Centro. Mas, além desta participação, os locais desdobravam parcialmente as emissões. Isso acontecia, de forma mais intensa com a emissão do Programa 3. Na verdade, o mapa de desdobramentos era complexo, sobretudo tendo em conta as várias emissões distintas (locais e regionais) do principal programa comercial. O Programa 3 Regional Lisboa, por exemplo, tinha 20 horas diárias de emissão e coexistia com o Programa 3 Local Lisboa. O Regional Porto preenchia 14 horas com programação própria, o Local Porto misturava emissão regional de Lisboa com produção própria, tal como acontecia com o Regional Régua, o Regional Coimbra ou o Regional Faro. A grelha do Programa 3 era um complexo mosaico nos seus vários emissores. Mas a produção descentralizada era, de facto, bastante.

[466] Cf. A quem servem realmente os emissores regionais?. *Jornal de Notícias*, de 5 de maio de 1976.

[467] Cf. Os portugueses terão, no futuro, a rádio que merecem. *Tempo*, de 9 de dezembro de 1976.

[468] Cf. Artigo 9º do Estatuto.

[469] Cf. Os portugueses terão, no futuro, a rádio que merecem. *Tempo*, de 9 de dezembro de 1976.

De facto, embora residam aqui, nos últimos anos da década de 70, as bases da pressão regionalista, será apenas na década seguinte que o processo de regionalização da RDP será desenvolvido. Para melhor o compreender, importa contextualizar a génese do movimento das rádios locais. Em Portugal, esse aparecimento situa-se no final dos anos 70, altura em que surgem as primeiras rádios-piratas. Na Europa o fenómeno é mais antigo.

A expansão das rádios livres no nosso país dá-se num quadro legislativo desadequado. Inicialmente, surgem meros projetos amadores mas, com o tempo, irão surgir muitos projetos estruturados profissionalmente (Azevedo, 2001). Em meados da década de 80, o movimento tem já uma grande dimensão; a opinião pública apoia-o e a fiscalização deixa de encerrar as estações que encontra (Azevedo, 2001). O mercado publicitário cresce, começam a aparecer rádios que aspiram a ser mais do que emissoras locais e a quota de audiência das rádios livres começa a ser significativa (Azevedo, 2001). Enquanto se multiplicam e acumulam os pedidos de licenciamento junto da tutela, o caso da atribuição de frequências à Igreja e ao Estado vem acentuar ainda mais a insustentabilidade da situação (Azevedo, 2001). Era impossível continuar a adiar uma resposta aos pedidos de licenciamento.

O caso das frequências provisórias

Com o previsto alargamento da faixa de FM para os 108 MHz, a Conferência Administrativa Regional de Radiodifusão Sonora em Modulação de Frequência, que decorreu em outubro de 1984, em Genebra, fixa as frequências que poderão ser utilizadas em Portugal. Aí se incluem três redes nacionais e diversas frequências para coberturas locais. O presidente da RDP envia duas cartas ao Secretário de Estado Adjunto do Ministro de Estado, solicitando quatro frequências para rádios locais e a concessão de uma das três novas redes nacionais[470]. A RR também faz o requerimento de uma dessas redes nacionais.

---

[470] Cf. Cartas n.112 CA/RDP, de 26 de fevereiro de 1985 e 167CA/RDP, de 18 de março de 1985.

Em junho, Mário Soares pedia a demissão do cargo de Primeiro Ministro e, no mês seguinte, a Assembleia da República é dissolvida, marcando-se as eleições para 6 de novembro. Três dias antes, a 3 de novembro, um despacho do Secretário de Estado Adjunto do Ministro de Estado, atribui, provisoriamente, uma rede nacional à RDP e outra à RR. De acordo com o despacho,

> "a dissolução da A.R. determinou a caducidade das propostas de lei sobre radiodifusão e licenciamento, desobrigou-nos, por isso, da não atribuição de frequências enquanto não foram aprovadas aquelas leis. (...) considerando, em face disso, não ser exigível à RDP e a RR (...) o protelamento de decisões sobre o desenvolvimento das respectivas empresas"[471].

A contestação aumenta, prontamente, perante esta atribuição. Emídio Rangel, ligado à TSF na altura, classifica o processo como "obscuro" (RDP, 1986: 70). Efetivamente, a atribuição era provisória, uma vez que o prazo das concessões deveria ser fixado legalmente. A Lei do Licenciamento de Estações Emissoras de Radiodifusão é aprovada, então, pela Assembleia da República a 22 de dezembro de 1986. E os seus artigos 9.º e 48.º vêm abalar a RDP (e a RR). As frequências que haviam sido cedidas a título precário seriam devolvidas ao domínio público para posterior concurso. No caso da RDP isso implicaria, entre outras limitações, a supressão das emissões regionais.

A situação implicava, para além do valor das frequências, todo o investimento já feito pelas empresas. Por isso, as estações contestam a revogação do despacho[472], e a lei acaba por ser vetada pelo presidente da República, Mário Soares, para que se encontrem "soluções mais consensuais"[473].

---

[471] Cf. Ofício N.º 1.478 da Presidência do Conselho de Ministros, de 11 de outubro de 1985.

[472] CF. Já passaram os prazos para revogar o despacho de Anselmo Rodrigues. *Diário de Notícias*, de 13 de janeiro de 1987.

[473] Cf. Comunicação do Presidente da República ao País, de 22 de janeiro de 1987. *Rádio – Boletim Interno da RDP*, n.º 17, de fevereiro de 1987.

A regionalização da RDP

É difícil localizar com precisão o início da descentralização da RDP. Embora haja uma implementação do processo mais intensa em 1984, ele acaba por ter início bem antes. Basta recordar que há vários anos que, durante alguns momentos do dia, os emissores de Faro, Coimbra e Porto já se desligavam da emissão nacional. Porém, a criação de rádios locais, ou comunitárias, como chegaram a ser referidas internamente[474], era outro processo. Apoiava-se na existência, desde 1975, dos núcleos de Elvas[475] e Bragança[476], que tinham pequenos períodos de emissão local dentro do serviço público, e da Rádio Porto, inserida no serviço comercial da RDP[477]. Mais tarde, já no início dos anos 80, realiza-se a experiência de uma emissão da Antena 1 particularmente dirigida ao grande Porto, a partir da RDP Norte[478].

O objetivo da RDP era desenvolver este processo descentralizador, e focar-se localmente. Naturalmente, a sua intenção regionalista não era alheia à possibilidade de um aumento de receitas publicitárias. Na verdade, o planeamento elaborado para a segunda metade da década tinha em conta essas receitas oriundas da criação de rádios locais, nas quais se incluía uma eventual Rádio Lisboa[479]. Efetivamente, os objetivos da RDP eram agora mais ambiciosos, uma vez que o contexto era completamente

---

[474] Cf. Documento anexo à proposta de ASEF s/d; arquivo da RTP.

[475] Existia um núcleo de produção em Elvas desde 1975, com condições técnicas e instalações precárias que transmitia programação própria através do emissor local de OM do Programa 1/Antena 1. Em 1981, a Rádio Elvas é reorganizada, uma vez que a sua atividade não vinha sendo contínua. Passaria a atuar no âmbito do serviço público, no entanto, poderia ter publicidade – à qual não deveria subordinar a sua programação – que serviria, sobretudo para o equilíbrio do próprio centro de produção (cf. *Ordem de Serviço* série A, n.º46/81, de 22 de setembro).

[476] Os estúdios de Bragança surgiram após a deslocação à cidade de uma viatura-estúdio, no âmbito de uma operação do MFA, em 1975. Devido à insistência da população, o material ficou e, numas instalações cedidas, continuaram, pela mão do pessoal temporariamente destacado, as emissões. Em 1980 a câmara municipal cedeu um edifício.

[477] Cf. *Ordem de Serviço* série A, n.ºs 43/81; *Ordem de Serviço* série A, n.º10/82 e *Ordem de Serviço* série A, n.º17/82.

[478] Cf. *Relatório e Contas da RDP*, de 1982.

[479] Cf. *Estudo de reestruturação financeira e proposta de contrato-programa para 1985/88 da RDP* (2ª versão); arquivo da RTP.

diferente. O mercado estava cada vez mais povoado. Como explicava Estrela Serrano, assessora do CA da RDP para a regionalização, as

> "'rádios-livres' ou 'piratas' estão aí. Em breve serão legalizadas. Nasceram de necessidades várias: por um lado, o desejo de proximidade por parte de grupos locais (...); por outro, a saída profissional para alguns jovens (...). A RDP não podia ficar indiferente ao triplo desafio que é o aparecimento destas rádios, as solicitações que lhe são constantemente apresentadas por autarquias locais que pretendem uma estação local da RDP, e a rentabilização e optimização dos seus próprios meios. A RDP possui mais de dois mil trabalhadores (...) instalações fechadas e equipamentos em estado de poderem vir a ser utilizados"[480].

O ponto de partida foi, de facto, o conjunto de instalações que haviam sido construídas durante o Estado Novo, anexadas a emissores de OM. Assim avançou o processo: mediante as instalações existentes e a disponibilidade da parte das autarquias para celebrar protocolos. No fundo, como explica Estrela Serrano, a RDP não fazia mais do que seguir as experiências francesa, inglesa, sueca, assim como a tendência descentralizadora que se vivia na Europa[481].

No estatuto de 1984[482] a regionalização era já um dos grandes objetivos da empresa. E nesse mesmo ano, começam os preparativos para a abertura das estações locais. É criado um grupo de trabalho com o objetivo de preparar uma política "coerente e exequível, no domínio da regionalização e localização"[483]. A prioridade do grupo seria Viseu, visto os primeiros protocolos terem já sido assinados com a autarquia e outras entidades da cidade. Seguir-se-iam, em modelos semelhantes, as cidades de Santarém

---

[480] Cf. 1985 – O ano da localização da rádio. *Informação Rádio – Boletim interno da RDP, n.º3, de fevereiro de 1985*. pp. 11-12.

[481] Cf. Rádios locais fenómeno europeu. *Informação Rádio – Boletim interno da RDP*, n.º 5, de abril de 1985 (texto originalmente publicado no Diário de Notícias e reproduzido na publicação interna da RDP).

[482] Decreto-Lei n.º 167/84, de 22 de maio.

[483] Cf. *Ordem de Serviço* série A, n.º32/84, de 18 de julho.

e Guarda. Para a rádio pública, a descentralização das suas emissões vinha "responder à necessidade sentida pelas comunidades locais de verem tratados os assuntos que diretamente lhes dizem respeito e de verem ser dada voz aos representantes que escolherem"[484].

A tónica era colocada no potencial que as rádios locais públicas poderiam ter no desenvolvimento cultural das regiões[485]. Entendia-se que elas deveriam desenvolver uma emissão de proximidade[486], refletindo o meio em que se inseriam, e funcionando como complemento aos canais principais da RDP (com os quais também poderiam colaborar). O projeto de descentralização previa a criação de rádios nas capitais de distrito, incluindo a Rádio Comercial de Lisboa e a Antena 1 Lisboa, mantendo as delegações no norte, centro e sul. Eventualmente, poderiam ser assinados protocolos de cooperação com pequenas estações particulares. As estações locais teriam produção própria e publicidade, mas seriam independentes em relação aos poderes políticos e económicos da região. Economicamente, deveriam ser auto-suficientes[487]. A RDP e a RR estavam a levar a cabo a "descentralização da rádio legal" (Azevedo, 2001:117).

Formalmente, a política de regionalização teve, assim, início com a inauguração do novo emissor de FM da RDP Centro, no final de 1984. A RDP Sul começa depois, em maio de 1985, uma emissão regional intitulada Rádio Algarve[488]. Ainda nesse mesmo ano, são inauguradas as três novas estações locais da rádio pública: Viseu, Guarda e Santarém. Dentro da vaga descentralizadora, as estações já existentes são também reorganizadas, ganhando uma maior autonomia. É nos estúdios locais, mais precisamente em Viseu,

---

[484] Cf. *Ordem de Serviço* série A, n.º5/85, de 5 de fevereiro.

[485] Cf. *Ordem de Serviço* série A, n.º5/85, de 5 de fevereiro. Internamente, esta *Ordem de Serviço* será revogada pela *Ordem de Serviço* série A, n.º 20/88, de 13 de julho, na qual se atualiza toda a política de regionalização da RDP.

[486] Estrela Serrano explica que, com este processo, "a rádio deixa de ser homogeneizante, massiva, dirigindo-se a todos, a todo o momento. Aproxima-se mais do ouvinte" (cf. 1985 – O ano da localização da rádio. *Informação Rádio – Boletim interno da RDP* n.º3, de fevereiro de 1985, pp. 11-12).

[487] Cf. *Ordem de Serviço* série A, n.º5/85, de 5 de fevereiro.

[488] Uma das particularidades da ligação desta rádio à região era a transmissão, diariamente, de dois noticiários em língua inglesa, dirigidos aos muitos estrangeiros da região (cf. *Relatório e Contas da RDP*, de 1985).

que vão surgir em 1985, os primeiros estúdios auto-operados. Depois da resistência inicial, este modelo viria a tornar-se comum na RDP[489].

A política descentralizadora vai-se desenrolando progressivamente. O objetivo era a instalação de redes locais, mas até que isso acontecesse, as emissões eram feitas com recurso ao parque de antenas disponível, o que resultava numa grande falta de unidade no processo. Umas rádios utilizavam a rede de OM da RC, outras a OM da Antena 1 e outras ainda usavam emissores de FM; fora dos seus períodos de emissão, faziam simultâneos com a RC ou com a Antena 1[490].

Desta forma, a RDP chega a 1986 com várias emissões de proximidade no território do continente, produzindo um total de 580 horas semanais de programas próprios:

RDP Norte (cerca de 20 horas semanais);

RDP Centro – Rádio Coimbra (cerca de 120 horas semanais);

RDP Sul – Rádio Algarve (cerca de 100 horas semanais);

Rádio Porto[491] (cerca de 126 horas semanais);

Rádio Nordeste (cerca de 14 horas semanais);

Rádio Alto Douro (cerca de 70 horas semanais);

Rádio Viseu (cerca de 44 horas semanais);

Rádio Guarda (cerca de 37 horas semanais);

Rádio Santarém (cerca de 49 horas diárias);

Rádio Elvas (cerca de 40 horas semanais)[492].

---

[489] Os estúdios auto-operados, nos quais o locutor é responsável por todas as operações, começaram por ser comuns nos EUA, onde se adequavam ao estilo de programação das rádios musicais. Na Europa, os estúdios com assistência técnica sempre foram predominantes. Mas a facilidade de utilização, a autonomia e a economia decorrentes dos auto-operados, levaram à sua popularização; na RDP, tal aconteceu a partir de 1985 (cf. *Rádio – Jornal Informativo da RDP*, IV série, ano 8, n.º 33, de novembro de 1993).

[490] A emissão local de Coimbra usaria o emissor FM da RDP Centro e, fora das horas de emissão retransmitia a Antena 1; inicialmente, as emissões locais da RDP Sul usavam a OM da RC, a qual também retransmitiam; várias rádios usavam a OM da Antena 1, à qual se ligavam, fora das horas de emissão: a Rádio Bragança, a Rádio Alto Douro, a Rádio Elvas e, transitoriamente, a própria emissão regional do norte (cf. *Ordem de Serviço* série A, n.º5/85, de 5 de fevereiro).

[491] Como já foi referido, a Rádio Porto havia sido integrada na estrutura da RC no último trimestre de 1987. Em abril do ano seguinte passaria a designar-se RCN.

[492] Cf. *Relatório e Contas da RDP*, de 1985.

No ano seguinte, em 1987, começa a funcionar a RDP Covilhã[493] (com cerca de 37 horas semanais). Com a administração de Arlindo de Carvalho, as rádios locais passam a integrar (com exceção da RDP - Rádio Santarém) as delegações regionais das áreas respetivas[494]. A influência das estações descentralizadas era de tal forma forte que, nesta altura, chega a ser ponderada a criação de um canal a que se pudessem ligar todos os locais e regionais fora dos seus períodos de emissão (evitando a ligação aos nacionais). No entanto, tal nunca veio a acontecer[495].

Em março de 1987, finalmente, é publicada a lei quadro do licenciamento de estações emissoras de radiodifusão[496], embora em meados de 1988 essa lei seja revogada, com a publicação da lei da rádio e do regulamento do licenciamento da atividade de radiodifusão[497]. O mercado tenderia, agora, para uma estabilização. Mas em meia-dúzia de anos, o sector tinha-se transformado completamente. A RDP e a RR responderam a essa mudança, enquanto a legalização das rádios livres tardava, usando as frequências que lhes haviam sido entregues. A aventura das emissões de proximidade da RDP terminará antes do meio da década de 90, devido a razões económicas e de estratégia da empresa.

O investimento técnico

No início dos anos 80, as prioridades dos investimentos técnicos da RDP estão claramente definidas no ASEF. Os objetivos da RDP passam,

---

[493] Recorde-se que desde meados de 1984, as designações de todos os canais eram precedidas da sigla RDP.

[494] Cf. *Ordem de Serviço* série A, n.º28/87, de 21 de outubro. A Rádio Santarém, só em 1989 passa a integrar a alçada da RDP Centro.

[495] Cf. *Informação Rádio – Boletim interno da RDP* n.º8, de outubro de 1985. Quando as rádios locais passaram para a alçada das delegações regionais, a acoplagem, fora dos períodos de emissão própria, passou a ser feita num simultâneo com a emissão regional correspondente e, após o final desta, num simultâneo com o FM da Antena 1 (cf. *Ordem de Serviço* série A, n.º 20/88, de 13 de julho).

[496] Cf. Lei n.º8/87, de 11 de março.

[497] Cf. Respetivamente, Lei n.º87/88, de 30 de julho e Decreto-Lei n.º338/88, de 28 de setembro.

maioritariamente, pela consolidação e ampliação da cobertura radiofónica, incluindo a OC, e pela modernização dos estúdios. Em suma: pela melhoria das condições, quer de receção, quer de produção.

Assim, o plano de investimentos técnicos que é posto em prática inclui vários emissores novos. Em 1982 entra em funcionamento o emissor de Santa Isabel, para melhorar a cobertura da Antena 1 no centro do país. Começa a ser melhorado o de OM de Castelo Branco e desenvolve-se o estudo para a ampliação do centro de Elvas. É instalado um emissor no Canidelo e outro em Vila Real, destinados à RC. São instalados emissores para o Programa 2 cobrir melhor a região alentejana. Procede-se à automatização do Centro Emissor do Monte da Virgem, o que permite a transferência de pessoal para outras funções. E nos Açores e na Madeira também se fazem trabalhos de melhoria técnica.

Limitada no orçamento, mas seguindo esta orientação, a rádio pública vai, ao longo dos anos seguintes, investindo noutros locais e melhorando as condições das suas emissões. Sobretudo após a instalação das rádios livres, a RDP irá deparar-se, de forma muito evidente, com as limitações de cobertura que tinha em algumas zonas. O seu objetivo era a universalidade de acesso na cobertura nacional. Mas isso, tecnicamente, não era fácil[498]. De facto, só em meados da década de 80 foi possível começar a pensar em microcoberturas. Tal como é explicado por José Manuel Nunes, as redes de que Portugal dispunha desde os anos 60 não permitiam a cobertura total do país, e só

> "com a atribuição a Portugal de mais três redes nacionais e cerca de três centenas de frequências de pouca potência no novo espectro do FM entre os 100 e 108 MHz foi possível começar a pensar em microcoberturas. Apesar das dificuldades de espectro, pois as rádios locais consumiram avidamente todo o espectro disponível, as microcoberturas tornaram-se possíveis devido aos progressos das técnicas de computação de simulação de coberturas. O espectro radioelétrico foi melhor

---

[498] Deve recordar-se que a propagação em VHF é feita em linha de vista e sofre com a existência de obstáculos geográficos.

aproveitado e foram vencidas as dificuldades sempre colocadas pelo regulador, na altura o ICP"[499].

Na segunda metade da década, a RDP define novas prioridades técnicas. Houve um investimento em material digital para os estúdios e material estéreo para a reportagem em exterior. Mas o mais relevante foi o facto de a rádio pública ter definido metas concretas relativas para o desenvolvimento técnico de cada canal. No caso da Antena 1, a RDP avança com a autonomização das duas redes (de FM e OM); com o desenvolvimento da FM, implantando a estereofonia, completando a sua cobertura e implementando o Radio Data System (RDS)[500]. Quanto ao Programa 2, a prioridade da RDP era, claramente, a cobertura nacional em FM, uma vez que a OM havia sido abandonada. Num dos investimentos mais relevantes do final da década de 80, as emissões internacionais em OC seriam, também, reforçadas com novos emissores (ao que corresponderia um aumento da programação para África). Como a RC era vocacionada para o mercado e não para a cobertura do território, a RDP entendia terminar com os desdobramentos das emissões regionais, apostar numa emissão nacional, reforçando algumas áreas urbanas, bem como criar um canal em Lisboa, à imagem da Rádio Porto. De acordo com a política de regionalização, como já foi referido, a RDP pretendia, ainda, instalar emissores de FM nas capitais de distrito em que fosse possível garantir o equilíbrio financeiro dos equipamentos.

Foi uma época de importantes avanços na rádio pública. No âmbito do desenvolvimento técnico devem ainda destacar-se a instalação, em 1986, de um sistema de feixes hertzianos para o transporte de programas entre

---

[499] Entrevista realizada a 31 de março de 2010.

[500] O RDS é um sistema de transmissão de dados não audíveis através de radiodifusão. Permitia, por exemplo, a identificação da estação no visor do rádio, a transmissão de pequenos texto-s, a alternância de frequência quando há diminuição da potência do sinal, a sintonia automática de conteúdos (nomeadamente de trânsito), ou a catalogação de estações de acordo com o tipo de programa. Foi regulamentado em Portugal com o Decreto-Lei 305/94, de 19 de dezembro. Kopitz e Marks (1998) explicam detalhadamente as caraterísticas do sistema. A Antena 1 foi pioneira na utilização do sistema RDS, a partir de setembro de 1988. Mas o projeto continuaria ainda a ser desenvolvido nos anos seguintes; em 1999, seria estendido a toda a rede de FM (cf. *Relatório e Contas da RDP*, de 1989).

Lisboa, Porto e Coimbra[501]; e a primeira transmissão via Eurorádio[502], em 1988, pelo Programa 2. Tratou-se de um concerto, transmitido em direto, via satélite, com uma assinalável qualidade sonora[503].

A regulamentação

Com a já referida revogação do seu estatuto, em 1979[504], teve início a "fase mais crítica da RDP, traduzida numa sucessão de situações mal definidas"[505]. Como o diploma não foi ratificado pela AR, a RDP acabaria por ficar a viver, até 1984, de acordo com o diploma que orienta genericamente as empresas públicas. Porém, a solução era manifestamente desadequada, devido à insuficiência do diploma[506]. A situação, embora provisória, vai-se arrastando. Em maio de 1984 é, finalmente, aprovado o estatuto da RDP[507]. Para trás, ficarão duas propostas declaradas inconstitucionais. A Lei da Radiodifusão, cuja publicação fazia parte dos objetivos do governo, ainda esperaria mais quatro anos.

O estatuto da RDP veio enquadrar a empresa ao nível normativo e orgânico. É ressalvada a sua autonomia de gestão e administração, assim como a independência em relação aos poderes político e económico. É definida a atribuição principal da RDP, como sendo a prestação do serviço público. Quanto aos canais, a tutela estabelece a existência mínima de três programas nacionais e define linhas gerais de programação, ao contrário do que acontecia no primeiro estatuto. A RDP deveria, então, ter informação pluralista e rigorosa; promover a liberdade de acesso às diferentes correntes de pensamento; incentivar a participação do público e do debate

---

[501] Cf. *Relatório e Contas da RDP*, de 1986. Esta rede de distribuição seria desenvolvida nos anos seguintes, e interligaria todos os centros de produção, incluindo o de OC, os emissores e a rede de DAB.

[502] Intercâmbio de programas entre membros da União Europeia de Radiodifusão.

[503] Cf. *Relatório e Contas da RDP*, de 1988.

[504] Cf. Decreto-Lei n.º 17/79, de 8 de fevereiro.

[505] Cf. Preâmbulo do Decreto-Lei n.º 167/84, de 22 de maio.

[506] Cf. Preâmbulo do Decreto-Lei n.º 167/84, de 22 de maio.

[507] Decreto-Lei n.º 167/84, de 22 de maio.

crítico; respeitar e divulgar a cultura do passado, com particular destaque
para os temas ou autores nacionais; ser didática e divulgadora, revelando
artistas ainda não conhecidos; desenvolver uma programação transversal
e adaptá-la de acordo com os resultados de consultas periódicas aos públicos; lutar contra o analfabetismo; cuidar da integração social de crianças
e adolescentes; estimular o desporto, o civismo e o patriotismo, lutando
contra a degradação social. De acordo com o estatuto, a rádio pública
devia, ainda, estabelecer laços com as comunidades portuguesas residentes
no estrangeiro, através das emissões em OC e proceder à regionalização
das suas emissões. Os órgãos da empresa são alterados, passando a ser
compostos por um conselho geral, um conselho de administração e uma
comissão fiscal. Todos eles tinham uma maioria mais ou menos significativa
de membros eleitos pelo governo[508].

Na sequência da aprovação dos estatutos, são feitos novos ajusta-
mentos estruturais. Ao mesmo tempo, a RDP inicia uma política de
redimensionamento da empresa, associada à descentralização dos centros
de produção[509]. Além disso, são resolvidas várias situações de impasse
relativas ao vínculo laboral de alguns trabalhadores[510]. É um momento
importante na implantação da empresa que, paralelamente, consegue
subir as audiências, sobretudo, graças ao desempenho da RC.

O fim das orquestras da RDP

As Orquestras Sinfónicas da RDP são extintas em 1989, culminando
um processo de degradação particularmente forte nessa década. Porém,
o processo ainda se irá arrastar durante alguns anos.

A Orquestra Sinfónica de Lisboa da RDP (inicialmente Orquestra
Sinfónica Nacional) havia sido fundada pelo maestro Pedro de Freitas
Branco. A sua primeira apresentação data de 26 de novembro de 1935, no

---

[508] Cf. Decreto-Lei n.º 167/84, de 22 de maio.

[509] Cf. *Relatório e Contas da RDP*, de 1984.

[510] Cf. Decreto-Lei n.º293/84, de 30 de agosto.

São Luiz, em Lisboa[511]. Durante mais de 50 anos a orquestra interpretou inúmeras obras e contou com a participação de várias figuras importantes do meio erudito, nomeadamente maestros e solistas. Ao longo dos anos foi constante a sua dedicação à estreia de obras portuguesas contemporâneas e, também, à atividade de gravação.

Nos anos 60, Joly Braga Santos destacava-a como "o organismo colectivo mais valioso da vida musical portuguesa"[512]. Porém, já nessa época, a EN assumia as dificuldades em recrutar músicos para os seus agrupamentos; por um lado, o meio musical era limitado e, por outro, havia limitações orçamentais impostas pelo contexto nacional, que impediam remuneração da exclusividade. Nesse sentido, há algum tempo que a EN recorria a instrumentistas que fizessem já parte dos quadros do Estado em qualquer outro serviço, nomeadamente aos professores de música[513]. Embora houvesse quem defendesse a passagem a organismo autónomo, Clemente Rogeiro cedo assumiu a importância de uma orquestra que se pudesse dedicar exclusivamente à emissora[514]. Porém, o orçamento dedicado à orquestra era apertado[515]. A situação acabaria mesmo por levar o maestro Álvaro Cassuto (subdiretor da orquestra, que estava sem maestro titular desde a morte de Pedro de Freitas Branco, em 1963) a sugerir a criação de um grupo de amigos da orquestra, que pudessem ajudar a sustentar os necessários gastos e a desenvolver a sua atividade[516].

A década de 70 marca a degradação deste sector da rádio pública. Com todas as mudanças ocorridas entretanto na rádio, em 1975, a RDP já só tem três orquestras: a Ligeira e as Sinfónicas de Lisboa e do Porto, agrupadas num departamento, cuja direção artística estava a cargo de

---

[511] Cf. *Informação Rádio – Boletim interno da RDP*, n.º6, de maio de 1985.

[512] Cf. *Rádio e Televisão*, de 4 de janeiro de 1964, p. 5.

[513] Cf. *Ordem de Serviço* série A, n° 91, de 22 de dezembro de 1964.

[514] Cf. ROCHA, N. 1971. Entrevista a Clemente Rogeiro. *Diário Popular* de 8 de janeiro de 1971, pp. 26-27.

[515] Os gastos eram pesados e não só com a sinfónica da EN. Em 1970, a emissora gastou quase cinco mil contos com a Orquestra Sinfónica do Porto, à qual também estava ligada (Cf. ROCHA, N. 1971. Entrevista a Clemente Rogeiro. *Diário Popular* de 8 de janeiro de 1971, pp. 26-27).

[516] O grupo foi criado ainda no início de 1974 (cf. jornais *A Capital*, de 13 de março de 1974 e *Diário de Lisboa* de 24 de fevereiro de 1974).

José Atalaya[517]. Antes do final dessa década, tinham pouco mais de 200 músicos[518] e uma atividade dinâmica, habitualmente feita de forma gratuita. Custavam à RDP cerca de cem mil contos por ano e não geravam receitas, pelo que o seu futuro começa a ser ponderado[519].

O excessivo peso acarretado pela Orquestra Sinfónica do Porto, que entretanto passara para a alçada da EN, influencia determinantemente as condições deste sector da rádio. De facto, as orquestras eram um encargo pesado para a RDP. E parte das indemnizações compensatórias que a empresa recebia, a elas se devia. A reestruturação era, pois, uma intenção presente.

Em 1985 decide-se terminar com esta situação. A tutela queria ter um papel ativo no sector. A estratégia passa pela criação de uma "régie cooperativa de interesse público"[520], para a qual transitariam as orquestras. Na Régie Cooperativa Sinfonia participavam a RDP, a RTP e o Estado (com maioria do capital). Mas havia abertura para a participação de autarquias ou outras entidades que permitissem uma diversificação do financiamento[521]. O diagnóstico da situação feito pelo governo era claro: as orquestras eram um "problema agudo no panorama artístico do País"[522]. Elas eram consideradas um pesado encargo para a rádio pública, o que, apesar do recebimento de indemnizações compensatórias, havia levado à sua degradação.

Os músicos e demais pessoal afeto às orquestras passariam, pois, para a Sinfonia em regime de comissão de serviço. Porém, o enquadramento das orquestras na cooperativa não foi feito de imediato: a Orquestra Sinfónica do Porto foi integrada apenas em 1989, e só no ano seguinte seria a vez da sua congénere de Lisboa; a Ligeira (cuja reorganização

---

[517] Foi à frente das orquestras da RDP que Atalaya criou as "Quinzenas Musicais", festivais musicais de intercâmbio entre países.

[518] Era, porém, assumida a falta de intérpretes no corpo de orquestras da RDP.

[519] Cf. *Relatório da Comissão Administrativa da RDP*, com data de 12 de julho de 1979.

[520] Cf. Decreto-Lei n.º434/85, de 23 de outubro e Decreto-Lei n.º435/85, de 23 de outubro.

[521] Essa diversificação veio, de facto, a acontecer com as autarquias de Lisboa, Porto e Braga, e com a Caixa Geral de Depósitos.

[522] Cf. Decreto-Lei n.º434/85, de 23 de outubro e Decreto-Lei n.º435/85, de 23 de outubro.

esteve prevista)[523], viria a envelhecer, até desaparecer por completo[524]. Após a saída das orquestras, a RDP passou a apoiar financeiramente a Cooperativa Sinfonia[525].

Porém, a Régie Sinfonia não resultou. E à extinção das orquestras da RDP segue-se um período de indefinição. Em 1992, a Sinfonia já não é maior do que uma orquestra de câmara, com sede no Porto, e composta por músicos, sobretudo, estrangeiros. Entretanto, em Lisboa, os instrumentistas estavam parados desde o último concerto da Sinfónica da RDP, em dezembro de 1989, e acabam por regressar à rádio. Depois da extinção das orquestras da RDP, a tutela avançará com a criação, no Teatro Nacional de S. Carlos, da Orquestra Sinfónica Portuguesa, em 1993. De acordo com José Manuel Nunes, o destino das orquestras da rádio havia sido traçado pela tutela:

> "Manter duas orquestras sinfónicas dignas e com qualidade é uma missão nobre mas cara. Os meios financeiros de que a RDP dispunha, mesmo na sua época de estabilidade financeira (...) não dariam para cumprir esse objetivo. O Estado não quis financiar um programa de reforma das orquestras da RDP, decidindo gerir directamente o sector sinfónico e operático"[526].

---

[523] Cf. *Relatório e Contas da RDP*, de 1989.

[524] Cf. Entrevista de José Manuel Nunes, realizada em 31 de março de 2010.

[525] Além do apoio à Sinfonia, a RDP encomendou concertos à Orquestra do Porto, em 1992. Essas formas de apoio não eram exclusivas para esta estrutura. Isso acontecia com outras orquestras, como a Metropolitana de Lisboa ou a Sinfónica Juvenil (cf. *Relatório e Contas da RDP*, de 1982).

[526] Cf. Entrevista realizada em 31 de março de 2010.

A DÉCADA DE 90: A MAIORIDADE

A reconfiguração do sector

Em funções desde 1989 está a administração liderada por Manuel Cardoso de Menezes[527]. O cenário que se coloca a esta direção é completamente novo. O mapa das 402 novas frequências locais tinha sido publicado em outubro de 1988[528]. O mercado em que a RDP se encontra ao virar da década é, pois, parte de um sector em ebulição, com novas rádios, novos formatos e uma luta feroz pelas audiências e respetivas receitas publicitárias (na qual, em breve, entram novos canais de televisão). Acentua-se a progressiva fragmentação do público da rádio, à mercê das múltiplas possibilidades de escolha. A rádio pública ressente-se imediatamente, com uma quebra nas receitas publicitárias, logo em 1988.

Neste novo contexto comercialmente agressivo, e face à sua perda de quota, a RDP tenta afirmar-se para além destas pressões:

> "o serviço público de radiodifusão é, em primeira linha, um projecto cultural que há-de estar acima e para além da precariedade dos projectos meramente comerciais com os quais concorre na disputa não obsessiva das audiências"[529].

---

[527] Inclui os vogais Fausto Correia, Isilda Matos, Jaime Fernandes e João David Nunes. Em 1990 (a 8 de novembro), sairia João David Nunes.

[528] Note-se que o processo só foi concluído efetivamente em março de 1989; as frequências regionais só são atribuídas em 1990 (Azevedo, 2001)

[529] Cf. *Relatório e Contas da RDP*, de 1989, p. 8.

Porém, a RDP continuava nesta altura com um posicionamento - aliás, muito comum em operadores de SP, dividido entre a sua vocação cultural e a sedução das receitas do mercado. Mesmo que o pretendesse efetivamente fazer, dificilmente a RDP conseguiria assumir a preponderância da sua dimensão cultural. Afinal de contas, um posicionamento maioritariamente cultural só é eficaz se a imagem da estação for boa. Se houver uma base que se apoie na imagem e na credibilidade e não nas audiências. E a RDP chegava a este momento com uma pesada tarefa que importava resolver. Um estudo efectuado em 1989 revelava que a empresa não detinha qualquer perfil de imagem junto do público[530]. A solução desse problema será um dos grandes avanços da RDP na década de 90.

Nesta altura, a participação e o poder estatais no mercado dos *media* estavam em profunda mutação. É o momento em que o monopólio televisivo termina. O Jornal de Notícias e o Diário de Notícias são privatizados. Nasce o jornal Público. Muitos projetos desaparecem[531]. E esse processo é, também, evidente na rádio. Os primeiros anos após a legalização marcam a lenta consolidação do mercado e o colapso dos projetos que não estavam preparados para sobreviver. A ineficácia de algumas empresas num mercado muito competitivo, acabou por ditar o fim de dezenas de rádios e a compra de frequências por estações com outros meios e aspirações.

Com o passar do tempo, o sector da rádio movimentará cada vez menos dinheiro. O investimento feito em *outdoors* ultrapassa pela primeira vez o que é feito na rádio[532]. Com a multiplicação e o estabelecimento dos competidores, as receitas publicitárias das estações comerciais da RDP estão em queda[533]; curiosamente, as estações locais públicas vivem ainda uma tendência contrária.

---

[530] Cf. Estudo do CEMASE, Centro de Estudos de Mercado e Análise Sócio-Económica.

[531] É o caso do semanário Tempo ou do Diário de Lisboa, que não chegariam a 1991.

[532] A fatia que a rádio tem no bolo do mercado continua a cair e, no início da década, fica nos 8% (cf. *Relatório e Contas da RDP*, de 1990).

[533] Cf. *Relatório e Contas da RDP*, de 1990.

A venda da Rádio Comercial

Uma das mais importantes mudanças estruturais na história da RDP é a venda da RC, que acontece em 1993. As implicações dessa alienação estão na base do momento em que RDP assumirá, definitivamente, a missão de SP como a sua atividade principal, de uma forma que ainda não tinha acontecido.

A venda da RC enquadra-se no contexto iniciado na década anterior. Nos anos 80, a vaga liberalizadora que se sentia pela Europa chega a Portugal. E em meados da década, Portugal assiste a uma intensificação do debate sobre a abertura de canais privados de televisão. É, também, o reflexo da adesão de Portugal à CEE (Reis, 1996). O Partido Social Democrata (PSD) pretendia abrir os *media* audiovisuais ao sector privado. E, quando toma posse, em 1985, o X Governo Constitucional[534] apresenta como um dos seus objetivos programáticos a diminuição, a médio prazo, do peso do Estado no sector dos *media*[535]. Imediatamente, as notícias começam a dar conta da possibilidade de privatização da RC[536], através da cedência da rádio a grupos privados pelo período de uma década[537]. Na frente da corrida pelo ex-RCP, surgem o Grupo Correio da Manhã e os herdeiros naturais, a família Botelho Moniz.

Neste momento, os meios político e empresarial estavam alinhados em relação à abertura do sector. Na oposição, o Partido Socialista (PS), que vinha a público denunciar "degradação" e "ilegalidades" na RC[538], era igualmente favorável à abertura do mercado aos privados. Porém, o PS defendia que tal não deveria ser feito à custa das emissoras públicas e, por isso, insurgia-se contra a eventual concessão da RC à iniciativa privada[539].

---

[534] O governo esteve em funções de 6 de outubro de 1985 a 17 de agosto de 1987.

[535] O enquadramento legislativo desta intenção será posteriormente feito pelo Decreto-Lei n.º358/86, de 27 de outubro e pela Lei n.º20/86, de 21 de julho. Mais tarde, a Lei n.º24/87 vem alterar o Decreto-Lei n.º358/86.

[536] Cf. Comercial degrada-se. *Diário de Lisboa*, de 5 de novembro de 1986.

[537] Cf. Rádio Comercial prepara 'aluguer'?. *Expresso*, de 1 de novembro de 1986.

[538] Cf. PS rejeita planos do Governo para a comunicação social do Estado. *O Diário*, de 6 de novembro de 1986.

[539] Cf. PS recusa a privatização à custa da RDP e da RTP. *Diário de Notícias*, de 06 de novembro de 1986.

Cai o governo em 1987, transitando este processo para o próximo executivo de Cavaco Silva, desta feita já com maioria parlamentar. No seguimento do que havia sido iniciado, o novo governo vai redimensionar, regular e liberalizar o sector dos *media*. O programa de governo explicitava que "a intervenção do Estado limitar-se-á à garantia de um serviço público mínimo na Rádio e na Televisão"[540]. Estava, assim, iniciado o processo. Porém, embora o sector dos jornais pudesse avançar desde logo, a venda da RC implicaria alterações legislativas. E a prioridade do executivo, no sector da rádio, era a lei dos licenciamentos[541].

Recuando ao pós-25 de abril, constata-se que a manutenção de uma rádio comercial dentro da emissora de serviço público nunca foi consensual. Eram dois contextos com objetivos e métodos de trabalho diferentes. Já em 1976, João David Nunes[542], apartava as duas realidades, defendendo uma crescente autonomia e diferenciação de identidades: "não podem ambas ter o mesmo tipo de gestão e de programação, para além de sectores específicos, como os serviços técnicos e alguns serviços de apoio"[543]. A previsão de David Nunes estava correta. A autonomia seria bem reconhecida, como explica Jaime Fernandes que, na altura, desempenhava funções diretivas na RC:

> "nós conseguimos montar uma direção forte (...) e como era uma rádio de grande sucesso a todos os níveis, quer na área da programação, quer na área comercial, havia respeito pela autonomia da RC. A possibilidade que nos deram sempre de ser autónomos e de não ter grandes ou nenhumas interferências (...) fez com que nós tivéssemos tido a possibilidade (...) de sermos particularmente inovadores e de ter feito ali experiências (...) que, na generalidade, consolidaram a imagem da RC como uma rádio diferente, uma rádio inovadora"[544].

---

[540] Cf. Programa do XI Governo Constitucional [online]. [Acedido em 14 de março de 2010]. Disponível em: http://www.psd.pt/archive/doc/GC11.pdf.

[541] Cf. Privatização dos jornais pode avançar já. *Semanário*, de 5 de setembro de 1987.

[542] Um dos mais reconhecidos profissionais do RCP, dirigiu posteriormente a RC e fez parte do CA da RDP.

[543] Cf. Realizadores da RDP debatem problemas da rádio. *A Capital*, de 29 de novembro de 1976.

[544] Entrevista realizada em 15 de janeiro de 2010.

Com efeito, as receitas publicitárias da RC eram consideráveis e, em meados dos anos 80, o canal tinha mais de metade do mercado publicitário[545]. A rentabilidade era, obviamente, o motor da programação comercial[546]. Se o SP programava com um fim cultural, a RC programava com outro objetivo.

Entre 1979 e meados da década seguinte, a RC é o grande competidor da RR. A RC diferencia-se, logo no início da década de 80 quando, como explica Jaime Fernandes:

> "começa a arriscar novas soluções e o FM consegue ser uma marca muito distinta. Logo se tornou líder de audiência. Há surpresa inicial, depois consolida-se... e durou forte até 85, quando começaram a aparecer as primeiras rádios piratas"[547].

A RC definia-se como uma rádio "urbana, jovem e dinâmica"[548]. Em 1983 chega a ter 48% da audiência entre os 12 e os 24 anos, praticamente o dobro do que a RR conseguia na mesma faixa etária (28%). Nos locais com mais de 30 mil habitantes, esse valor subia para 64%; além disso, nos aglomerados populacionais maiores, 47% do auditório preferia a RC, enquanto apenas 31% preferiam a RR[549]. A estação chega a 1985 com uma audiência de 19%. Escassos três anos depois, esse valor é dramaticamente inferior, situando-se apenas nos 8% (Mesquita et al., 1996). Naturalmente, para a RDP, a importância das receitas e das audiências da RC era um dos principais obstáculos à separação. Antes da privatização, e mesmo depois de já estar numa fase descendente, a RC era ainda responsável por mais de metade da audiência da RDP.

---

[545] Tal como pode ser visto nos relatórios e contas da rádio pública, a partir de 1979, as vendas de publicidade da RC subiram anualmente. Em 1983, por exemplo, a faturação publicitária da rádio representava 59% do mercado, rendendo 341,1 mil contos.

[546] Um exemplo claro das diferentes filosofias era o dos programas desportivos. Enquanto o Canal 1 tinha obrigações de serviço público na cobertura de acontecimentos desportivos – acompanhava grande parte dos jogos do campeonato de futebol; a RC tinha em conta critérios de rentabilidade e transmitia apenas o mais importante.

[547] Entrevista realizada em 15 de janeiro de 2010.

[548] Cf. *Relatório e Contas da RDP*, de 1983, p. 13.

[549] Cf. *Relatório e Contas da RDP*, de 1983.

Estatutariamente, era-lhe atribuída uma fatia na missão da rádio pública: "exercer, dada a audiência de que dispõe, uma missão de serviço público, bem como uma função moralizadora do 'mercado' de radiodifusão, não sendo a maximização do lucro o seu objetivo essencial"[550]. Este enunciado deve, também, ser entendido no momento e no contexto em que ele é feito. Nesta altura, a RC é cada vez menos lucrativa, o seu desempenho no mercado estava em declínio e a privatização estava já em cima da mesa. Nessa altura, o discurso das administrações tornava-se cada vez mais direcionado para a missão do serviço público, afastando-se da assunção da necessidade de audiência[551].

No outono de 1987 o panorama radiofónico era de plena confusão e de concorrência cerrada. Perante as rádios piratas, as rádios legalizadas estavam a perder progressivamente audiência (Mesquita et al., 1996). O espectro radioelétrico estava apinhado de estações que interferiam nas transmissões umas das outras, incluindo nas das rádios legalizadas. O público-alvo (e a respetiva publicidade) da RC já não era só disputado com a RR. Havia a recém-criada RFM[552], a Rádio Correio da Manhã ou a Rádio Cidade[553]. O desafio da RC era agora diferente. O mercado da capital concentrava uma grande parte dos potenciais ouvintes em FM do país, pelo que a luta que aqui se travava pela liderança no mercado era feroz, sobretudo entre RFM e Correio da Manhã. A RC tinha estagnado, apresentava uma programação considerada tradicional e, claramente, havia perdido ouvintes – o figurino mais "música e menos palavras" começava o seu reinado[554]. A estagnação da RC era atribuída à dúvida sobre o futuro da rádio que, entre governos, se havia gerado[555].

Porém, nesta altura, o futuro da RC era já, inequivocamente, a privatização. Perante esta possibilidade, os ex-sócios do RCP pressionam

[550] Cf. *Ordem de Serviço* série A, n.º22/90, de 08 de novembro

[551] Cf. *Relatório e Contas da RDP*, de 1992.

[552] Canal da Renascença, de conteúdo musical que começou a emitir a 1 de janeiro de 1987, usando a rede nacional que havia sido atribuída em 1985.

[553] Cf. Rádios em disputa, Televisão em paz. *Expresso*, de 26 de setembro de 1987.

[554] Cf. Rádios em disputa, Televisão em paz. *Expresso*, de 26 de setembro de 1987.

[555] Cf. Rádios em disputa, Televisão em paz. *Expresso*, de 26 de setembro de 1987.

o governo, no sentido de serem indemnizados e de lhes ser entregue o que haviam perdido com a nacionalização[556]. Uma das hipóteses que inicialmente tomou forma foi a realização da privatização por concurso público. No mercado ecoam os nomes dos potenciais interessados: a família Botelho Moniz, Carlos Barbosa, João David Nunes (o diretor em funções na altura) e João Martins (o produtor que detinha a publicidade da rádio na zona norte do país)[557]; ao longo dos anos, serão, aliás, estes os nomes recorrentes, a que se juntarão, ocasionalmente, o grupo FNAC com a TSF, Belmiro de Azevedo, a Assembleia Universal do Reino de Deus, a Lusomundo e mesmo a Antena 3 espanhola.

Claramente, a abertura do mercado sentenciou o declínio da RC. E com a legalização das privadas, os problemas agudizaram-se, como explica Jaime Fernandes:

"como faturávamos muito bem do ponto de vista comercial, nós tínhamos capacidade orçamental para estar sempre a inovar (...) íamos buscar os melhores. Com a fragmentação da publicidade através das rádios locais, (...) a publicidade começa a ser distribuída e a RC começa a ter dificuldades, e eu diria que, a partir de 90, 91, a RC perde todo o élan"[558].

O próprio sector sempre fora hostil à situação:

"a pressão sempre foi muito grande (...) e começam a aparecer os privados a perguntar porque é que isto, sendo uma estação comercial, há-de estar no serviço público que, ainda por cima recebe taxas. (...) a RR era quem mais fazia pressão sobre os governos da época. Nem era tanto pela venda, era por alguns privilégios que a empresa tinha, nomeadamente, o facto de poder ter publicidade"[559].

---

[556] Cf. Governo atribui em novembro frequências radiofónicas. *Expresso*, de 3 de outubro de 1987; MONIZ, J. B. 1987. Rádio – a (i)legalidade. *Diário de Notícias*, de 13 de outubro de 1987.

[557] Cf. Rádio Comercial será privatizada em Outubro de 88. *Expresso*, de 17 de outubro de 1987.

[558] Entrevista realizada em 15 de janeiro de 2010.

[559] Entrevista realizada em 15 de janeiro de 2010.

O destino da RC é traçado precisamente por esta conjunção de pressões políticas e de mercado.

Com a aproximação da alienação, forma-se um clima de tensão permanente na RDP, motivado pela escolha de quem vai ou não com a rádio e pelas próprias reestruturações internas; há trabalhadores que ficam na rádio pública mas não têm trabalho ou espaço nas instalações[560]. Na RC, a crise é evidente, antes da separação da rádio pública. A saída de João David Nunes, em 1988, havia marcado o início do declínio[561]. Segundo Pedro Castelo, a degradação da situação devia-se à saída de muitos profissionais[562], à insuficiência das condições técnicas, à falta de uma estratégia de resposta ao novo mercado das privadas, e mesmo à vontade política[563]. Mais do que isso: devia-se ao desinvestimento feito pela RDP[564].

Recuando alguns anos, constata-se que a possibilidade de a estação ser privatizada esteve sempre no horizonte da RC. E isso teve consequências. Como explica João David Nunes, "trabalhámos sempre na corda bamba, e sempre a abanarem-na"[565]. Até que a situação acabou por se tornar insustentável. Havia a convicção de que a fase que a RC atravessava teria sido evitada se a estação tivesse respondido adequadamente, primeiro ao aparecimento da RFM, e depois à liberalização do mercado. Uma das respostas possíveis teria sido a antecipação da privatização. David Nunes, num relatório apresentado em 1982, chegou a alertar para essa situação. Era, aliás, uma opinião partilhada por Soares Louro, que justificava o atraso na privatização com as prioridades políticas[566]. Internamente, havia quem defendesse que a estação tinha sido penalizada, em detrimento dos canais não comerciais[567].

---

[560] Cf. Mexidas na RDP antecedem processo de privatização. *Expresso*, de 6 de fevereiro de 1993.

[561] Cf. Memórias. *Visão*, de 25 de março de 1993.

[562] A existência de uma tabela salarial fixa, na RDP, impedia pagamentos mais altos, o que penalizava a empresa no mercado de trabalho, quando confrontada com a oferta de outras estações.

[563] Cf. Pedro Castelo. *TV Guia*, de 12 de dezembro de 1992.

[564] Cf. Na bolsa, a vida. *Sábado*, de 26 de março de 1993.

[565] Cf. Memórias. *Visão*, de 25 de março de 1993.

[566] Cf. Na bolsa, a vida. *Sábado*, de 26 de março de 1993.

[567] Cf. Na bolsa, a vida. *Sábado*, de 26 de março de 1993 e Memórias. *Visão*, de 25 de março de 1993.

O segundo governo de maioria liderado por Cavaco Silva toma posse em 1991. Prosseguem as políticas de privatização e liberalização. Com o Diário de Notícias está terminada a privatização de títulos da imprensa escrita. Ao mesmo tempo, avança o concurso para a atribuição dos dois canais de televisão privados. O programa do governo anuncia a privatização da RC e a limitação do serviço público de rádio à garantia do serviço mínimo. Prevê, também, a passagem da RDP a sociedade anónima e a adaptação da Lei da Rádio, após a experiência dos primeiros anos[568]. O anúncio da privatização e da alteração de estatuto é feito a 30 de novembro de 1991 (Mesquita, 1996).

A administração da RDP muda em 1992. À chegada, João Soares Louro, que dirigia a nova administração, fazia um diagnóstico muito claro em relação à subordinação política da estação: "nunca o poder político fosse ele qual fosse, soube resistir à tentação de colocar as suas clientelas nos órgãos de comunicação social. E a RDP não foi excepção à regra"[569]. Louro trazia uma atitude mobilizadora, perante a mudança que se avizinhava[570]; a nova administração tinha instruções da tutela no sentido de reestruturar a empresa com urgência[571]. E a sua primeira missão seria a privatização da RC com todos os seus trabalhadores; terá sido, aliás, por assumir que essa tarefa seria impossível, que a anterior administração havia saído[572]. Louro assumia a estranheza da situação, do ponto de vista dos princípios do serviço público: "a vocação da RDP como serviço público não era ter no seu seio uma empresa comercial. Naturalmente, havia falta de experiência e de recursos, não se tinha uma perspetiva eminentemente comercial"[573]. A situação estava próxima da resolução e o ano seguinte, 1993, marcaria a viragem da empresa.

---

[568] Cf. *Programa do XII Governo Constitucional* [online]. [Acedido em 28 de abril de 2010]. Disponível em: http://www.portugal.gov.pt/pt/GC12/Governo/ProgramaGoverno/ Pages/Programa.aspx. Tratava-se aqui, sobretudo da reordenação de frequências e da regulamentação das cadeias de rádios, que até então não era permitida.

[569] Cf. *Ordem de Serviço* série A, n.º21/92, de 29 de outubro.

[570] Cf. *Ordem de Serviço* série A, n.º5/92, de 2 de abril.

[571] Cf. *Relatório e Contas da RDP*, de 1992.

[572] Cf. Notícia breve sem título. *Semanário*, de 28 de março de 1992, p. 9.

[573] Cf. Na bolsa, a vida. *Sábado*, de 26 de março de 1993.

O processo de privatização tem início. No entanto, cedo se percebe que o prazo estabelecido não vai ser cumprido. A situação era complexa, uma vez que a RC não tinha ao seu serviço apenas os meios do RCP aquando da nacionalização. Depois da junção das empresas, haviam sido feitos muitos investimentos pela RDP e, frequentemente, havia partilha de meios. Era preciso perceber qual o património que iria ser separado e quanto valia a RC[574]. O património da futura RC S.A. incluía as redes nacionais de OM e FM, e alguns terrenos, com respectivos equipamentos. Era necessário dotar a RC de condições adequadas à futura difusão autónoma dos seus canais. Para isso, seriam, por vezes, necessárias intervenções e investimentos, para autonomizar meios[575]. Em princípio, com a RC iriam todos os seus trabalhadores, incluindo colaboradores e contratados a prazo. Mas havia muitas incertezas. Não se sabia o que iria acontecer à RCN[576]. Desconhecia-se se os compradores estariam interessados em tudo ou apenas no alvará.

No período anterior à privatização, a gestão da rádio é feita de forma a evitar investimentos desadequados, mas tentando preservar a imagem da estação[577]. Tem início uma campanha de promoção para os potenciais interessados na compra.

A RC é formalmente desligada da RDP em setembro de 1992. É desencadeado o processo legislativo para a sua passagem a empresa privada[578] e, até ao final desse ano, são desenvolvidos os restantes mecanismos legais necessários à alienação[579] e à venda[580]. São, também, conhecidas

---

[574] Foi desencadeado um processo de avaliação conduzido pelas empresas Coopers e Lybrand e Price Waterhouse (cf. Coopers e Price avaliam *Rádio Comercial*. *O Independente*, de 17 de janeiro de 1992). Note-se que estas empresas já haviam feito um serviço semelhante à RDP em 1988, com vista a uma eventual concessão da RC.

[575] Várias estações foram autonomizadas, o que implicou investimentos em obras e equipamento (cf. *Relatório e Contas da RDP*, de 1992).

[576] Cf. Coopers e Price avaliam *Rádio Comercial*. *O Independente*, de 17 de janeiro de 1992.

[577] Cf. *Relatório e Contas da RDP*, de 1992, p. 25. Em tempo de restrições, o novo programa das manhãs da OM, conduzido por Carlos Pinto Coelho, causou polémica nos jornais, devido ao elevado custo das suas emissões (cf. 3000 coelhos. *O Independente*, de 5 de junho de 1992)

[578] Cf. Decreto-Lei n.º198/92, de 23 de setembro.

[579] Cf. Decreto-Lei n.º260/92, de 24 de novembro.

[580] Cf. *Resolução do Conselho de Ministros* n.º1/93, de 3 de dezembro de 1992.

as informações em falta no processo. As avaliações das consultoras situam o património da RC acima dos 800 mil contos e o governo fixa o valor a pedir pela rádio em um milhão. Tendo em conta que os estúdios da Sampaio e Pina são arrendados, o imóvel da Rua Tenente Valadim, no Porto, será o único a fazer parte dos bens alienáveis[581]. De fora fica o terreno em Miramar, cujo valor imobiliário faria disparar os valores em causa[582].

A dúvida vai crescendo no seio dos trabalhadores da RC, o que os leva a pedir à administração que lhes conceda o direito à escolha[583]. Porém, tal não viria a acontecer, para impedir atrasos no processo[584]. Começam, pois, a ser informados, por carta, da sua integração na RDP ou na RC. De 250, quase 80 passaram para a empresa pública; e a alegada falta de critério na escolha servia para aumentar o clima de desconforto que se vivia internamente[585]. Ninguém sabia se ia, se ficava, ou se era convidado a aposentar-se. O governo estipula em 170 o número de funcionários que devem sair com a RC. A preocupação dos trabalhadores, sobretudo dos mais velhos, advinha, também, do facto de alguns dos potenciais interessados na RC considerarem esse número elevado[586]. Segundo Jaime Fernandes, o processo não foi "isento de algumas reclamações (...) e houve algumas pessoas que foram para a RC não contentes"[587].

No seguimento da separação, a RDP abandona definitivamente a publicidade nas suas emissões no último dia de 1992[588].

O desejo de Jorge Botelho Moniz[589] é trazer a RC de volta à sua família, o que passaria pela recuperação da designação RCP. Baseado nessa legitimação moral, Moniz argumenta a justeza de uma cláusula com direito

---

[581] Cf. Rádio Comercial à venda por um milhão. *Expresso*, de 15 de setembro de 1992.

[582] Cf. Rádio Comercial à venda por um milhão. *Expresso*, de 15 de setembro de 1992.

[583] Cf. Governo prepara Rádio Comercial para a privatização. *Diário de Notícias*, de 23 de setembro de 1992.

[584] Cf. Na bolsa, a vida. *Sábado*, de 26 de março de 1993.

[585] Cf. RDP recebe trabalhadores da Rádio Comercial. *Público*, de 3 de outubro de 1992.

[586] Cf. Que fazer com esta Comercial?. *O Jornal*, de 6 de novembro de 1992.

[587] Cf. Entrevista realizada em 15 de janeiro de 2010.

[588] Cf. *Relatório e Contas da RDP*, de 1992.

[589] Sobrinho do fundador do RCP e dirigente da rádio à altura da nacionalização. Note--se que existem um filho e um sobrinho do fundador do RCP e ambos têm o mesmo nome.

de preferência, nas condições do negócio[590] ou mesmo da negociação direta[591]. Moniz reúne apoios e torna-se uma voz muito presente nos *media* na altura da privatização. Ele preferia um concurso público a uma OPV e via com bons olhos a troca de ativos da RC pela dívida existente relativa à nacionalização[592]. Para Moniz, era a oportunidade de o Estado fazer justiça:

> "Nem todo o património que pertencia ao antigo RCP vai ser alienado na reprivatização da Rádio Comercial. A empresa discográfica faliu, o cinema Nimas foi vendido, bem como os terrenos da Parede, o Rádio Clube de Angola foi 'oferecido' às autoridades angolanas e a posição que detínhamos no capital social da RTP, logo abaixo do accionista Estado, foi nacionalizada e não indemnizada. Por tudo isto, pensamos ser chegada a hora de o Estado corrigir os atropelos, as ilegalidades e os erros passados, e actuar como pessoa de Bem que tem de ser"[593].

Não será por concurso público, mas sim por operação pública de venda (OPV), em três fases, que a RC será alienada[594]. Os potenciais candidatos esperam pelas regras do jogo para decidirem se avançam ou não. À partida, a OPV não excluía nenhum potencial interessado[595]. O período de subscrição das ações decorre em meados de março de 1993 e a OPV é marcada para o dia 31 desse mês.

Surgem dois concorrentes à compra da RC: Jorge Botelho Moniz e Carlos Barbosa. Moniz pretende reaver o RCP e para tal constituiu uma *holding*,

---

[590] Cf. Cooperativa apoia privatização. *Público*, de 27 de setembro de 1992.

[591] Cf. Família Botelho Moniz quer recuperar o seu histórico Rádio Clube Português. *O Dia*, de 23 de outubro de 1992.

[592] Cf. Rádio Comercial à venda por um milhão. *Expresso*, de 15 de setembro de 1992.

[593] Cf. Família Botelho Moniz quer recuperar o seu histórico Rádio Clube Português. *O Dia*, de 23 de outubro de 1992.

[594] Um bloco indivisível de 700 mil ações, a mil escudos cada, seria leiloado em bolsa. Existiam, ainda, cem mil ações, que estavam destinadas a trabalhadores atuais e antigos da RC, ao preço de 825$00; outro tanto, a 850$00 a unidade, que estava limitado à compra por emigrantes e pequenos subscritores; e as restantes podiam ser compradas por investidores em geral, ao preço de 900$00 (cf. Folheto informativo da privatização).

[595] Incluindo a Igreja Universal do Reino de Deus, que se mostrava atenta à privatização (cf. OPV sem controlo. *O Independente*, de 27 de novembro de 1992).

na qual participava Pinto Balsemão e João Martins; tinha os apoios dos grupos Mello e Espírito Santo, de Carlos Monjardino ou João David Nunes. Barbosa, pretendia expandir-se, uma vez que detinha a Correio da Manhã Rádio e o jornal com o mesmo nome. Apesar de o terem tentado, não foi conseguido entendimento entre os dois concorrentes, uma vez que nenhum estava disposto a abdicar de uma posição maioritária[596].

No dia 31 de março de 1993, Carlos Barbosa e Botelho Moniz concorriam à privatização da RC na Bolsa de Valores de Lisboa. Ao quinto lance, Moniz desiste. Carlos Barbosa[597] comprou a RC por um pouco mais de 1,2 milhões de contos[598]. À saída da Bolsa vinham juntos e sorridentes, o que imediatamente provocou especulações acerca de um entendimento entre ambos[599]. Barbosa ficava com mais de 97% do capital da RC. Os trabalhadores haviam ficado com 1,7% das ações e o público apenas com 0,08%. Adelino Gomes escrevia, no dia seguinte, que o RCP havia morrido pela segunda vez[600].

Nos anos seguintes, manteve-se uma luta de alguns trabalhadores que haviam saído com a RC, no sentido de serem reintegrados na RDP.

Para a história ficam a "Febre de Sábado de Manhã" com Júlio Isidro; o bom humor do "Pão com Manteiga", com Mário Zambujal ou Carlos Cruz, entre outros; o "Café Concerto", de Maria José Mauperrin, o modelo do que viria a ser o magazine cultural contemporâneo; os programas de Maria Elisa e Miguel Esteves Cardoso; o jazz de José Duarte, o rock de Luís Filipe Barros e a divulgação de António Sérgio; o "Diário Rural"

---

[596] Cf. Rádio Comercial vale 850 mil. *Diário Económico*, de 20 de março de 1993.

[597] Barbosa, em conjunto com João Martins, concorreu ao leilão com uma sociedade gestora de participações chamada Rádio Surpresa (cf. 'Surpresa' de Carlos Barbosa conquista a Rádio Comercial'. *O Dia*, de 1 de abril de 1993.

[598] Correspondentes ao bloco indivisível de 70% das ações por 875 mil contos, ao qual se acrescentaram as ações que não haviam sido compradas pelos trabalhadores, por cerca de 345 mil contos.

[599] Cf. Nas ondas da Rádio Surpresa. *Público*, de 1 de abril de 1993. De facto, a imprensa noticiou amplamente, nos dias seguintes, que ao quinto lance, Moniz havia desistido, depois de estabelecidos os princípios básicos de um acordo entre os dois concorrentes, com vista à repartição do capital social (cf. artigos publicados no dia 2 de abril, nos jornais O Comércio do Porto, Diário do Minho, Jornal de Notícias, Diário de Notícias, Tal e Qual, O Dia, Diário Económico, e no dia 3, no Público).

[600] Cf. A segunda morte do Rádio Clube Português. *Público*, de 1 de abril de 1993.

e o "Piquenicão"; os concertos dos Tubes e dos Status Quo, e a oferta de um elefante ao Jardim Zoológico de Lisboa[601]. A RC trouxe o sexo para o éter, pela primeira vez, na rádio portuguesa. Por lá passaram Rui Morrison, Dora Maria, ou Pedro Castelo. Os Parodiantes de Lisboa com "Graça com todos"; Jaime Fernandes com a música country, Cândido Mota com o "Passageiro da Noite". A RC marcou o seu tempo pela inovação e uma dinâmica assinaláveis, sobretudo nos primeiros anos da década de 80, altura em que teve nas suas emissões um invejável grupo de profissionais. Foi a base da rádio moderna em Portugal.

As reestruturações da RDP

A RDP começa a década com menos 127 funcionários do que em 1989[602]. Esse emagrecimento deveu-se, sobretudo à saída dos músicos das orquestras[603], cuja extinção já foi descrita. O sistema de cobrança de taxas atingia agora (14 anos depois) a totalidade do território[604]. Este é um momento importante na vida económico-financeira da RDP, que, na generalidade, vinha a evoluir favoravelmente[605]. É que, em 1991, a RDP tem um resultado líquido negativo, o que já não acontecia havia oito anos[606]. Trata-se, claramente, de um momento de crise[607]. Esse era um dos motivos que levava a administração a considerar que a situação a médio prazo da empresa exigia uma mudança no rumo da gestão.

---

[601] Cf. Memórias. *Visão*, de 25 de março de 1993.

[602] Em 1990 tinha 1898 trabalhadores.

[603] Cf. *Relatório e Contas da RDP*, de 1990.

[604] O protocolo celebrado com a EDP resultou, de facto, num aumento da eficácia na cobrança, primeiro no continente e depois nas ilhas.

[605] Cf. *Relatório e Contas da RDP*, de 1990.

[606] Na raiz do problema esteve, sobretudo, o não recebimento de um subsídio estatal previsto; mas além disso, houve atrasos na atualização prevista da taxa e a publicidade trazia menos proveitos (cf. *Relatório e Contas da RDP*, de 1991).

[607] De acordo com o CA, "após uma fase de políticas orientadas para a melhoria da situação financeira, centradas na optimização das condições de cobrança, no encurtamento dos prazos de pagamento, e recebimento e na recuperação das dívidas, é crucial reorientar a estratégia da Empresa com vista a melhorar a situação económica que inequivocamente se degradou" (*Relatório e Contas da RDP*, de 1991, pp. 19-20).

Porém, não chegará a fazê-lo, uma vez que é substituída antes do final do primeiro trimestre de 1992.

A nova administração de Soares Louro[608] chega à RDP com a incumbência de melhorar a imagem da empresa, os produtos radiofónicos, as condições de trabalho, as condições de transmissão e cobertura, e reduzir os efetivos. O seu plano de ação era apresentado através de quatro linhas: reestruturar, redimensionar, reinstalar e reequipar. O diagnóstico, que será feito ao longo de vários meses, é claro: existia uma estrutura pesada e burocrática, instalações dispersas e degradadas, pouca autonomia e flexibilidade decisória, desadequação de órgãos existentes, incumprimento de planos de desenvolvimento e falta de comunicação[609].

Soares Louro avança, então, com uma nova macroestrutura da empresa, que marca a partida para uma nova fase na RDP. Desde logo, o excesso de trabalhadores é enfrentado com o estabelecimento de condições especiais para a aposentação ou cessação de contratos[610]. As grelhas de programas são, também, prontamente alteradas, porque importava diferenciar a RDP face aos canais comerciais. Nessa altura, as estações da RDP mudam (temporariamente) de nome, adotando a designação RDP 1 e RDP 2 (e logo depois Rádio Cultura[611]). As alterações são amplas: o sector do desporto passa para a alçada da direção de informação, é reestruturado o mapa de blocos informativos diários e surge a primeira editoria especializada (em economia[612]). Como resposta da empresa à saída da RC da sua esfera, são implementadas oito horas de emissões

---

[608] Toma posse a 30 de março de 1992 um novo conselho de administração. Dirigido por João Soares Louro, o elenco administrativo conta com os vogais Jaime Fernandes (que faz a ponte com a administração anterior), Fernanda d'Eça e João Afonso Almeida.

[609] Cf. *Ordem de Serviço* série A, n.º21/92, de 29 de outubro.

[610] Cf. Decreto-Lei n.º281/92, de 19 de dezembro.

[611] O projeto da Rádio Cultura foi iniciado em março de 1993 e terminaria cerca de um ano depois, quando a nova administração substitui a direção de João Paes pela de José Manuel Nunes. Nunes pretendia um "canal mais aberto e eclético" (cf. *Rádio – jornal informativo da RDP*, IV série, ano 9, n.º37, de março de 1994). Este período específico é analisado na dissertação de mestrado de Maria Martins (1994).

[612] Cf. *Relatório e Contas da RDP*, de 1992.

distintas entre a OM e a FM da RDP 1, logo em junho de 1993 (Mesquita et al., 1996[613]).

A RDP está em plena renovação. E é um período turbulento na empresa. Soares Louro dirá que são as necessárias consequências de uma não menos necessária mudança interna[614]. No âmbito dos incentivos à reforma ou à rescisão, saem da RDP 359 trabalhadores só em 1993[615]. Com a venda da RC, em 1993, saem mais 170.

Entretanto, no início de 1994, o estatuto jurídico da rádio pública é alterado[616]. A RDP passa a sociedade anónima, no seguimento do que havia sido feito à televisão. Esta alteração do modelo empresarial permitiu à RDP uma maior flexibilidade na gestão, em relação ao anterior modelo de empresa pública. O objetivo da mudança era que a rádio pública respondesse com mais eficiência aos novos desafios que tinha em mãos, tendo em conta a sua missão de serviço público. É nesse âmbito que são fortalecidos, estatutariamente, pilares do SP, como a independência. O Estado deixa de ter poder diretivo e tutelar, e passa à situação de acionista[617]. Tratou-se do início de uma mudança relevante. Isto porque o controlo político dos *media* públicos continuava a ser denunciado. Segundo Adelino Gomes, até 1995, houve um "efectivo controlo administrativo e em muitos momentos editorial pelo PSD da RDP e da RTP"[618]. O novo estatuto previa ainda a eleição do CA em assembleia-geral, que deveria ser convocada pela tutela num prazo máximo de 60 dias. A alteração do estatuto da RDP

---

[613] Essa diferenciação veio no seguimento de uma experiência semelhante, ainda nos anos 80, que foi circunscrita na altura aos emissores do litoral (Mesquita *et al.*, 1996: 402).

[614] Cf. Soares Louro procura figurino para a RDP. *Público*, de 12 de junho de 1993.

[615] Recorde-se que a RDP tinha começado a década com quase dois milhares de trabalhadores. Com o CA seguinte, a redução de pessoal mantém-se prioritária, o que se reconhece numa das primeiras medidas da administração de Arlindo de Carvalho, que foi o incentivo à aposentação ou cessação de contratos, através da oferta de escalões ou indemnizações (cf. *Ordem de Serviço* série A, n.º 27/94, de 15 de junho), logo na segunda metade de 1994. Assim, no final de 1996 a RDP terá apenas 1096 funcionários.

[616] Cf. Decreto-Lei n.º2/94, de 10 de janeiro (transforma a RDP E.P. em RDP S.A., sociedade anónima de capitais exclusivamente públicos).

[617] Cf. Decreto-Lei n.º2/94, de 10 de janeiro. Com este decreto são publicados os novos estatutos da RDP, nos quais aparece o Conselho de opinião, em substituição do Conselho geral. Ao conselho de opinião cabe a eleição de dois membros do CA.

[618] Cf. As causas da coisa radiofónica. *Público*, de 31 de dezembro de 2002.

voltou a trazer a taxa para a discussão pública, uma vez que o governo de Cavaco Silva havia acabado com a taxa da televisão aquando da passagem da RTP a sociedade anónima[619]. No entanto, nada acontecerá à taxa da RDP, a não ser o habitual aumento do início do ano[620].

Entretanto, em fevereiro de 1994 a administração muda na íntegra. Arlindo de Carvalho, ex-ministro da saúde que, enquanto estudante, tinha começado a trabalhar na RDP como operador de som, regressa à rádio pública como presidente do CA[621]. No seguimento da passagem da RDP a sociedade anónima, o cargo assumido por Carvalho tinha agora poderes reforçados. A transição entre as duas administrações esteve envolta em algum desconforto, uma vez que Louro soube que não iria continuar no lugar já depois do convite feito a Arlindo de Carvalho.

Com esta transição veio uma mudança de orientação. Soares Louro havia reestruturado, redimensionado e reequipado; Carvalho vinha tentar recuperar os ouvintes perdidos[622]. E, de facto, ainda nesse mesmo ano, Carvalho apresenta resultados que mostram audiências praticamente três vezes maiores[623]. Para esta melhoria, muito contribuiu o desempenho inicial do terceiro canal de rádio, que entretanto fora criado. As estações voltam à sua denominação anterior: Antena 1 e Antena 2; a RDP I passa a chamar-se RDP I – Rádio Portugal. Arlindo de Carvalho pretende emissões mais ligeiras para atrair público, e isso está na base das mudanças nas duas estações[624]. A Antena 1[625] aposta em novas manhãs, conduzidas

---

[619] Cf. E a taxa continua?. *Tal e Qual*, de 28 de janeiro de 1994 (o artigo reúne várias posições em relação ao assunto) e Taxa de radiodifusão continua a ser legal?. *Público*, de 6 de fevereiro de 1994.

[620] Em 1994 passa de 245$00 para 250$00 mensais. As próprias audiências serviam como argumento para questionar a taxa (cf. Viva a taxa. *Expresso*, de 12 de fevereiro de 1994).

[621] O CA é ainda composto pelo vice-presidente Carlos Veloso e pelos vogais Sérgio de Azevedo, Marques de Freitas e Inácio Morais Mendes. Veloso seria substituído por Maria Teresa Nunes em abril de 1995.

[622] Cf. Uma rádio à medida. *Expresso*, de 12 de fevereiro de 1994.

[623] Cf. Arlindo feliz. *O Independente*, de 22 de julho de 1994; RDP triplica ouvintes. *Diário de Notícias*, de 21 de janeiro de 1995.

[624] Cf. Popular caro. *O Independente*, de 11 de março de 1994.

[625] Soares Louro chegou mesmo a assumir, nesta altura, o insucesso do seu projeto para a Antena 1, que havia, entretanto, perdido bastantes ouvintes (cf. O governo não tem uma política global de audiovisual. *O Independente*, de 11 de março de 1994).

por João Paulo Diniz[626], a Antena 2, agora dirigida por José Manuel Nunes, aligeira a emissão, apostando em mais informação[627] e reduzindo a ópera e a palavra[628].

Entretanto, a aventura da descentralização da RDP está a terminar. Desde que o sector fora liberalizado, muitas rádios locais retransmitiam os serviços informativos das grandes estações, ligando-se em cadeia com a TSF ou a RR. Algumas faziam-no ao abrigo de acordos entre as partes, outras retransmitiam-nos sub-repticiamente. Em 1994, a RDP adota uma nova estratégia[629]. Começam a ser assinados protocolos com dezenas de rádios locais. Esses acordos, que permitiam, também, a retransmissão de programas recreativos e jogos de futebol, faziam parte do relançamento da nova Antena 1. A estratégia levou a que muitas das rádios aderentes terminassem as cadeias que faziam com a TSF, com a RR ou com a RC[630]. Para Arlindo de Carvalho esta era a "rede nacional de correspondentes que a RDP até aqui não tinha"[631]. Mas essa era apenas uma das faces da mudança. Enquanto a RDP se abria aos protocolos, dava início ao encerramento das suas rádios locais[632]. A Rádio Alto Douro é a primeira a ser afetada, com o seu quadro de pessoal a ser reduzido a apenas um jornalista[633]. Segue-se a Rádio Elvas, que já só tinha duas horas de emissão diária, e que é encerrada em julho de 1994. As restantes (Viseu, Covilhã, Guarda, Santarém) vão fechando, acabando a RDP por ficar com uma rede de correspondentes nas capitais de distrito[634]. Os motivos do encerramento terão sido sobretudo económicos, uma vez que a publicidade era o pilar financeiro destas rádios (Serejo, 2001). Mas não terá sido só o

---

[626] Cf. Não faço rádio para os amigos. *O Diabo*, de 22 de março de 1994.

[627] Incluindo informação relativa ao trânsito.

[628] Cf. A nova cultura na velha antena. *Jornal de Letras*, de 22 de março de 1994.

[629] Cf. *Ordem de Serviço* série A, n.º 19/94, de 17 de março.

[630] Cf. RTP e RDP 'juntam-se'. *Expresso*, de 19 de março de 1994.

[631] Cf. Rede de correspondentes da RDP arranca com 70 rádios locais. *Público*, de 7 de abril de 1994.

[632] Cf. Arlindo fecha. *O Independente*, de 8 de julho de 1994.

[633] Cf. RDP 'redimensiona' Rádio Alto-Douro. *O Primeiro de Janeiro*, de 13 de julho de 1994.

[634] Cf. RDP/Centro troca a '1' pela '3'. *O Primeiro de Janeiro*, de 16 de agosto de 1994.

desinteresse do público que ditou o final das locais, como recorda José Manuel Nunes:

«não podemos esquecer que em 1994 estava para nascer a Antena 3. Eram necessárias as frequências de FM que estavam ocupadas com rádios locais. Na verdade, a 3ª rede nacional de FM atribuída em 1985 à RDP estava a ser usada de forma diferente do seu objetivo"[635].

Assim termina a regionalização da RDP, tal como vinha sendo implementada nos últimos anos. Simultaneamente, os centros regionais vêm reduzidos os seus espaços de programação própria[636]. No lugar dos programas feitos nos estúdios das estações locais surgem agora os correspondentes que trabalham exclusivamente para o sector informativo.

No outono de 1995, muda o partido no governo, após a vitória de António Guterres nas eleições. Muda, também, a administração da RDP. O novo CA, que é encabeçado por José Manuel Nunes[637], leva imediatamente a cabo algumas mudanças estruturais na empresa. Depois de a efetiva independência da RDP face ao poder político ter sido inscrita nos objetivos do novo governo[638], o CA traz Adelino Gomes, Francisco Sena Santos e David Borges para dirigirem a informação. O objetivo era reestruturar o sector e desenvolver uma informação isenta e de referência[639].

O ano de 1996 traria, finalmente, a tão aguardada mudança de instalações, mas também a nova RDP África e as novas atribuições do Conselho de Opinião (CO). Com efeito, das principais alterações que acontecem nesta altura, destaca-se a criação do CO, formado por representantes

---

[635] Entrevista realizada a 31 de março de 2010.

[636] Cf. ...E encerra centros regionais. *Público*, de 22 de agosto de 1994. Doravante, as emissões regionais irão, progressivamente, diminuindo, até se estabelecerem na sua ínfima expressão de uma hora diária, já no século XXI.

[637] Tem como vice-presidente, Júlio César Pereira e como vogal José Ferro de Carvalho. O vice-presidente seria substituído em meados de 1996 por Fernando Cipriano Correia.

[638] Cf. *Programa do XIII Governo Constitucional* [online]. [Acedido em 20 de maio de 2010]. Disponível em: http://www.portugal.gov.pt/pt/GC13/Governo/ProgramaGoverno/Pages/ProgramaGoverno.aspx.

[639] Cf. Uma revolução tranquila. *Público*, de 12 de dezembro de 1995.

de sectores socialmente relevantes, que a partir de 1996 passou a ter poder de eleição de membros da administração. Trata-se de uma mudança de enorme relevância, uma vez que - à imagem de outros modelos europeus - se criava uma almofada entre o poder político e a administração dos *media* públicos, rompendo com a nomeação direta. Efetivamente, as atribuições do CO da RDP constavam do Decreto-Lei 2/94, de acordo com a sua versão revista em 1996[640]. A nova redação do artigo 21°, trazia um modelo diferente de eleição da administração da RDP. Se, até então, a eleição do CA competia à assembleia geral, com a nova redação dos estatutos, passou a competir ao CO[641]

> «propor ao accionista Estado, o vice-presidente e um ou dois vogais do conselho de administração, consoante este tenha três ou cinco membros, tomando em conta, para o efeito, a definição do perfil técnico profissional daqueles membros e outros dados relevantes a serem fornecidos pelo mesmo accionista, por sua própria iniciativa ou a solicitação do conselho»[642].

O CO passava a ter um peso maior, cabendo-lhe «velar pelo cumprimento das obrigações da RDP, enquanto prestadora do serviço público de radiodifusão sonora»[643]. O CO posicionava-se entre o Estado e os cidadãos, configurando um modelo de representatividade social, no qual a sociedade tinha a possibilidade de uma maior proximidade com a gestão da rádio pública.

A segunda metade da década representa um novo ciclo da empresa, apostada na modernização tecnológica, na estabilidade da sua orgânica e no fortalecimento das suas finanças[644]. No final de 1998, o resultado

---

[640] Cf. alterações aos artigos 21.º e 22.º, publicadas no *Diário da República*, III série, n°166, de 19 de julho de 1996, p. 12565.

[641] Quando esta alteração foi publicada, o CA, na altura presidido por José Manuel Nunes, apresentou a demissão. Foi depois conduzido, já no novo modelo, para dois mandatos.

[642] Cf. Art.º 21°, número 1, alínea b.

[643] Cf. Art.º 21°, número 1, alínea a.

[644] Cf. *Relatório e Contas da RDP*, de 1997.

da RDP foi já superior a 900 mil contos. Um dos fatores mais importantes nesse âmbito, e que viria a ter um peso determinante nas contas que se seguiram e no futuro económico-financeiro da empresa, foi o acordo celebrado com o governo, que permitiu a passagem para a Caixa Geral de Aposentações das responsabilidades inerentes a quase um milhar de aposentados[645]. Recorde-se que a RDP tinha herdado situações laborais distintas, com o processo de nacionalização. O pessoal oriundo da EN e do quadro geral de adidos tinha mantido a natureza vitalícia do seu contrato à função pública. E os pesados encargos decorrentes das pensões dos funcionários que se aposentavam, eram inteiramente suportados pela RDP. O contrato entre a rádio pública e o Estado resultou, então, na passagem desses encargos para a Caixa Geral de Aposentações. Como contrapartida, a RDP pagou cerca de seis milhões de contos. O Estado custearia o eventual remanescente decorrente desses encargos. Mas a partir daí, a RDP deixaria de receber do Estado as indemnizações e subsídios à exploração que estavam previstos na lei. Doravante, contaria apenas com a taxa de radiodifusão. A definição do seu processo de financiamento seria fulcral para o desenvolvimento de uma outra atitude perante a ideia de independência. Afinal, durante anos, a falta de autonomia financeira da RDP foi um entrave à sua independência perante os poderes político e económico[646].

Mais tarde, em 1999, a RDP assina com o Estado, o Contrato de Concessão do Serviço Público[647], no qual se refere, de acordo com o contrato anterior, que a única fonte de receitas da RDP será a que resulta da cobrança da taxa de radiodifusão[648]. Será assim, estabilizada ao nível da orgânica, da regulamentação e das finanças, que a RDP irá entrar no novo milénio.

---

[645] Cf. Decreto-Lei n.º90/99, de 22 de março.

[646] Cf. *Anuário da RDP, de 1977.*

[647] Válido por 15 anos e renovável por iguais períodos. Nesse mesmo ano, a RDP é registada no Instituto de Comunicações de Portugal para o exercício de telecomunicações de uso público.

[648] Cf. *Contrato de Concessão de Serviço Público de Radiodifusão* [online]. [Acedido em 18 de fevereiro de 2010]. Disponível em: http://ww1.rtp.pt/wportal/grupo/pdf/radio_ccsp.pdf.

Rumo à digitalização

A rádio pública está em plena modernização nos anos 90. A informatização tinha já começado nas redações logo no início da década[649]. É o início da era digital em todo o seu esplendor e entusiasmo.

A sigla DAB (Digital Audio Broadcasting) começa a ser referida pela RDP[650] como meta para o seu futuro, logo no início dos anos 90. É um momento de viragem de paradigma. O CD começa a tornar-se preponderante nas emissões da rádio pública. Da mesma forma, o DAT (Digital Audio Tape)[651] passa a ser cada vez mais utilizado. O próprio registo da assiduidade dos trabalhadores passa a ser efectuado, eletronicamente, através de cartões e terminais de ponto[652].

A tecnologia disponível permite grandes avanços na reportagem no exterior. A aquisição de um telefone satélite, em 1991, foi um passo importante nas emissões da RDP. O equipamento permitia a completa autonomia no contacto com os estúdios, em qualquer parte do mundo[653]. Nesse ano, a empresa faz um grande investimento técnico, para o acompanhamento da visita a Portugal do Papa e do Campeonato Mundial de Futebol de Juniores[654]. Já no final da década irá adaptar vários veículos com meios digitais de transmissão, que espalhará pelos vários centros regionais. Para a gravação de música clássica são, também, equipados estúdios móveis, completamente digitalizados.

Em 1994 a rede de emissores estava obsoleta e, tal como estava previsto no plano de investimentos[655], a RDP avança com a remodelação

---

[649] As redações maiores (Antena 1, RDP Internacional e RC) são informatizadas com o sistema RADAR. O sistema permitia aceder às agências de notícias, pesquisar em base de dados, redigir e gerir o noticiário (cf. *Relatório e Contas da RDP*, de 1990).

[650] Cf. *Relatório e Contas da RDP*, de 1990.

[651] O Digital Audio Tape (DAT) é um formato compacto de cassete digital que permite uma gravação sem compressão, como acontece no CD (ver Maddox, 1994); tem um uso praticamente circunscrito às indústrias cinematográfica e discográfica e está em fase de desaparecimento.

[652] Até 1993 era feito manualmente, nas folhas de ponto (cf. *Relatório e Contas da RDP*, de 1992).

[653] Cf. *Relatório e Contas da RDP*, de 1991.

[654] Cf. *Relatório e Contas da RDP*, de 1991.

[655] Cf. Ao telefone com.... João Soares Louro. *Tal e Qual*, de 7 de janeiro de 1994.

da rede. Ainda em 1994 são substituídos todos os emissores de OM com mais de 30 anos; seguem-se os de FM com mais de 15[656]. A par com a reestruturação orgânica dava-se corpo ao plano de modernização. Só até 1997, o plano implicava um gasto de cerca de dois milhões de contos, o que não tinha paralelo nas últimas três décadas. A receção por satélite foi alargada a todas as estações da rede.

Neste momento, o grande investimento era já na FM, mas a receção em OM ainda seria melhorada. Com o encerramento das estações locais, a RDP investia agora na melhoria técnica dos seus três programas nacionais[657], incluindo obras nos estúdios e nas centrais técnicas, novas instalações[658] e a instalação de estações de microcobertura, sobretudo no final da década. Essas estações vieram resolver um dos grandes problemas da RDP. Com efeito, a conclusão da rede primária de cobertura do território em FM, não garantia, ainda, a cobertura integral. A RDP ainda tinha dificuldades em proporcionar boa escuta em algumas regiões. Para resolver esse problema foi desenvolvido um plano de microcoberturas, ainda em 1997. Essa foi uma das prioridades da administração de José Manuel Nunes:

> "mais se poderia ter feito não fossem as dificuldades colocadas por entidades, designadamente as ligadas ao ambiente, à Natureza e à administração do território já que a RDP não carecia de aprovação dos municípios para os seus projectos de construção. Nalguns casos tivemos de desistir"[659].

A digitalização de todo o processo de produção e emissão torna-se prioritária em 1997. Mas a efetiva mudança de paradigma no quotidiano dos trabalhadores já acontecera aquando da mudança de edifício em Lisboa[660]. A rádio transforma-se nas suas rotinas:

---

[656] Cf. RDP reforma rede difusora. *Público*, de 22 de maio de 1994.

[657] Cf. RDP transforma rede de emissores. *Diário de Notícias*, de 15 de dezembro de 1994.

[658] Depois da inauguração dos centros de Lisboa e do Funchal, o novo centro de produção de Ponta Delgada será inaugurado em 1998.

[659] Entrevista a José Manuel Nunes realizada em 31 de março de 2010.

[660] Embora deva ser referido que a mudança nos centros regionais foi claramente mais lenta do que na sede.

"os gravadores de fita magnética de arrasto, os gira-discos, os teleti-
pos e as máquinas de escrever desaparecem. O papel perde importância
em detrimento da informação on line. A substituir tudo isso, surge,
dominante, o omnipresente computador"[661].

É, de facto, um momento de grande investimento tecnológico na
rádio pública. Mil novecentos e noventa e oito é o ano em que a rádio
pública salta para duas novas plataformas: desenvolve-se o sítio da
Internet, com quatro emissões em *streaming* e algum áudio *on demand*;
e materializa-se a grande aposta da RDP, o DAB.

Os primeiros aparelhos destinados a testes com o DAB tinham
sido adquiridos já na primeira metade da década[662]. O entusiasmo
em torno das potencialidades do novo sistema, que se previa que
viesse a substituir o FM gradualmente, depois de 2010, era enorme.
Nas primeiras semanas de 1998 são feitas as primeiras emissões
experimentais em colaboração com a Grundig, que fornece o auto-
-rádio que equipa o veículo dos testes. Com a abertura da Expo
98, em Lisboa, o sistema é apresentado e arrancam as emissões
(retransmissões das três antenas da RDP, da Rádio Expo, do Canal 1
da RR e da RFM)[663]. São inicialmente colocados em funcionamento
quatro emissores, três em Lisboa e um no Porto. Posteriormente,
a RDP irá concorrer ao concurso público para o estabelecimento
da infraestrutura decorrente da atribuição da licença para a rede
nacional de T-DAB. A RDP ganhou o concurso, mas as previsões da
rádio pública acabaram por não se concretizar, como explica José
Manuel Nunes: a RDP

"implantou a rede e nada mais se passou. O governo não estabeleceu
regras para a utilização do multiplexer e assim ficámos. A RR e a RC não

---

[661] Cf. *Relatório e Contas da RDP*, de 1996, p. 7.

[662] Cf. *Relatório e Contas da RDP*, de 1993.

[663] Cf. MASCARENHAS, F. 1998. DAB. *Relatório e Contas da RDP*, de 1998.

têm vocação para pioneiros, e garantido o congelamento da situação, o DAB deixou de ser assunto em Portugal"[664].

O processo de digitalização dos arquivos sonoros está, também, praticamente concluído nos últimos anos da década de 90. A degradação de muitos dos registos da EN, principalmente dos mais antigos, anteriores a 1940, era evidente, pelo que esta ação de preservação da memória do país se revestia de grande importância.

A RDP chega, pois, ao ano 2000, em plena era da euforia ".com",

> "com a primeira revolução digital completa. Informatizou horizontalmente todos os serviços; digitalizou quase por completo as tecnologias de produção radiofónica[665] (...); lidera a Rádio Digital, com 15 emissores DAB a funcionar no fim de 1999 e transporta em rede própria todo um mundo de informação"[666].

Na internet, a RDP está desde 1998. O seu site é perfeitamente enquadrado nas boas práticas da época: canais em *streaming* e informações institucionais simples (Pacheco, 2010). Dois anos depois, o *site* evoluiu significativamente, tanto ao nível da estrutura como da informação disponibilizada; nessa altura inclui já informações de trânsito, ou de desporto (Pacheco, 2010). Manter-se-á até 2003, altura em que a revolução organizacional da rádio, implicou a sua transformação.

Uma nova casa da rádio

A necessidade de concentrar serviços na capital era grande. Sobretudo a partir da segunda metade da década de 70, quando a dispersão de

---

[664] Entrevista realizada em 31 de março de 2010.

[665] Embora existisse um sistema a funcionar desde 1996 na RDP África e no sector da informação, a generalização de um sistema de emissão e edição de áudio foi efetuada em 1999.

[666] Cf. *Relatório e Contas da RDP*, de 1999, p. 13.

serviços se tornou ainda maior[667]. A construção de um edifício para a sede era um projeto antigo das administrações da RDP. Em 1988, a RDP chega mesmo a assinar um protocolo com a autarquia lisboeta e com a RTP para a construção de uma casa da rádio. O estudo prévio ainda seria entregue, no entanto o processo foi interrompido em 1992, perante as negociações para a aquisição de um edifício já construído. Tratava-se do edifício da Phillips que entretanto havia ficado vago. A RDP avança para a sua compra e, ainda em 1993, consegue lá localizar vários dos seus serviços centrais[668]. Fica, a partir de então, dividida entre os números 5 e 6 da Avenida Duarte Pacheco, e entre os números 1 da Rua de São Marçal e 21 e 22 da Rua do Quelhas[669]. No início de 1994, far-se-á a primeira emissão do edifício Phillips, para a Antena 3.

A compra do novo edifício tinha uma importante dimensão simbólica. Significava uma vontade de mudança de atitude dentro da empresa. Como recorda Jaime Fernandes, a administração pretendia

> "abandonar toda a imagem velha da EN, ou seja, nós precisávamos de sair imediatamente do Quelhas. O Quelhas representava o pior que tinha toda a imagem. (...) Representava o funcionalismo público (...). Era incompatível com a nova realidade e com os tempos modernos. (...) Havia que fazer a ruptura"[670].

Com a instalação no novo edifício, com tecnologia atualizada e modernas condições de trabalho "começámos a abandonar os velhos métodos de produção, de fazer rádio (...). Criou-se, na realidade, um novo espírito.

---

[667] No número 2 da Rua do Quelhas funcionava a direção de programas, a repartição de documentação e arquivo, a secção desportiva ou a direção dos serviços técnicos. No número 21 existia o arquivo histórico e o departamento de programas internacionais. Vários serviços, como o de gravação e composição radiofónicas, ou a secção de realização e montagens funcionavam em S. Marçal. Na Rua Sampaio e Pina estavam instalados o Programa 4, o Departamento de Informação (cf. *Dossier da visita do conselho de informação para a RDP*, 22 de março de 1978; arquivo da RDP).

[668] Cf. *Relatório e Contas da RDP*, de 1993.

[669] Cf. *Ordem de Serviço* série A, nº13/93, de 3 de junho.

[670] Entrevista realizada em 15 de janeiro de 2010.

Também tivemos a oportunidade de renovar quadros (...) E a empresa conseguiu renovar-se"[671]. Porém, a compra da nova casa da rádio não foi consensual. Arlindo de Carvalho, entretanto chegado à administração, prontamente critica a opção do seu antecessor, uma vez que a RDP só era proprietária de cerca de um terço do edifício, e tinha de pagar uma considerável renda anual; além disso, o imóvel fora comprado numa altura em que o mercado estava em alta. Carvalho chegou a querer desfazer o negócio, mas tal não foi possível[672].

De facto, a RDP havia comprado por 4,8 milhões de contos apenas uma parte do edifício e pelo aluguer do restante, pagava 40 mil contos mensais. O objetivo de Soares Louro era ir comprando à Fundimo (a proprietária) o resto do edifício, à medida que conseguisse vender os vários imóveis que tinha na capital. Só que esse processo não estava a ser tão rápido como se esperava[673].

Em 1994 a RDP acorda com o Instituto Superior de Ciências Económicas e Financeiras (ISEG) a venda das suas antigas instalações na Rua do Quelhas. Curiosamente, essas instalações haviam sido construídas originalmente para o ISEG, no entanto, foi a emissora que lá ficou durante cerca de meio século. Apenas no início de 1996 a RDP sai da Rua do Quelhas e se muda para o novo Centro de Produção de Lisboa (CPL)[674]. De fora do novo centro ficam apenas alguns serviços, num edifício situado na mesma rua. É, simbolicamente, um momento de modernização da empresa.

A reorganização da oferta de conteúdos

Com a venda da RC e com o final da descentralização das emissões, a RDP tem necessidade de adaptar a sua oferta de canais e conteúdos. Sem a RC a rádio pública tem menos ouvintes. Em 1995, já depois da

---

[671] Entrevista realizada em 15 de janeiro de 2010.

[672] Cf. Uma rádio à medida. *Expresso*, de 12 de fevereiro de 1994.

[673] Cf. RDP: impasse nas Amoreiras. *Expresso*, de 12 de março de 1994.

[674] Cf. *Ordem de Serviço* série A, n.º20/95, de 19 de dezembro.

autonomização da RC, a RDP estará claramente ultrapassada pelo grupo RR. E esta perda de ouvintes implicará uma resposta imediata, através da Antena 1.

Antes da alienação, a RC estará já em gestão corrente, invertendo a sua política de definição de programas. Com efeito, até então era visível uma reformulação das grelhas por parte da RC, com o intuito de diferenciar os canais de OM e FM. Era uma resposta à contínua perda de posição no mercado e na audiência[675]. A emissão em FM continuava a ter uma dimensão mais exigente, ao passo que a OM se revestia de um caráter mais popular. Porém, à beira da privatização, a RC deixa de lutar no mercado. Ao contrário, aposta na transmissão de simultâneos entre as duas emissões[676]. O programa da manhã passa a ser comum, com um figurino mais leve, no qual a informação era menos avassaladora. Ao mesmo tempo, a RC aposta num maior equilíbrio entre a palavra e a música[677]. Claramente, a RDP aguardava a conclusão da venda da RC para poder reorganizar a sua oferta de canais. A RC entra, pois, num processo de gestão corrente que durará até ao momento da privatização. É nesta altura que o lançamento de novos canais começa a ser falado publicamente[678].

Entretanto, a RDP responde à perda da estação com uma profunda alteração nos programas, logo no início de 1994. Uma verdadeira constelação chega ao primeiro canal da rádio pública: Catarina Furtado, Rui Reininho, Júlio Machado Vaz, Inês Pedrosa, Manuela Moura Guedes, entre outros[679]. O serviço informativo de trânsito atinge uma importância enorme nas emissões. O repórter da Antena 1 sobrevoa diariamente os céus de Lisboa em avião e helicóptero para dar conta dos engarrafamentos[680]; é um serviço cada vez mais relevante nas emissões. As rádios assumem o local privilegiado para a audição da rádio que é o automóvel. Os repórteres tornam-se conhecidos do grande público e são alvo de

---

[675] Cf. *Relatório e Contas da RDP*, de 1990.

[676] Cf. Acertos na Comercial. *Diário de Notícias*, de 22 de novembro de 1992.

[677] Cf. Pedro Castelo. *TV Guia*, de 12 de dezembro de 1992.

[678] Cf. Mais dois canais?. *O Jornal* de 24 de setembro de 1992.

[679] Cf. Chuva de estrelas na emissora nacional. *Público*, de 16 de janeiro de 1994.

[680] Cf. Voando sobre um ninho de carros. *Diário de Notícias*, de 31 de janeiro de 1994.

aliciantes propostas das rádios concorrentes[681]. Ainda em 1994 a Antena 1 abre aos ouvintes uma linha verde de trânsito.

Apesar desse investimento na renovação, ao longo da década, a Antena 1 há-de manter a identidade das suas emissões ancorada em programas de carácter etnológico ou itinerante (como o "Lugar ao Sul" ou o "Passeio das virtudes"), no desporto, na informação e no acompanhamento de grandes eventos, como as feiras de maiores dimensões. Entretanto, no início dos anos 90, a RDP mostrou um interesse renovado pelo teatro que, na década anterior, tinha entrado em declínio na sua programação[682]. Em 1992 são transmitidas mais de 60 peças, três folhetins e uma série nas Antenas 1 e 2[683]. Depois disto, os folhetins manter-se-iam em antena durante mais algum tempo. E em meados de 1994 a Antena 1 ainda estreia a "Balada da Praia dos Cães", de José Cardoso Pires, depois do jornal do meio-dia[684].

O Programa 2, correspondendo a uma designação já adotada pelos ouvintes, passou, em 1990, a chamar-se Antena 2. Continuou, regularmente, a acompanhar a temporada de concertos da UER e os principais encontros e festivais de âmbito clássico em Portugal. Era uma rádio estável, atenta aos grandes acontecimentos e efemérides culturais.

Na segunda metade da década de 90, já com a nova administração, são de novo alteradas as grelhas na Antena 1 e da Antena 2. Em 1996 há uma clara aposta na informação da RDP. A administração queria que a informação da rádio pública se tornasse uma referência de isenção. Em destaque, na Antena 1, passa a estar o programa da manhã (das 7.00 às 10.00 horas), que é um espaço de dimensão marcadamente informativa. Ganham espaço o debate e o comentário. Ao nível da programação a aposta faz-se na música portuguesa, reforçando a sua presença em antena. A Antena 1 adota o *slogan* "A rádio portuguesa". A RDP Internacional caminhou, nesta altura, para uma descentralização das suas emissões, que passavam

---

[681] Cf. Os repórteres voadores. *Diário de Notícias*, de 31 de janeiro de 1994.

[682] Cf. *Informação Rádio – Boletim interno da RDP*, n.º 10, de dezembro de 1985.

[683] Cf. *Relatório e Contas da RDP*, de 1992.

[684] Cf. Folhetim radiofónico na Antena 1. *Diário de Notícias*, de 3 de junho de 1004.

a ter origem mais frequentemente, nos centros regionais, e passou a fazer simultâneos com a Antena 1, sempre que havia transmissões especiais.

As emissões regionais eram agora francamente menores. Desde que a Antena 3 tinha sido criada que os desdobramentos das emissões regionais eram feitos na rede da rádio jovem. Assim, a programação da RDP Centro e Sul, nos seus horários de emissão, interrompia a emissão da Antena 3. Isso resultava na ocupação de uma frequência por duas linhas de programação distintas, o que era claramente prejudicial à uniformidade da emissão. A RDP Norte não tinha, nesta fase, emissão regional.

Para uniformizar o processo, os três centros de produção passaram a emitir programação regional na rede da Antena 1, a partir de fevereiro de 1997; três horas diárias de segunda a sexta-feira (no ano seguinte passariam a quatro) e cinco ao fim-de-semana[685]. Este será o modelo que vigorará praticamente até 2003. Os centros regionais produziam ainda períodos de emissão nacional, sobretudo através da Antena 1; era o caso da Via Latina, a partir de Coimbra. Precisamente, o canal generalista continua, até 2003, a sair para a rua com o "Lugar ao Sul" ou com a "Feira Franca" e mantém-se ligado aos principais acontecimentos desportivos e da atualidade nacional e internacional.

O canal jovem da RDP

No início da década, a RDP tinha por aproveitar a rede que lhe havia sido entregue em meados dos anos 80. Havia várias perspetivas dentro da administração sobre o destino a dar à rede. De um lado, o presidente, Soares Louro, adepto da criação de uma rádio de notícias. Do outro, Jaime Fernandes, defensor de uma rádio jovem alternativa:

> "João Soares Louro queria fazer daquela rede uma TSF, (...) e eu opunha-me porque achava que a TSF estava muito bem instalada no mercado, (...) não valia a pena a empresa pública ir entrar naquele território

---

[685] Cf. *Ordem de Serviço* série A, n.º5/97, de 30 de janeiro.

"(...) e nós podíamos transformar a Antena 1 numa rádio de notícias (...). Andámos ali meses num braço de ferro (...). E eu, de alguma forma, acabo por vencê-los pelo cansaço e consigo impor a Antena 3"[686].

O objetivo era que esse novo canal pudesse recuperar o terreno perdido em relação à RR e à Rádio Correio da Manhã, além de combater o envelhecimento do auditório da RDP. E assim, o projeto avança em regime de teste. O terceiro canal da RDP estava em emissões experimentais, desde junho de 1993. Inicialmente tinha a designação RDP FM e apenas uma frequência em Lisboa e outra no Porto. Depois, passou a ouvir-se em Braga. Integrava-se no recente "serviço global de comunicação" da RDP[687].

Quando a administração muda, no início de 1994, os profissionais que estavam na nova rádio pública passam por alguma angústia perante a incerteza do futuro. Mas o projeto acaba por ter luz verde para continuar[688]. Arlindo de Carvalho, chama o ex-administrador Jaime Fernandes, que fora o impulsionador do projeto, para estudar a forma de implementar a estação[689]. O seu objetivo será pôr o canal jovem da RDP definitivamente a funcionar. A trabalhar nesse projeto estavam cerca de uma vintena de profissionais que haviam sido contratados à Rádio Energia e a outras estações da capital, e que se juntaram a elementos oriundos da RDP. Entre os principais nomes da estação encontravam-se Luís Filipe Barros, Sofia Louro, Miguel Quintão, Augusto Seabra, Henrique Amaro, António Freitas, José Mariño, ou Álvaro Costa. Apesar dos rumores[690] que davam conta do final do projeto devido ao seu elevado custo, a rádio jovem avançou mesmo.

A Antena 3 assumia-se como um produto diferente, segundo Jaime Fernandes: "as três últimas décadas produziram transformações profundas, quer do ponto de vista social quer cultural, nas gerações que as viveram e a música é um dos melhores reflexos dessas transformações.

---

[686] Cf. Entrevista realizada em 15 de janeiro de 2010.

[687] Expressão frequentemente utilizada nas promoções do canal durante esse período (cf. *Rádio – jornal informativo da RDP*, IV série, n.º31, de setembro de 1993).

[688] Cf. Podíamos ter tido mais apoio. *A Capital*, de 24 de outubro de 1995.

[689] Cf. RDP à conquista de ouvintes. *Expresso*, de 5 de março de 1994.

[690] Cf. Sem FM. *O Independente*, de 18 de março de 1994.

Existe uma memória que importa registar na atualidade e isso é a base no nosso projecto"[691].

Em abril de 1994 começam as emissões regulares. Era, também, a inauguração das emissões a partir do novo CPL. A Antena 3 transmitia exclusivamente em FM. Podia ser ouvida em Lisboa, no Porto e em Braga. Era dirigida a um público entre os 15 e os 40 anos e dava particular atenção à "cultura jovem portuguesa"[692]. O seu modelo era próximo das rádios FM americanas[693]. Durante a semana tinha uma *playlist* composta, sobretudo, pelos sucessos do momento, ou com um máximo de quatro anos. Ao fim-de-semana a sua programação era composta por programas de autor, com as mais diversas orientações musicais. Além disso, havia, também, espaço para os desportos radicais. O objetivo, segundo Jaime Fernandes, era ser um "canal alternativo aos privados"[694]. O protocolo que tinha com a MTV dava-lhe acesso exclusivo a concertos e entrevistas com vedetas internacionais.

Aos poucos, a Antena 3 passa a chegar a outros locais e, paulatinamente, irá cobrir todo o país ao longo do verão de 1994[695]. A Antena 3 teve um bom desempenho ao nível das audiências, chegando a ser responsável por 60% da audiência da RDP, a nível nacional[696]. Mas esse período dourado não duraria muito. Jaime Fernandes explica o abaixamento progressivo das audiências da Antena 3, com o "desinvestimento"[697] feito pela administração seguinte, em relação ao projeto.

A Antena 3 cobria na sua programação acontecimentos que as outras rádios dirigidas ao mesmo segmento jovem não acompanhavam, por desinteresse comercial. A estação esteve em Sarajevo, a transmitir o primeiro grande concerto pós-guerra, com os U2, em 1997[698]. E estava

---

[691] Cf. *Rádio – jornal informativo da RDP*, IV série, ano 9, n.º35, de janeiro de 1994, p. 12.

[692] Cf. RDP apresenta o seu canal jovem. *Correio da Manhã*, de 12 de maio de 1994.

[693] Cf. Copiámos o modelo das FM americanas. *A Capital*, de 12 de maio de 1994.

[694] Cf. Antena 3 está no ar 24 horas para dar música aos 'jovens'. *Diário de Notícias*, de 12 de maio de 1994.

[695] Cf. Antena 3 ao ataque. *Sete*, de 31 de agosto de 1994.

[696] Cf. Podíamos ter tido mais apoio. *A Capital*, de 24 de outubro de 1995.

[697] Cf. Entrevista realizada em 15 de janeiro de 2010.

[698] Cf. *Relatório e Contas da RDP*, de 1997.

também presente nos grandes festivais de verão, para além de promover o aparecimento de novas bandas. Mas a Antena 3 não era apenas uma rádio de música. A estação sempre teve outras preocupações. Em 1999, aquando da escalada de violência em Timor, após o referendo, a estação tomou partido e avançou para a mobilização do público. Durante alguns dias, cerca de um terço da programação da rádio foi dedicada a Timor[699].

Em 2001, já com desempenhos claramente inferiores, e face ao reposicionamento no mercado da RC, da RFM[700] e ao aparecimento da Mega FM, a Antena 3 irá sofrer uma forte remodelação, com mudanças na direção, imagem, programação e colaboradores. É o início de uma viragem que terá o seu momento decisivo na entrada de José Mariño e Rui Pêgo para a direção da estação, em 2005[701].

A RDP África

No ano em que a Antena 3 é inaugurada, a RDP I inaugura um emissor de FM em Cabo Verde. Depois da instalação na Praia, seguem-se São Vicente e Sal. No ano seguinte é a vez da Guiné Bissau. Por satélite, previa-se que a sua emissão, da qual se destacava o desporto, chegasse em breve à costa Este da América do Norte e a toda a América do Sul[702]. A RDP I estava a mudar a sua orientação. Tratava-se de uma filosofia diferente. O final da histórica "Hora da Saudade" e o início da "Hora da Amizade" eram o reflexo de uma rádio que já não pretendia dirigir-se aos emigrantes portugueses, mas sim a todos os que falavam

---

[699] Cf. *Relatório e Contas da RDP*, de 1999.

[700] Cf. As duas primeiras reposicionaram-se no mercado, partilhando parte do público alvo da Antena 3. A Mega FM é o canal jovem do grupo da emissora católica, dirige-se aos jovens e jovens-adultos, e começou por ocupar uma frequência em Lisboa. Viria depois a estender as suas emissões ao Porto e a Coimbra.

[701] Para uma análise da Antena 3 e do seu papel de prestação de SP, cf. Monteiro (2008).

[702] Cf. Bloqueio de Timor furado por rádio. *Diário de Notícias*, de 20 de novembro de 1994.

português[703]. Havia sido percebida a desvantagem dessa hibridez na emissão, e o objetivo era diferenciar os programas para portugueses residentes no estrangeiro dos que se destinavam aos falantes de língua portuguesa.

É nesse contexto que nasce, em 1995, a experiência africana da RDP, chamada de Canal África. Tinha entre seis a oito horas de emissão diária e fracas condições técnicas e humanas[704]. Segundo David Borges, que dirigiu a RDP África no arranque, esse período inicial foi caraterizado por uma "frágil filosofia de comunicação" com os seus ouvintes[705]. A RDP África nasce, de facto, enquanto canal autónomo e com uma programação diferenciada e estruturada, em 1 de abril de 1996[706]. A programação, agora com 17 horas diárias, era transmitida em FM para Cabo Verde, Guiné-Bissau, Moçambique e São Tomé e Príncipe. O canal não chegou a Angola porque a legislação local não permitiu a transmissão em FM dentro do país[707]. A audição em Portugal estava dependente da disponibilidade de frequências. Em janeiro de 1997 começa a transmitir para Lisboa. Mais tarde seria a vez de Coimbra e de Faro. Por satélite também chegará, mais tarde, a Angola.

Em 2000, a RDP África tinha já uma programação de 20 horas diárias, nas quais se incluíam 15 espaços de informação. Estava a investir na melhoria das suas condições técnicas no continente africano e tinha uma rede de correspondentes em todos os PALOP. A sua programação, que funcionava como ponto de contacto entre o geograficamente disperso auditório, acompanhava os principais acontecimentos políticos e culturais da Comunidade e dava particular atenção ao desporto, que se havia tornado num dos momentos mais apreciados da programação[708].

---

[703] Cf. Acabou a hora da saudade. *Novo Jornal Cabo Verde*, de 12 de novembro de 1994.

[704] Cf. *Relatórios e contas da RDP* de 1997 e 2000.

[705] Cf. *Relatório e Contas da RDP*, de 2000, p. 111.

[706] Cf. *Relatório e Contas da RDP*, de 1997.

[707] Cf. Portugal nas ondas de África. *Diário de Notícias*, de 1 de abril de 1996.

[708] Cf. *Relatório e Contas da RDP*, de 2000.

Projetos especiais e novas geografias

Os anos 90 viram a RDP envolver-se em projetos de rádio especiais. Um deles foi na Bósnia, e consistiu numa ação conjunta entre a RDP Internacional e a Antena 1, que teve início em 12 de fevereiro de 1996. O projeto, que havia começado com a instalação em Sarajevo de uma delegação, consistiu numa primeira montagem de emissores de FM, que permitiam às tropas portuguesas envolvidas no processo de paz, a escuta das emissões da Antena 1. Depois, foi produzido um programa diário com 15 minutos, destinado aos militares e respetivas famílias[709]. Em 1999, seria a vez do Kosovo. A Antena 1, de novo em articulação com a RDP Internacional, transmitia para esta região, em FM, no âmbito de uma operação de apoio aos militares presentes nas forças internacionais[710].

A RDP I virava-se, também, para Timor. Ainda em 1994, a RDP Internacional passa a transmitir, pela primeira vez, um programa diário intitulado "Timor Loro Sae", exclusivamente realizado para Timor Leste. Até então, a região apenas captava as emissões transmitidas para África[711]. Esta emissão em OC era falada em português e tétum. Porém, As emissões para Díli sofriam muitas interferências (provavelmente, provocadas deliberadamente pela Indonésia[712]).

Depois de 1999, a RDP investe nas suas emissões para esta região, para onde passa a transmitir sem interrupções. Tratava-se de uma mudança de atitude impulsionada pelas alterações políticas em curso na região. Como as condições de receção em Timor não eram as melhores, inicialmente, a RDP aluga um emissor de OC em Taiwan, para permitir uma melhor cobertura de Díli. Mas, a sua estratégia altera-se e, em 2000, a RDP passa a alugar e a usar 21 horas de emissão semanal na Rádio Timor Kmanek[713]. Nesse mesmo ano, começa a instalar emissores de FM

---

[709] Cf. *Relatório e Contas da RDP*, de 1996.

[710] Cf. *Relatório e Contas da RDP*, de 2000.

[711] Cf. Rádio para Timor. *Público*, de 21 de janeiro de 1994.

[712] Cf. Indonésia contra RDP-I em Timor. *Expresso*, de 15 de outubro de 1994.

[713] Cf. Emissora católica da capital timorense.

no território timorense. A Antena 1 (que tinha um programa semanal de contacto entre Portugal e Timor) pôde, então, ser ouvida no novo país e, assim, acompanhar o que se passava no território. Estas ações foram acompanhadas de várias campanhas de solidariedade e apoio[714].

Um dos projetos mais relevantes da década foi, sem dúvida, a Rádio Expo. Durante seis meses a RDP colocou no ar uma rádio especialmente montada para acompanhar a Expo 98, em Lisboa. O projeto era completamente digital e transmitiu em FM, OM, DAB e Real Audio na internet. As emissões eram contínuas e contavam com uma equipa especialmente contratada e formada durante cinco semanas para o efeito. A Rádio Expo falou aos milhões de visitantes da exposição de Lisboa em português, inglês, espanhol, francês e alemão. O seu papel foi, sobretudo, de serviço, atenta ao trânsito, fornecendo informações sobre a exposição, a meteorologia, a agenda cultural da capital e relatando as notícias internacionais. Funcionou como laboratório para futuras opções da RDP, uma vez que o seu funcionamento foi integralmente digital[715]. Foi o momento da entrada oficial de Portugal na era do DAB. Numa demonstração que teve o patrocínio de entidades privadas, três automóveis equipados com os primeiros recetores de DAB demonstraram aos visitantes as potencialidades do sistema.

---

714 Cf. *Relatório e Contas da RDP*, de 2000.

715 Cf. *Relatório e Contas da RDP*, de 1998.

CAPÍTULO III:
A RÁDIO E TELEVISÃO DE PORTUGAL

Depois da sua existência num modelo fragmentado (Mooney, 2004), a rádio pública será absorvida pela reestruturação do sector audiovisual público, que foi espoletada pela grave situação financeira da televisão. A RDP, cuja evolução foi objeto do capítulo anterior, irá desaparecer enquanto concessionária do SP de rádio, sendo substituída pela RTP, um operador integrado (Mooney, 2004) que reflete uma um novo posicionamento em relação ao SP. É o momento da implementação em Portugal do conceito de Media de Serviço Público (MSP).

A APROXIMAÇÃO DOS MEDIA PÚBLICOS

A holding: uma ideia antiga

A rádio pública termina o ano de 2000 com um resultado líquido próximo do milhão de contos[716]. Está no Kosovo, com as tropas portuguesas, no Campeonato Europeu de Futebol e a celebrar os 500 anos do Brasil. A Antena 1 coloca-se ao lado dos povos timorense e moçambicano, em duas campanhas de solidariedade. A RDP havia-se assumido como uma "rádio de causas"[717]. A grande bandeira da estação continua a ser o "Programa da Manhã", conduzido por Francisco Sena Santos.A rádio pública havia, entretanto, mudado consideravelmente. Tinha agora cerca de mil funcionários[718]. Em cerca de 15 anos o seu quadro havia emagrecido para menos de metade, tal como já foi descrito. Um estudo recente mostrava que a RDP tinha agora uma boa imagem junto do público[719].

[716] Cf. *Relatório e Contas da RDP*, de 2000.

[717] Isso era visível nas campanhas que levava a cabo, nomeadamente aquando do desastre natural nos Açores, em 1998, ou nas campanhas dedicadas a Timor, Moçambique, ou mesmo no acompanhamento das tropas portuguesas na região dos Balcãs.

[718] Em 2000 teria 1037 trabalhadores.

[719] Deve ser, porém, ressalvado que há diferenças metodológicas entre os estudos realizados ao longo dos anos, pelo que a assunção de diferenças entre diversas fases da RDP deve ser olhada com cautela.

Nesta altura, a administração da RDP era muito crítica em relação à forma como os estudos de audiência eram conduzidos. António Ribeiro, diretor do Gabinete de Estudos e Relações Exteriores da RDP defendia que a "pulverização do espaço radiofónico e os muitos interesses em jogo têm criado legítimas dúvidas sobre os resultados divulgados em certas sondagens de audiência que recorrem a metodologias pouco fiáveis e a amostras reduzidas e que depois dão origem a artigos e comentários de imprensa que aumentam as distorções junto da opinião pública e transmitem a ideia de que a RDP tem quebras de audiência ou má imagem" (cf. *Relatório e Contas da RDP*, de 2000, p. 100). Por isso, a RDP acabou por

O governo considerava preocupante a situação dos *media* públicos, muito embora reconhecesse claras diferenças entre as várias empresas. Reconhecia o equilíbrio conseguido na gestão da RDP[720] e assumia o bom caminho entretanto trilhado pela agência de notícias Lusa. Por isso, a prioridade do executivo era a RTP, que vivia uma situação financeira complicada[721]. De facto, o Observatório Europeu do Audiovisual classificava a RTP como a situação mais complicada ao nível financeiro de entre as televisões públicas europeias. As perdas eram significativas, o que se explicava pela ausência da taxa e pelo investimento no digital. Aliás, a tendência global de deterioração das condições financeiras dos operadores televisivos públicos europeus devia-se grandemente à transição para o digital, num mercado crescentemente competitivo[722].

A margem de lucro da RTP era, em 2000, de -30,16%. Em 1997 havia sido de -65,6%[723]. Uma comparação com outros canais permite ler estes números de forma mais eficaz. Em 2000, a RTVE, que surgia imediatamente acima da RTP nesta lista de empresas deficitárias, tinha uma margem de lucro negativo de -14,43%[724]. Quanto ao desempenho ao nível das audiências, embora a RTP claramente não liderasse, a sua

---

sair do Bareme e começou a encomendar os seus próprios estudos (cf. *Relatório e Contas da RDP*, de 2002). O estudo efetuado em 2000, concluía que a RDP gozava de uma boa ou razoável imagem junto dos inquiridos e que a soma dessas duas opiniões era superior a 99,1 por cento (cf. *Relatório e Contas da RDP*, de 2000). A rádio pública só voltaria a integrar o Bareme Rádio da Marktest na sua nova fase, a partir de 2002.

[720] A RDP vinha acumulando sucessivos resultados líquidos positivos. Os anos da administração liderada por José Manuel Nunes acumularam resultados positivos, em média, de um milhão de contos por ano, o que permitiu, apesar dos enormes investimentos técnicos e de estagnação (desde 1998) do valor da taxa, atingir a estabilidade financeira.

[721] Cf. *Programa do XIV Governo Constitucional* [online]. [Acedido em 20 de maio de 2010]. Disponível em: http://www.portais.gov.pt/NR/rdonlyres/4E506698-0E06-4939-8385- -CFB57796A1E0/0/GC14.pdf.

[722] CF. EUROPEAN AUDIOVISUAL OBSERVATORY. 2002. *The Financial Situation of Public Radio-Television Companies in Europe is Deteriorating* [online]. [Acedido em 29 de abril de 2009] Disponível em: www.obs.coe.int/about/oea/pr/service_public.html.en.

[723] Cf. EUROPEAN AUDIOVISUAL OBSERVATORY. 2002. *The Deficit in the European Television Sector Has Been Growing Since 1998* [online]. [Acedido em 9 de abril de 2010]. Disponível em: http://www.obs.coe.int/about/oea/pr/deficit.html.en?print.

[724] Cf. EUROPEAN AUDIOVISUAL OBSERVATORY. 2002. *The Deficit in the European Television Sector Has Been Growing Since 1998* [online]. [Acedido em 9 de abril de 2010]. Disponível em: http://www.obs.coe.int/about/oea/pr/deficit.html.en?print.

quota podia ser enquadrada dentro do que era expectável num mercado misto (Picard, 2001).

É neste contexto que, em 2000, é criada a Portugal Global (PG), uma holding sob a forma de sociedade de gestão de participações sociais (SGPS), para gerir as participações do Estado em empresas de comunicação social[725]. Porém, esta aproximação entre as empresas vem de trás. Começa ainda na primeira metade dos anos 90. Efetivamente, apesar de nada constar no programa de governo do PSD, durante a administração de Arlindo de Carvalho, chegou a considerar-se que a junção das empresas podia ser possível até ao final da década[726]. Na altura foram assinados acordos de colaboração entre os dois operadores públicos[727]. Dois anos depois, em 1996 é criado, formalmente, um grupo de trabalho entre a RDP, a RTP e a LUSA para estudar possíveis sinergias entre as empresas[728].

Em 2000 é, então, criada a PG. À frente da holding ficaria o presidente da RTP, João Carlos Silva, o que implicou uma convivência, por vezes, pouco pacífica com a RDP e a LUSA (Carvalho, 2002). O objetivo da tutela era reestruturar as empresas, sobretudo a financeiramente problemática RTP, e gerar sinergias entre todos. No entanto, as empresas mantiveram, convenientemente, a sua autonomia e identidade e, dessa forma, mantiveram uma coabitação tolerável (Carvalho, 2002).

As novas administrações: o braço de ferro

Em 2002 o governo socialista liderado por António Guterres demite-se e, após eleições, Durão Barroso, toma posse como Primeiro Ministro de

---

[725] Cf. Decreto-Lei n.º82/2000, de 11 de maio.

[726] Cf. Fusão RTP/RDP só no fim do século. *Semanário*, 12 de fevereiro de 1994.

[727] Num dos casos, eram definidas formas de mobilidade de funcionários e reciprocidade de promoção (cf. RTP e RDP 'juntam-se'. *Expresso*, de 19 de março de 1994); noutro, também assinado em 1994, as empresas estabeleciam colaborações na cobertura informativa, sobretudo no estrangeiro, na formação e ao nível técnico (cf. Mais perto na informação. *Diário de Notícias*, de 8 de setembro de 1994).

[728] Cf. *Ordem de Serviço* série A n.º19/96, de 21 de fevereiro.

um governo PSD/PP. O ministro da Presidência, Nuno Morais Sarmento, fica com a tutela da comunicação social.

O olhar da tutela sobre os *media* públicos muda radicalmente. Ao contrário do executivo de António Guterres, a atitude do novo governo de coligação revela uma clara vontade de reformar imediatamente o sector (Sousa, 2008). O programa do novo governo[729] (aliás, à imagem do que havia sido anunciado durante a campanha) diagnosticava a situação como "uma das mais graves crises do sector dos media" participados pelo Estado. O objetivo era redimensionar e reestruturar esses meios de comunicação e aperfeiçoar a legislação. O documento centrava-se no serviço público de rádio e televisão (SPRT), acentuando a necessidade de o redefinir e reorientar. Identificava, tal como havia sido feito pelo governo anterior, a urgência de resolver a complicada situação financeira da RTP[730], no entanto, as intenções iam agora noutro sentido. Em relação à rádio, o louvor feito pelo anterior executivo não tinha agora eco nos novos planos da tutela. As referências textuais à rádio apesar de serem em menor número, são de grande impacto:

> "reorganização da estrutura da empresa de forma a ajustá-la às funções específicas de um serviço público de radiodifusão, combatendo o desperdício; (...) concentração da sua atividade num canal generalista (RDP 1) e na RDP Internacional; (...) rentabilização (...) dos activos da empresa, alienando a Antena 3 e avaliando um novo modelo para a Antena 2; (...) aplicação das receitas geradas com as operações atrás referidas na reestruturação do sector audiovisual do Estado; (...)

---

[729] Cf. *Programa do XV Governo Constitucional* [online]. [Acedido em 20 de abril de 2010]. Disponível em: http://www.portugal.gov.pt/pt/GC15/Governo/ProgramaGoverno/Pages/programa_p022.aspx.

[730] Como já foi referido, a situação da RTP tinha-se tornado, nos últimos anos, bastante debilitada, sobretudo com a abolição da taxa, mas, também devido à venda da rede retransmissora à Portugal Telecom. O passivo da televisão estava nesta altura próximo dos dois mil milhões de euros (cf. O buraco negro da RTP. *Público*, de 06 de abril de 2002 [online]. [Acedido em 05 de abril de 2008]. Disponível em: http://jornal.publico.pt/2002/04/06/Destaque/X02CX05.html). A venda da rede foi penalizadora das finanças da RTP, porque a televisão vendeu os emissores e teve de, posteriormente, alugá-los, o que, ao fim de três anos, era já causador de prejuízo (Barata-Feyo, 2002).

valorização e dignificação do importante papel da RDP no espaço nacional, no espaço lusófono e nas Comunidades Portuguesas".

Neste processo de reestruturação que agora se iniciava, o anúncio da extinção da PG era apenas uma pequena parte e, porventura, a que menos consequências traria para os dois operadores.

Na verdade, nem tudo o que estava no programa do governo viria a ser feito. Porém, a mudança na rádio pública estava iniciada. A RDP iria transformar-se profundamente, muito embora o motor de toda a mudança fosse, claramente, a televisão pública[731]. Note-se que João Carlos Silva, que tinha experiência de gestão financeira no Estado, ainda chegou a apresentar um projeto de reestruturação da empresa, mas tal não chegou a ser implementado pela tutela[732].

Imediatamente, os trabalhadores da RDP e da RTP unem-se contra as anunciadas intenções do governo[733]. Tem início uma campanha conjunta[734]. Os trabalhadores da RTP tentam explicar à opinião pública os motivos da grave situação económica da empresa, nomeadamente, o fim da taxa, o desaparecimento da publicidade no segundo canal e a diminuição no primeiro, a venda da rede de emissão e o seu posterior aluguer, assim como o atraso no pagamento das indemnizações compensatórias. Por seu turno, os funcionários da RDP refutavam qualquer suspeita sobre a gestão da rádio pública, uma vez que, desde 1994, os resultados líquidos

---

[731] O novo primeiro-ministro desvaneceu quaisquer dúvidas quando afirmou, relativamente à RTP, que não havia dinheiro para tudo (cf. Não há dinheiro para tudo. *Público*, de 18 de abril de 2002 [online], [Acedido em 23 de maio de 2010]. Disponível em: http://jornal. publico.pt/2002/04/18/Destaque/X10.html). Assim, a RTP tinha de ser mudada porque, como explicava o ministro da tutela, Nuno Morais Sarmento, a televisão tinha dívidas à banca e aos fornecedores, bem como prejuízos acumulados; o seu pessoal representava um peso excessivo no seu orçamento e o número de funcionários era excessivo (mais de 2600). Além disso, havia uma elevada taxa de absentismo e salários milionários (cf. Um só canal generalista, o resto logo se vê. *Público*, de 15 de maio de 2002 [online]. [Acedido em 20 de maio de 2009]. Consultado em http://dossiers.publico.clix.pt/noticia.aspx?idCanal=659eid=143059).

[732] Cf. Almerindo Marques substitui João Carlos Silva na RTP. *Semanário Económico*, de 10 de maio de 2002.

[733] Cf. RTP e RDP contra alienação de canais. *Jornal de Notícias*, de 6 de maio de 2002.

[734] Cf. Trabalhadores da RTP saíram à rua em protesto. *Público*, de 10 de maio de 2002 [online]. [Acedido em 30 de maio de 2009]. Disponível em: http://dossiers.publico.clix.pt/ noticia.aspx?idCanal=659eid=141758.

eram positivos (o que acontecia já sem qualquer subsídio estatal), e que a empresa conseguira diminuir o seu quadro sem custos sociais, estando agora abaixo dos mil trabalhadores[735]. Ao mesmo tempo - argumentavam, a RDP cumpria plenamente o contrato de serviço público. Na verdade, a argumentação da tutela não contrariava diretamente estes indicadores, mas tinha uma perspetiva distinta: os lucros na RDP eram inaceitáveis, uma vez que provinham de dinheiros públicos, as congéneres europeias da RDP tinham muito menos funcionários, e a relação entre os custos e as audiências obtidas era exagerada[736].

O CA da RDP havia terminado o mandato em novembro de 2001. Com a mudança de governo em curso, o CO tinha atrasado a eleição do vice-presidente e do vogal, que lhe competia, até à entrada em funções do novo executivo, o que sucederia no início do mês seguinte. Entretanto, a administração da televisão demite-se. E as novas direções são escolhidas em Conselho de Ministros no início de maio de 2002 (altura em que é anunciada a intenção de reestruturar o sector público da comunicação até ao final de 2003). Para a presidência da RDP, da RTP e da PG é escolhido Almerindo Marques[737], um gestor com experiência em situações financeiras difíceis[738].

Com o anúncio das novas administrações, surgem muitas dúvidas. A primeira das quais era relativa à aprovação formal dos novos elencos apresentados pela tutela. É que a nomeação das administrações da rádio e da televisão não deveria ser feita dessa forma. Ela cabia à PG e teria de ser submetida aos pareceres dos CO, sendo que, no caso da RTP, esse parecer era vinculativo. No caso da RDP, o CO poderia apenas eleger o

---

[735] Como já foi descrito, em 1975, após a nacionalização, a RDP tinha cerca de 2600 trabalhadores. O emagrecimento da empresa estivera sempre na agenda das direções ao longo dos anos, apesar de algumas terem tido um papel claramente mais eficaz nessa redução.

[736] Cf. Custo da RDP é 'inaceitável'. *Correio da Manhã*, de 10 de outubro de 2002.

[737] Os nomes indicados pela tutela para a administração da RDP eram Almerindo Marques, Luís Marques e Gonçalo Reis. A administração da PG teria, assim, de acordo com a tutela, Almerindo Marques, Jorge Ponce de Leão, Luís Marques e Armando Costa e Silva; Gonçalo Reis juntava-se a este elenco na administração da RTP. No caso da Lusa, o governo não tinha poder para avançar com qualquer decisão sozinho.

[738] Cf. Os novos administradores. *Diário de Notícias*, de 10 de maio de 2002.

vice-presidente e o vogal, pelo que o lugar de Almerindo Marques, neste caso, não estaria em causa.

A relação entre o governo e os CO foi clara desde o primeiro momento: no CO da RTP tinham surgido vozes contra a aprovação de um novo CA que viesse mandatado para a extinção de canais. Além disso, a complicar a situação, estava a intenção governamental de extinguir a figura do próprio CO[739]. Assim, ambos os conselhos admitiam publicamente vetar os nomes propostos, por discordarem das políticas anunciadas[740]. Dias depois, de facto, o CO da RTP veta os nomes propostos pelo governo. A tutela avança, de imediato, tentando contornar o impasse que estava gerado[741]. O governo entrega na Assembleia da República um projeto de lei com caráter de urgência, que retira a possibilidade de o CO emitir pareceres vinculativos[742], uma vez que não caberia a um órgão desta natureza a obstrução ao programa do governo[743]. A estratégia resultou em acusações vindas dos mais diversos quadrantes[744]. A proposta de alteração à Lei da Televisão é enviada ao Tribunal Constitucional, onde acabará por ser rejeitada por não garantir a independência da RTP, consagrada na Constituição, no parágrafo 6º do seu art.º 38º.

---

[739] Cf. Marques e Marques na RTP. *O Independente*, de 10 de maio de 2002.

[740] Cf. Conselhos de Opinião admitem veto às políticas. *Diário de Notícias*, de 10 de maio de 2002; Conselhos de Opinião admitem chumbar nomes propostos. *Público*, de 11 de maio de 2002.

[741] Cf. Conselho scm opinião. *O Independente*, de 17 de maio de 2002. A reuniao do CO decorreu no dia 16 de maio.

[742] Note-se que esta nem sempre foi a posição do PSD no que diz respeito às competências do CO: em 1996, quando estava na oposição, o PSD defendeu que o CO da RTP deveria eleger três dos cinco membros do CA (cf. PSD defendeu, em 1996, Conselho de Opinião com largos poderes. *Público*, de 18 de maio de 2002 [online]. [Acedido em 27 de maio de 2009]. Disponível em: http://dossiers.publico.clix.pt/noticia. aspx?idCanal=659eid=144255).

[743] Cf. Governo antecipou decisão do Conselho de Opinião da RTP. *Público*, de 18 de maio de 2002 [online]. [Acedido em 28 de maio de 2009]. Disponível em: http://dossiers. publico.clix.pt/noticia.aspx?idCanal=659eid=144253.

[744] Críticas vindas da oposição, dos trabalhadores da RTP e mesmo de dentro do PSD (cf. Oposição rejeita proposta e critica executivo. *Público*, de 20 de maio de 2002 [online]. [Acedido em 1 de junho de 2009]. Disponível em: http://dossiers.publico.clix.pt/noticia. aspx?idCanal=659eid=144258 e Bastonário dos advogados critica mudança da Lei da Televisão. *Público*, de 20 de maio de 2002 [online]. [Acedido em 1 de junho de 2009]. Disponível em: http://dossiers.publico.clix.pt/noticia.aspx?idCanal=659eid=144257.

O CO da RDP, por seu turno, queixa-se da subalternização a que fora sujeito, com a indicação pelo governo da totalidade dos cargos da administração da rádio e questiona a legalidade do processo[745]. Em resposta, a tutela envia, não os nomes, mas sim os perfis técnicos dos administradores ao CO da RDP, tal como estava previsto nos estatutos da rádio desde 1996[746].

No meio desta turbulência, a discussão em torno das propostas do governo para a comunicação social pública, principalmente para a televisão, dominava, claramente, a agenda política e tinha enorme eco nos *media*. O debate tinha-se bipolarizado. Os partidos à esquerda do PSD juntavam-se às críticas dos trabalhadores[747]. O governo justificava publicamente as suas medidas, principalmente as relativas à televisão, não só por motivos económico-financeiros, mas também pela necessidade de moralização[748]. As manifestações de trabalhadores contavam com a participação de figuras públicas do meio artístico e político[749]. O governo era acusado de aproximação aos interesses dos operadores privados[750] e de atentar contra o serviço público[751]. No meio da contestação, o calendário da tutela era ambicioso: a RTP, tal como existia à data, não teria mais de seis meses de vida e a PG seria extinta dentro de um ano

---

[745] Em causa estaria uma ata com data de 9 de maio, o dia em que o governo anunciou as suas escolhas, na qual se "refere explicitamente a renúncia de José Manuel Nunes, ao cargo de administrador da 'holding'", o que não teria acontecido (cf. Legalidade de nomeações para a PG questionada no CO da RDP. *Público*, de 22 de maio de 2002.

[746] Cf. Ministro envia aos conselheiros 'perfis' de administradores para a RDP. *Público*, de 20 de maio de 2002 [online]. [Acedido em 1 de junho de 2009]. Disponível em: http://dossiers.publico.clix.pt/noticia.aspx?idCanal=659eid=144261.

[747] Cf. Governo quer 'acabar com o serviço público'. *Diário de Notícias*, de 10 de maio de 2002.

[748] Cf. Acabar com o que é 'imoral'. *Diário de Notícias*, de 12 de maio de 2002.

[749] Cf. Protestos de trabalhadores da RTP alastram ao Porto e aos Açores. *Público*, de 11 de maio de 2002 [online]. [Acedido em 30 de maio de 2009]. Disponível em: http://dossiers.publico.clix.pt/noticia.aspx?idCanal=659eid=142716.

[750] Cf. PSD está a entrar no 'telenegócio', acusa José Sócrates. *Público*, de 9 de maio de 2002, [online]. [Acedido em 30 de maio de 2009]. Disponível em: http://dossiers.publico.clix.pt/noticia.aspx?idCanal=659eid=141762.

[751] Cf. Governo quer 'acabar com o serviço público' *Diário de Notícias*, de 10 de maio de 2002; Governo pôs em marcha plano para reformar RTP. *Público*, de 10 de maio de 2002.

e meio. No mercado, surgem, de imediato, vários interessados nas possíveis privatizações, nomeadamente a RR[752] e a Impresa[753].

O impasse prossegue na RTP enquanto as alterações à lei declarada inconstitucional não são aprovadas, o que acontece em julho de 2002. Ao CO da RTP é, pois, retirado o poder de emitir parecer vinculativo sobre a administração da televisão. O problema que havia estado na origem da inconstitucionalidade da lei é resolvido, ao conceder o poder de veto à Alta Autoridade para a Comunicação Social (AACS), embora apenas no que diz respeito aos diretores de informação e programação[754]. O CA passava a ser da exclusiva responsabilidade do acionista Estado[755]. Com a lei alterada, a administração da RTP entra em funções a 22 de julho, mais de dois meses após o anúncio dos nomes.

Na RDP o novo CA não entrava em funções enquanto não estivesse completo. Em causa estava a aprovação dos dois nomes que acompanhariam Almerindo Marques na administração da rádio pública. Para que a situação se resolvesse, foi necessário encontrar um consenso entre o acionista e o CO. Essa cedência consistiu na nomeação, em outubro, do vogal Ferro de Carvalho, que transitava da anterior administração, em detrimento de Gonçalo Reis. Neste processo, o nome de Luís Marques é chumbado para o lugar de vice-presidente[756], sendo aprovado apenas numa segunda reunião[757].

O braço de ferro entre os CO e a tutela dura cerca de cinco meses. Só em outubro as administrações da rádio e da televisão estão simultaneamente completas e a trabalhar.

---

[752] Cf. Renascença interessada na RTP2 e em frequências da RDP. *Público*, de 11 de maio de 2002 [online]. [Acedido em 30 de maio de 2009]. Disponível em: http://dossiers. publico.clix.pt/noticia.aspx?idCanal=659eid=142707.

[753] Balsemão interessado em comprar a Antena 3. *Público*, de 16 de maio de 2002 [online]. [Acedido em 30 de maio de 2009]. Disponível em: http://dossiers.publico.clix.pt/ noticia.aspx?idCanal=659eid=143340.

[754] Cf. Lei n.º 18-A/2002, de 18 de julho.

[755] Sobre os mecanismos de garantia da independência, cf. Carvalho (2009).

[756] Cf. RDP já tem vogal, vice-presidente só na próxima semana. *Público*, de 2 de outubro de 2002.

[757] Cf. RDP completa nova administração. *Diário Económico*, de 9 de outubro de 2002.

A reestruturação do audiovisual público

Vencida a resistência à entrada das novas administrações, os operadores de rádio e televisão têm agora administrações quase comuns. É iniciado o programa de reestruturação do audiovisual público definido pela tutela. A integração dos operadores públicos começa a ser evidente. O mote é dado pela expressão "sinergia", que surge omnipresente no discurso político acerca do sector. Em primeiro, avançam as promoções e ações mútuas de marketing. Depois inicia-se a partilha de instalações em algumas delegações, num processo gradual que incluirá Coimbra, Faro, Porto e delegações internacionais, abrindo caminho para a futura partilha da sede. Nesse sentido, a administração da RTP avança com a compra de um edifício na zona de Cabo Ruivo, na capital, no qual irá albergar a nova empresa de rádio e televisão. Para consumar o negócio, terão de ser vendidas as sedes da rádio e da televisão, bem como outros edifícios da RTP[758].

A reestruturação está em curso em ambas as estações, apoiada nas auditorias efectuadas por uma empresa especializada. Um dos objetivos principais é o redimensionamento, que passaria pela diminuição dos efetivos das empresas. São abertos processos de rescisões, aposentações ou pré-aposentações, primeiro na televisão e, posteriormente, na rádio. Na televisão a área informativa é imediatamente afetada pela não renovação de contratos[759]. É um período de enorme instabilidade interna[760]. Centenas de trabalhadores aderem ao plano de rescisões logo nos primeiros meses. Na RDP, na RTP e na Lusa, o total de saídas terá sido próximo de mil[761].

Para legitimar todo o processo de reestruturação havia sido criado um grupo de trabalho, composto por personalidades de vários quadrantes,

---

[758] Cf. RTP compra antiga sede da Parque Expo em Cabo Ruivo. *Público*, de 22 de novembro de 2002.

[759] Cf. Principais medidas adoptadas na RTP. *Público*, de 22 de janeiro de 2003.

[760] Cf. Televisão e rádio estatais a caminho da fusão. *Semanário*, de 6 de dezembro de 2002.

[761] Cf. Quase mil trabalhadores abandonam RTP, RDP e Lusa. *IOL Diário*, de 10 de abril de 2003 [online]. [Acedido em 23 de março de 2008]. Disponível em: www.iol.pt.

independentes face ao governo, com o objetivo de refletir, sistematizar e atualizar os princípios que deviam nortear o serviço público de televisão. Em setembro de 2002, o relatório entregue pelo grupo de trabalho sublinha a importância do serviço público para a comunidade, assente em pilares como a universalidade do acesso, o reforço da identidade nacional e da inclusão social, a procura da qualidade, a gratuitidade no acesso, a independência e a gestão rigorosa[762]. O documento, que sustentou o plano apresentado pelo governo, apontava ainda para as vantagens da não alienação do segundo canal da televisão, que se poderia estabelecer como alternativa aberta à sociedade. Na sequência do relatório, antes do final do ano, a tutela termina com o ambiente de incerteza que se vive nesta fase transitória e apresenta um plano concreto de reestruturação do sector audiovisual público denominado "Novas opções para o audiovisual" (NOA).

As conclusões das NOA relativas à RDP, indicavam que, "por trás da ilusão dos resultados positivos estava uma empresa que desperdiçava dinheiro dos contribuintes e não prestava satisfatoriamente o Serviço Público a que está obrigada". Com o decréscimo de audiências como pano de fundo, o documento classificava a programação da RDP como "desajustada e ultrapassada"; o auditório das Antena 1 e 2 era tido como demasiado envelhecido; o número de funcionários (cerca de mil) era apresentado como excessivo (e com uma elevada média de idades) e a política interna de promoções era baseada na antiguidade e não no mérito[763].

Porém, as NOA continham inflexões em relação às intenções inicialmente anunciadas no programa do governo. A Antena 3, afinal, não seria vendida. Isso era explicado, não só pelo segmento de público a que se dirigia, mas também por ser responsável por cerca de 40% da audiência da empresa. Além disso, a tutela concluíra entretanto que a rádio jovem constituía um núcleo dinâmico numa empresa "cristalizada".

---

[762] Cf. *Relatório do grupo de trabalho sobre o serviço público de televisão*, de setembro de 2002.

[763] Cf. PRESIDÊNCIA DO CONSELHO DE MINISTROS. 2002. *Novas opções para o audiovisual* [online]. [Acedido em 10 de janeiro de 2009]. Disponível em: www.ics.pt/Ficheiros/serv_pub/Neo_Op_AV.pdf.

O plano de reestruturação incluía agora a renovação orgânica da Antena 1, procurando dinamizar os seus conteúdos, trazer à antena os grandes assuntos da atualidade e os ouvintes. As mudanças na Antena 2 procurariam sobretudo novas formas e, consequentemente, novos públicos[764]. Toda a reestruturação da empresa tinha como objetivo reduzir os custos inerentes ao funcionamento e reduzir os níveis de investimento, que a tutela considerava elevados.

Globalmente, o documento era, sobretudo, relativo à RTP, sobre a qual se debruçava com maior pormenor. Apesar das evidentes diferenças existentes entre as empresas, o diagnóstico relativo à televisão baseava-se, genericamente, nos mesmos pressupostos: não cumprimento da missão, ausência de estratégia e sobredimensionamento (de gastos e pessoal). A televisão tinha poucos espectadores, estava tecnicamente falida, perturbava o sector e desprezava as novas plataformas. Com as NOA, ficava decidida a manutenção, no âmbito do serviço público, do canal generalista aberto e dos canais internacionais. O segundo canal, embora mantivesse uma missão de serviço público, iria executá-la de outra forma, em estreita relação com a sociedade civil, para que o seu desenvolvimento fosse feito com base em parcerias. Previam-se, também, a autonomização das televisões nas regiões autónomas, a aposta nos canais de cabo (canal "memória" e canal "regiões"[765]) e nas novas plataformas. Havia, também, processos de alienação, extinção e fusão. A RTP renasceria, limpa de passivos, como uma nova empresa.

Assim, na rádio, tal como na televisão as mudanças são amplas. Tem início um processo que inclui o reenquadramento de funcionários e a redução de órgãos de estrutura. O lema da nova administração era "fazer melhor, com menos custos"[766]. Na televisão, em cerca de meio ano haviam

---

[764] Essa era uma crítica recorrente de tempos a tempos. Na imprensa, *opinion makers* como Eduardo Prado Coelho, consideravam que: "a RDP precisa de ser muito mais jovem em atitude e interesses, em particular na área cultural, onde cultivava muitas vezes um estilo de velório intemporal absolutamente ineficaz" (cf. A prenda de Natal. *Público*, de 19 de dezembro de 2002).

[765] A totalidade do canal por cabo NTV foi adquirida, com o objetivo de desenvolver esse projeto.

[766] Cf. *Relatório e Contas da RDP*, de 2002, pp. 5-6.

sido feitas várias reestruturações, que incluíam a liquidação de serviços como a RTC, a Foco, ou a Edipim e a venda da TV Guia. As soluções adotadas tinham como meta uma forte diminuição dos custos de ambas as empresas. Em 2001, a RTP havia tido custos na ordem dos 340 milhões de euros, enquanto a RDP rondava os 60 milhões. O plano previa uma diminuição desses valores para, respetivamente, 205 e 35 milhões.

Era claro nas NOA que o caminho passaria pela fusão. Depois da junção de serviços que estava em curso, o processo seria alargado, podendo conduzir à "plena integração jurídica"[767]. A PG seria, então, extinta e da RTP nasceria uma nova holding, a Rádio e Televisão de Portugal SGPS, SA, que seria titular das participações do Estado na comunicação social: RTP – serviço público de televisão[768]; RDP, SA; RTP Meios de Produção; PTDP e novos operadores regionais de televisão (ilhas)[769].

Quanto ao financiamento da RTP, futuramente, a televisão não estaria dependente da publicidade para a sua exploração corrente[770]. A diferença entre o custo de exploração da rádio e o valor obtido pela taxa seria canalizada para o novo operador de serviço público. O Estado cobriria os custos da reestruturação (incluindo a financeira), da fase transitória e de situações extraordinárias. As reações ao modelo foram imediatas. O antigo secretário de Estado da comunicação social, Arons de Carvalho, mostrava-se cético e considerava a proposta "omissa em relação ao financiamento"[771].

Uma das explicações mais frequentemente avançadas para a junção das empresas, no seio do debate que se gerou, era, precisamente, esta

---

[767] Cf. PRESIDÊNCIA DO CONSELHO DE MINISTROS. 2002. *Novas opções para o audiovisual* [online]. [Acedido em 10 de janeiro de 2009]. Disponível em: www.ics.pt/Ficheiros/serv_pub/Neo_Op_AV.pdf. p. 32.

[768] O objetivo era que o novo operador de serviço público de televisão, que nasceria da RTP, integrasse o canal generalista, a RTP África e Internacional, os dois novos projetos no cabo, serviços multimédia, a gestão do segundo canal e a operação dos canais insulares numa fase transitória.

[769] Transitoriamente, a *holding* teria a seu cargo duas participações: Sport TV e EBS 2004.

[770] Na verdade, os períodos dedicados à publicidade na televisão seriam diminuídos. Essa diminuição ia ao encontro da vontade dos operadores privados. Em contrapartida, as televisões privadas forneceriam gratuitamente conteúdos para os canais internacionais de serviço público (cf. Menos receitas, mais Estado. *Diário Económico*, de 20 de dezembro de 2002).

[771] Cf. Financiamento em aberto. *Expresso*, de 21 de dezembro de 2002.

possibilidade de o governo canalizar receitas da taxa de radiodifusão para a televisão. Segundo Adelino Gomes, a RDP era rigorosa na administração das receitas da taxa, investia com coerência e a sua informação havia atingido independência face ao poder político na segunda metade da década de 90[772]. O ex-provedor do ouvinte da rádio pública considerava que o novo governo PSD

> "com incompreensível hostilidade, lançou-se numa campanha contra um alegado despesismo e passou a bater na tecla das fracas audiências (...) Não me parece abusivo concluir (...) que o móbil da intervenção governamental na RDP se chamou... taxa. Porque ela oferecia um inesperado e acessível fundo de recursos financeiros a quem necessitava de resolver o problema da RTP. O estratagema tende a criar um problema onde ele não existia, sem conseguir resolver o problema financeiro crónico da RTP"[773].

O projeto do governo incluía, também, um novo modelo na regulação do sector. A dispersão da fiscalização por vários organismos havia levado a uma enorme perda de eficácia. Pretendia-se uma única autoridade independente, na qual convergissem os poderes dispersos, que pudesse ter uma ação e uma capacidade estratégica amplas, de forma a agilizar processos. A "convergência da regulação seria uma consequência natural da convergência tecnológica" (Sousa 2008: 28); aí residia a base para a extinção da AACS, que ocorrerá com a criação da Entidade Reguladora para a Comunicação Social (ERC)[774]. À ERC virá a caber, no âmbito deste novo modelo, a avaliação do cumprimento das obrigações do SP. O cumprimento das obrigações do operador público pode ser aferido através de uma comissão interna de controlo, da prestação de contas a uma entidade política, ou a uma entidade reguladora do sector. Em Portugal, passou a ser a ERC, a entidade reguladora, a avaliar a pluralidade político-partidária da televisão pública, bem como a informação diária da Antena 1. No caso

---

[772] Cf. As causas da coisa radiofónica. *Público*, de 31 de dezembro de 2002.

[773] Cf. As causas da coisa radiofónica. *Público*, de 31 de dezembro de 2002.

[774] Cf. Lei n.º53/2005, de 8 de novembro.

da rádio, os dados relativos à estação pública são comparados com estações privadas e são apresentados no relatório anual da ERC. Note-se que um procedimento comum em vários países consiste na existência de um relatório anual, apresentado ao parlamento, que inclui informações quantitativas detalhadas (Mendel, 2011). É o que acontece, também, em Portugal. A RTP passou a ter, para além do Relatório e Contas, de apresentar um relatório anual ao Ministério das Finanças e à tutela. Esse relatório inclui dados sobre a rádio e sobre a televisão.

A junção das empresas

O plano de reestruturação da RTP, com a designação Fenix, é apresentado no início de 2003. Esse é o ano da consolidação jurídica necessária à reestruturação do sector. Em agosto são publicadas a lei da televisão[775], a lei do financiamento[776] e a lei que estabelece o novo modelo empresarial do sector audiovisual do Estado[777].

Assim, fica definido que o financiamento da nova *holding* será feito com base no Orçamento Geral do Estado e numa contribuição para o audiovisual, que sucede à taxa de radiodifusão. Com efeito, a taxa de radiodifusão não era atualizada desde 1998, quando foi fixada em 278$00[778]. A contribuição para o audiovisual foi fixada em 1,60 euros mensais e tomou o lugar da taxa na fatura da eletricidade. Esta servirá para o pagamento do serviço público de rádio. E a parcela sobrante será, então, usada pelo serviço público de televisão. O resto do financiamento será feito através de indemnizações compensatórias de quatro em quatro anos. A publicidade televisiva fica afeta apenas às dívidas da empresa.

Com a extinção da PG, torna-se efetivo todo o plano de reestruturação já descrito. A RDP SA mantém a sua existência jurídica, como entidade

---

[775] Cf. Lei n.º 32/2003, de 22 de agosto.

[776] Cf. Lei n.º30/2003, de 22 de agosto.

[777] Cf. Lei n.º33/2003, de 22 de agosto.

[778] Cf. Portaria n.º 1278-A/97, de 30 de dezembro.

que explora as emissões do serviço público de rádio. A titularidade do contrato de concessão é transferida para a nova RTP SGPS, SA. Passa a existir apenas um CO, mas já sem poder de emissão de pareceres vinculativos. A Alta Autoridade para a Comunicação Social poderá vetar apenas as nomeações dos diretores de programas e informação. A administração passa, então, a ser eleita pela assembleia-geral que é composta pelos acionistas, neste caso, o Estado. De forma genérica, a diferença entre a PG e a RTP é a capacidade que a nova *holding* tem de não se limitar à detenção das participações e de levar a cabo um papel ativo na gestão integrada das duas empresas.

Em setembro de 2003, o Estado e a RTP assinam um acordo de reestruturação financeira, que se destina a inverter a tendência financeira que marcou os últimos anos da televisão[779]. As contas de 2004 marcarão já essa inversão, registando-se um *cash flow* (fluxo de caixa) operacional positivo de 4,6 milhões de euros[780]. Este acordo, será alvo de uma investigação da Comissão Europeia. No entanto, acabará por ser considerado compatível com as regras do Tratado das Comunidades Europeias, uma vez que a situação financeira da RTP se devia a sub-financiamento estatal e que a compensação era proporcional à dívida[781].

O caminho em direção ao reequilíbrio da exploração operacional da empresa será firme nos anos seguintes. Em 2006 a RTP torna-se no segundo operador público europeu com menores custos de exploração per capita[782].

A nova *holding* teve o seu nascimento formal no dia 1 de janeiro de 2004. E pode dizer-se que a primeira fase da reestruturação termina com a efetiva junção entre a rádio e a televisão, nas novas instalações comuns,

---

[779] Cf. *Relatório e Contas da RTP*, de 2003.

[780] Cf. Comunicado do CA da RTP, de 28 de abril de 2005. Note-se que este indicador veio inverter a tendência de endividamento crescente que marcara os últimos 12 anos, mas as finanças da RTP eram ainda um problema por resolver.

[781] Cf. COMISSÃO EUROPEIA. 2006. *Auxílios estatais: a Comissão aprova o plano de reestruturação financeira da RTP, o organismo público de radiodifusão português* [online]. [Acedido em 03 de maio de 2009]. Consultado em: http://europa.eu/rapid/pressReleasesAction.do?reference=IP/06/932eformat=PDFeaged=1elanguage=PTeguiLanguage=pt

[782] Cf. *Relatório e Contas da RTP*, de 2006.

em Lisboa[783]. Cinquenta anos depois, rádio e televisão voltam a partilhar uma casa[784]. A *holding*, da qual a rádio agora faz parte, já não tem participações em empresas deficitárias. Tem os custos, o património e a estrutura racionalizados. Pela primeira vez em vários anos de história da televisão, é invertida a tendência de subida do endividamento da empresa. No ano do Europeu de futebol em Portugal, concluem-se as reestruturações na forma e no conteúdo dos canais de serviço público, quer na rádio, quer na televisão. O segundo canal da televisão, agora denominado "a2:" está em funcionamento. Concretiza-se, também, a entrada da televisão no cabo, com os dois projetos previstos: a RTP Memória e a RTP N. Na rádio, há um grande investimento na OC. Todos os canais passam a usar a nova imagem corporativa da empresa, que investe, globalmente, no marketing e na promoção da imagem dos operadores públicos.

A presença da RDP e da RTP na Internet é integrada num novo portal conjunto, mantendo o domínio da televisão (em rtp.pt). Esta integração identitária sob o domínio da sigla RTP, resultou, segundo José Nuno Martins, na diluição da identidade da rádio[785]. Porém, deve sublinhar--se que, embora a RDP tivesse alguns serviços disponíveis no seu sítio anterior, nunca existiram conteúdos informativos *online*. Existiam apenas várias bases de dados e páginas para albergar conteúdos relativos a programas específicos. E, nesse sentido, o novo portal em que a rádio se inseriu tinha uma filosofia mais dinâmica e integrada.

Em meados de 2004, com a saída do primeiro-ministro Durão Barroso, para presidir à Comissão Europeia, Pedro Santana Lopes assume a chefia do governo. Mantém-se a tutela da comunicação e nada muda na política para os *media* públicos. Porém, em março de 2005, após as eleições que

---

[783] Note-se que o processo de concentração na capital de todos os serviços só ficaria completo em 2006, o ano em que a televisão comemorou 50 anos, com a inauguração do recém-construído Centro de Produção de Lisboa.

[784] Recorde-se que, no seu início, a empresa de televisão, até ter casa própria, esteve sediada em instalações da EN (Teves, 2007).

[785] Cf. A qualidade média da RDP é superior à das rádios privada. *Jornalismo e Jornalistas*, n.º35, de Set/Out de 2008; e Provedor do ouvinte permanece em funções. *Diário de Notícias*, de 1 de maio de 2008 [online]. [Acedido em 05] Disponível em: http://dn.sapo. pt/inicio/interior.aspx?content_id=998738.

se seguiram à dissolução do Parlamento, sobe ao governo uma maioria socialista, encabeçada por José Sócrates[786].

Com a legislação que, entretanto, fora aprovada, a administração não podia (salvo em casos de falta grave) ser destituída até ao termo do mandato, que só ocorreria em 2007. Assim, a cúpula da rádio e da televisão públicas mantém-se, e a fusão segue o seu caminho. Mas a mudança de governo, tem consequências para os operadores públicos. Desde logo, o processo de regionalização da rádio e da televisão nas ilhas é parado[787].

Entretanto, enquanto o país assistia ao turbilhão causado pela saída de Marcelo Rebelo de Sousa da TVI, o final do ano era marcado por uma mediática demissão na direção de informação da RTP. O diretor, José Rodrigues dos Santos, afirmava-se desautorizado pela administração. A AACS viria, posteriormente, a criticar a interferência da administração, situando este episódio no longo combate travado pela informação da estação pública, em busca da independência face ao poder político[788]. Na sequência dessa decisão, é nomeado Luís Marinho como diretor de informação na televisão. Marinho era, até aí, diretor de informação e programas na RDP. Com a sua passagem para a RTP, a RDP volta a ter direcções de programas e informação separadas[789]. Mais tarde, em 2007, após a fusão das empresas, Marinho irá assumir a direção geral da informação, na rádio e na televisão, sendo nomeados diretores executivos para cada uma das áreas. Esta adoção de uma direção conjunta radicava

---

[786] A tutelar a comunicação social fica o ministro Augusto Santos Silva.

[787] Cf. Demissão do Governo congela regionalização da RTP e RDP. *Público*, de 14 de dezembro de 2004.

[788] Cf. Alta-Autoridade dá razão a Rodrigues dos Santos. *Público*, de 1 de dezembro de 2004.

[789] João Barreiros irá dirigir a informação da rádio. Rui Pego ficará à frente dos programas, nomeando para a direção executiva da Antena 1 Ricardo Soares e Tiago Alves (que se mantinha), João Almeida para a Antena 2 e José Mariño para a Antena 3. Uma das particularidades mais relevantes desta alteração é a passagem do responsável cessante da Antena 3, Jorge Alexandre Lopes, para o desenvolvimento de novas plataformas de difusão (cf. RDP: nomeados novos responsáveis e apresentadas alterações nas grelhas. *Público*, de 27 de outubro de 2005 [online]. [Acedido em 24 de setembro de 2010]. Disponível em: http://www.publico.pt/Media/rdp-nomeados-novos-responsaveis-e-apresentadas-alteracoes-nas-grelhas_1237030).

"na procura de uma optimização dos recursos da empresa e uma
gestão e pesquisa de conteúdos centralizada, à semelhança, aliás, das
alterações que têm vindo a ser introduzidas na orgânica dos operadores
de serviço público noutros países, como se pode verificar, por exemplo,
no modelo britânico adoptado pela BBC, bem como no modelo recentemente proposto para a reestruturação da RTVE"[790].

Em 2005 e 2006 é adotado paulatinamente um acordo colectivo de
trabalho que regula a relação com os trabalhadores da rádio e da televisão em iguais moldes. O processo de negociação e conciliação com
os sindicatos é moroso, mas acaba por ser concluído. Em 2005, o grupo
RTP tinha 2350 trabalhadores[791]; o número era semelhante ao dos
trabalhadores da televisão em 2002, o que significava um decréscimo
de cerca de mil postos de trabalho em relação ao início da reestruturação das empresas. A integração dos trabalhadores da rádio e da
televisão é concluída.

Embora esbarrando com resistências iniciais, alguns trabalhadores ligados à cadeia de produção audiovisual passam a ser multitarefa, podendo
relatar um evento para um canal de televisão, para a rádio, ou, em algumas
situações para a Internet. O processo de cooperação entre dois corpos
profissionais anteriormente separados não foi imediato, o que é, aliás, um
processo comum (Erdal, 2009)

Em 2007 é criada uma empresa única para o audiovisual público[792].
A RDP desaparece, mantendo-se apenas enquanto marca associada ao
serviço público de rádio, nomeadamente nos canais regionais e internacionais. É o ano em que a rádio pública abandona as suas antigas
instalações no Porto, para se juntar à televisão, num espaço renovado,
inserido no projeto Media Parque.

Uma nova administração assume funções na RTP em janeiro de 2008[793].

---

[790] Cf. Deliberação 2/PAR-TV/2007, da Entidade Reguladora da Comunicação.

[791] Cf. *Relatório e Contas da RTP*, de 2005.

[792] Cf. Lei n.º 8/2007, de 14 de fevereiro.

[793] O CA é composto por Guilherme Costa (presidente), José Marquitos (vice-presidente),
António Luís Marinho (vogal), Carla Chousal (vogal), Maria Pignatelli (vogal).

A reorientação das antenas

Como já foi referido, o plano de intervenção traçado pelo governo implicava mexer no conteúdo e na forma das estações públicas de rádio. A reestruturação da oferta de canais da empresa incluiu, embora a diferentes velocidades, alterações por vezes radicais. Com efeito, com as mudanças ocorridas, sobretudo em 2003 e 2004, os portugueses passaram a ouvir uma rádio pública substancialmente diferente da que ouviam até 2002. Deve notar-se que, na viragem do milénio, a posição da RDP no sector é já diferente da que se verificara duas décadas antes. A RR, através do Canal 1 e da RFM, domina claramente o mercado da rádio em Portugal[794]. A RDP, no seu todo, apresenta valores de *share* inferiores à RC.

Inicialmente, após a mudança de administrações, a Antena 1 teve uma direção de programas transitória e só no início de 2003 contou com um novo elenco diretivo. Tratava-se de uma direção conjunta, encabeçada por Luís Marinho que, como já foi referido, incluía programas e informação, ao contrário do que existia anteriormente. A vantagem estratégica de uma direção conjunta era o reposicionamento global da estação.

Até então, o canal generalista da RDP tinha uma programação alicerçada em programas de autor que, após o espaço informativo matinal, preenchiam o dia. Além disso, tinha desdobramentos de emissão diários, durante os quais decorriam, simultaneamente, quatro emissões regionais em Portugal continental. A prioridade da nova direção seria, pois, definir um conceito e reposicionar a estação, tentando rejuvenescer o seu público-alvo. Segundo Tiago Alves, subdiretor de programas da Antena 1, a programação da estação era, nessa altura, descontínua, ao longo do dia:

> "ela não tinha uma horizontalidade nas 24 horas do dia e não a tinha também - mais complexo ainda, ao longo da semana; tinha algumas descontinuidades que contribuíam para uma má identificação do perfil da estação (...) existia uma programação que procurava a soma

---

de públicos muito diferentes, (...). Claramente existiam determinados programas que eram segmentados para um determinado público e que implicavam a exclusão de outros auditórios (...). Tinha uma identidade muito forte, a partir da valorização da música portuguesa ou a partir da construção de uma grelha que estava centrada na figura do autor, do realizador; isso era obviamente uma marca de identidade, mas a rádio parecia que se fazia contra ela própria, porque as mudanças eram muito drásticas, eram muito abruptas. Isso notava-se, por exemplo, à tarde [com os desdobramentos]"[795].

Assim se encontrou um novo conceito para a Antena 1: "A rádio que liga Portugal". E criou-se uma estação completamente diferente. A mudança, de acordo com Tiago Alves, assentou em dois eixos:

"a informação, que acrescentaria a notoriedade que a rádio claramente não tinha – as pessoas achavam que a informação da estação era muito institucional, era muito cinzenta, era muito desinteressante, era pouco coloquial (...); um outro eixo fundamental é o da música – a mudança do perfil da estação é determinante para a rejuvenescer"[796].

A nova grelha de programas, iniciada em setembro de 2003, elimina os programas de autor diurnos no formato que existia. Adota, ao longo do dia, uma *playlist* e empurra os programas de autor para a noite, numa tentativa de, como explica Tiago Alves,

"introduzir na rádio pública uma agilidade que ela nunca tinha tido para lidar com os acontecimentos. E ela tornou-se durante algum tempo explosiva, muito reativa, mais até do que as televisões de informação e do que a sua concorrente de informação, a TSF"[797].

---

[795] Entrevista realizada em 7 de julho de 2009.

[796] Entrevista realizada em julho de 2009. O objetivo inicial da direção era atingir um público-alvo entre os 35 e os 44 anos; mais tarde, a estação aumentaria dez anos em relação ao seu público prioritário.

[797] Entrevista realizada em 7 julho de 2009.

Assim, encontrava-se uma nova Antena 1, reposicionada no sector, com uma lógica de *breaking news*, desafiando a TSF, e com uma nova grelha musical adulta contemporânea, em que a música pretendia ser uma alternativa à RC, à RFM e, mais tarde, ao Canal 1 da RR. A música alternava com pequenos formatos (menos de cinco minutos), numa dialética entre informação e entretenimento, conduzida por um animador.

Os desdobramentos da emissão foram imediatamente reduzidos a duas horas após o almoço e, a partir de 2005, seriam circunscritos a uma única hora. O desdobramento regional tinha a denominação "Portugal em directo", e era da responsabilidade do sector informativo, o que não acontecia antes de 2003. Essa é uma das faces mais evidentes da mudança da Antena 1, e o principal motivo de algumas críticas que lhe foram feitas. João Coelho, diretor de programas até 2002, classifica a nova Antena 1 como o resultado da "'vitória' de um sector que já connosco estava em luta, que é o sector da informação; ou seja, a informação apoderou-se do espaço de emissão do serviço público de radiodifusão", o que resulta no empobrecimento da emissão[798]. De facto, a informação tinha-se tornado a aposta da direção da rádio: não só aumentou a sua presença em antena, como pôde apostar na contratação de jovens jornalistas com formação superior e dinamizar a formação interna nessa área[799].

A Antena 2 estava em mudança desde o final de 2003. Novos ares corriam pela emissão e pela imagem da estação. Mas a verdadeira mudança ocorrerá apenas dois anos depois. Em meados de 2005, João Almeida substitui João Pereira Bastos na direção da estação clássica da rádio pública. E, tal como acontecera na Antena 1, a forma da emissão vai mudar. Almeida considera que a grelha, tal como existia, era um quebra-cabeças, uma vez que

> "não se coadunava com as noções de drive in e drive out. (...) O público não se pode organizar. (...) Está convencionado genericamente que o público da rádio tem um esquema de organização mental para

---

[798] Entrevista realizada em 6 de abril de 2009.
[799] Cf. *Relatório e Contas da RTP*, de 2004.

ouvir a rádio de segunda a sexta e outro esquema ao fim-de-semana.
(...). E nós organizámos a antena de acordo com esse princípio de escuta. (...) Isso não existia antes. E passou a existir essa organização em
grelha no sentido de uma grelha mais compreensível, com mais hábitos,
mais facilmente perceptível. O outro era um puzzle, mas era um puzzle
muito homogéneo. E este, apesar de estar muito simplificado em fatias,
ao mesmo tempo, tem mais diversidade, porque fomos picar outras áreas
que antes não havia"[800].

Com efeito, a abrangência temática da programação dilata consideravelmente nesta altura, passando a incluir géneros como blues, canção
francesa, músicas do mundo, de raiz etnográfica, ou música contemporânea. Esse alargamento temático havia sido iniciado ainda em 2003, no
entanto, a opção agora tomada era claramente mais abrangente e ousada.
A nova Antena 2 pretendia renovar o seu público, cuja média etária
era mais elevada, mas não pretendia rejuvenescê-lo. Para captar novos
ouvintes, a rádio quis mostrar outras coisas. E fê-lo. Mas isso nunca
foi pacífico. O musicólogo Mário Vieira de Carvalho insurgia-se contra
a "Macdonaldização da Antena 2"[801], tornando visível uma onda de crítica
à filosofia da nova grelha da estação, que vinha crescendo desde 2005.
Essa onda de queixas é, também, a base de uma série de programas que
o provedor do ouvinte dedicou à nova Antena 2. Num desses programas,
Adelino Gomes[802] descreve a nova estação (depois das mudanças feitas
pela direção de João Almeida e Rui Pego):

"fizeram-no, em resumo, abrindo os microfones a todas as formas
de arte. Das consagradas às mais vanguardistas. E também, de algum
modo, às mais populares. E usando, para tanto, as linguagens e os géneros radiofónicos correntes. Nomeadamente, programas e reportagens

---

[800] Entrevista realizada em 1 de setembro de 2009.

[801] Cf. A Macdonaldização da Antena 2. Público, de 13 de dezembro de 2007.

[802] Adelino Gomes sucedeu a José Nuno Martins como provedor do ouvinte, entre
2008 e 2010.

em directo, a entrevista, o debate, a crítica. O jornalismo entrou como nunca antes na rádio clássica. Algumas vezes, até, em mangas de camisa. Esta dessacralização do templo musical em que a rádio clássica se tornara ao longo das décadas agradou a alguns. Mas desagradou a outros. (...) Esta rádio, a Antena 2, tal como está a ser feita, desagrada a uma parte importante do seu auditório. (...) vale a pena lutar por uma rádio que fale de cultura para mais públicos. Seja multiplicando a Antena 2 – criando outros canais temáticos, como faz a BBC, por exemplo. Seja, enquanto isto não for possível – e não vejo porquê, embora a decisão não dependa apenas da Administração da RTP, SA – seja, enquanto isto não for possível, conciliando na grelha de programação os diferentes interesses dos diferentes públicos a que uma antena cultural se dirige"[803].

Embora a internet pudesse abrir o espaço à diversificação que Gomes sugere, é expectável que a revolução tecnológica da Antena 2 seja a mais demorada da rádio pública portuguesa, devido às caraterísticas dos seus ouvintes. João Almeida ilustra a situação: "o DAB é um produto tecnologicamente evoluído, e os ouvintes da Antena 2 escrevem cartas à mão. Não escrevem emails. São pessoas cultas, mas não tecnologicamente evoluídas"[804].

No caso da Antena 2, o caminho da digitalização está iniciado, porque o objetivo é interessar novos ouvintes. Mas o processo vai ser demorado e gradual, porque a maioria dos seus ouvintes ainda não personifica o modelo do *digital way of life*. Assim, mais do que o desafio tecnológico, a cruzada da Antena 2 nestes anos é manter-se "relevante"[805].

A Antena 3 havia sofrido uma reestruturação já em 2001. Com a nova direção de Luís Montez, tinha-se reposicionado em relação ao público que pretendia atingir, respondendo às reformulações da RC e da RFM[806].

---

[803] Cf. GOMES, A. Em nome do ouvinte, programa n°24, 2ª série. 2009. Estreado na Antena 1 em 27 de fevereiro de 2009 às 17.12 horas.

[804] Entrevista realizada em 1 de setembro de 2009.

[805] Entrevista de João Almeida realizada em 1 de setembro de 2009.

[806] Cf. MONTEZ, L. 2001. Antena 3: o relançamento. *Relatório e Contas da RDP*, de 2001. pp. 114-116.

Por isso, a sua mudança estava já consolidada, aquando da reestruturação da empresa. A sua política de emissão passou a assentar em dois pólos: mais música portuguesa e mais música recente.

A grande mudança acontecerá apenas com a primeira grelha de José Mariño, que em 2005 havia assumido a subdireção da Antena 3. O objetivo dessa mudança era subir o alvo etário da estação, mantendo-se apelativa entre os 15 e os 24 anos, mas tentando abarcar, também o público até aos 35 anos. Tratava-se de uma opção estratégica, tendo em conta não só o envelhecimento da geração que cresceu com a Antena 3, mas também o dos próprios profissionais que eram a voz da estação (Monteiro, 2008). O reposicionamento da rádio jovem marcou o final de um ciclo e o início de outro que, mantendo a identidade do canal e a atenção à música, se pretendia mais diverso. Abriu espaço a temáticas sociais, como a formação, a educação sexual, as dependências, o ambiente, o combate à exclusão, a língua portuguesa, ou o humor, que ganhava outro espaço na antena[807]. Com esta reformatação, a informação passa a estar presente de hora a hora, das 07.00 às 19.00 horas. O formato dos blocos informativos deixa de ter a leveza formal e etária que tinha até então, como era explicado por Rui Pêgo: "quero que quem ouve a Antena 3 tenha uma ligação com o mundo e com aquilo que está a acontecer no país e no mundo. Ou seja, ter como opção ouvir a Antena 3, não me desliga da realidade" (Monteiro, 2008: 144).

O canal, agora com uma matriz mais interativa, pretendia dar uma resposta transversal às novas necessidades dos seus públicos, com quem passou a interagir cada vez mais, em simultâneo e em direto, na internet.

A RDP Internacional adota, em 2004, um modelo de grelha semelhante ao da Antena 1, com painéis de animadores. Inicia uma política de maior exigência cultural nos seus conteúdos. A RDP África que, em 2007, passa a ser ouvida, também, em Coimbra e em Faro, renova a grelha e reforça a vertente informativa. As estações estão juntas na nova direção de antenas internacionais, com o objetivo de racionalizar recursos.

---

[807] Cf. *Relatório e Contas da RTP*, de 2007.

Em 2004 registam-se ligeiras melhorias no desempenho das Antena 1 e 3[808]. Mas em 2007 e 2008 as antenas da rádio pública recuam nos seus desempenhos. A Antena 1, que tem um perfil de ouvintes com mais de 55 anos, ressentiu-se particularmente da perda do hábito de audição da rádio em casa[809].

Em 2006 a rádio e a televisão públicas adotaram as figuras do provedor do ouvinte e do telespectador[810]. Para os lugares foram nomeados, respetivamente, José Nuno Martins e Paquete de Oliveira. A nomeação para o lugar era feita pela administração, mas sujeita ao parecer vinculativo do CO. Ao provedor, cujo ação se pretendia que sublinhasse a credibilidade do serviço público através de uma atuação independente e imparcial, cabia a representação e a defesa do público perante o operador.

José Nuno Martins, que desempenhou a função durante dois anos, foi muito crítico em relação à situação da rádio pública. Considerou-a "dramaticamente reduzida à condição de parente pobre no seio da mesma empresa que dedica os principais recursos à área da todo poderosa televisão"; na sua opinião, o contrato de serviço público era "um documento datado, abandonado e inerte" e a sua revisão já devia ter acontecido, não fora a "indiferença política"[811].

Muitas das críticas chegadas ao provedor do ouvinte até 2008 vinham no sentido de denunciar o fim da valorização do "afeto" nas emissões, "um dos mais poderosos fatores de diferenciação absoluta entre a rádio privada (...) e a rádio pública»[812], segundo José Nuno Martins. Claramente, as estações da rádio pública tinham mudado. E não só no plano da afetividade. Também ao nível da originalidade, como explica Jaime Fernandes:

---

[808] Cf. *Relatório e Contas da RTP*, de 2004.

[809] Cf. *Relatório e Contas da RTP*, de 2007 e 2008.

[810] Cf. Lei n.º2/2006, de 14 de fevereiro.

[811] Cf. "Provedor do ouvinte permanece em funções". *Diário de Notícias* (edição online), de 1 de maio de 2008, consultada em http://dn.sapo.pt/inicio/interior.aspx?content_id=998738, em 20 de junho de 2010.

[812] Cf. "Provedor do ouvinte permanece em funções". *Diário de Notícias* (edição online), de 1 de maio de 2008, consultada em http://dn.sapo.pt/inicio/interior.aspx?content_id=998738, em 20 de junho de 2010.

"há uma enorme diferença entre o que era a RDP até ao final do século xx e há uma nova RDP no século xxi. (...) Eu não digo que a rádio que a gente fazia há meia-dúzia de anos atrás era melhor do que a que se faz hoje. Era claramente diferente, era uma rádio muito mais envolvente, muito mais empenhada. Hoje, na esmagadora maioria dos casos, é uma rádio feita na hora. É quase um pronto-a-comer. Nós não temos uma rádio elaborada, com algumas excepções honrosas (...). A playlist veio dar, um pouco, cabo de alguma capacidade de intervenção criativa de muitos profissionais. (...) A nossa capacidade era ilimitada. (...) O limite era a nossa imaginação; hoje é precisamente o contrário, está tudo limitado a uma playlist"[813].

José Nuno Martins tinha sido, também, muito crítico em relação ao novo modelo da Antena 2. Embora considerasse que existiu vontade de "alterar modelos, paradigmas de programação", o excesso de impulsos da nova direção resultou na perda de público[814]. Porém, a situação da Antena 3 era, para o provedor dos ouvintes, mais grave, uma vez que faltava nas emissões formação cívica e uma maior adequação ao público mais jovem, que era o seu verdadeiro alvo; além disso, o seu produto não se diferenciava do de algumas estações privadas[815].

As novas plataformas

Depois da implementação do DAB, a linha de investimento tecnológico da nova rádio pública mudou claramente. A aposta passa agora pela internet (num portal agregador) e pelas condições de transmissão da emissão internacional.

---

[813] Cf. Entrevista realizada em 15 de janeiro de 2010.

[814] Cf. A qualidade média da RDP é superior à das rádios privada. *Jornalismo e Jornalistas*, n.º35, de Set/Out de 2008.

[815] Cf. A qualidade média da RDP é superior à das rádios privada. *Jornalismo e Jornalistas*, n.º35, de Set/Out de 2008.

Na internet, depois da integração num único portal, foram desenvolvidas páginas de acesso direto para os vários canais e criadas as primeiras páginas dedicadas a momentos e temas específicos de informação[816]. Há um salto considerável em 2006, no aproveitamento da *web* pela rádio pública. O número de *podcasts* disponíveis aumenta[817]. É implementado o serviço de RSS[818] para as notícias e novidades do portal. A internet é a grande aposta da rádio pública.

Com a criação desse portal comum à rádio e à televisão, desenvolveu-se um espaço com inúmeros serviços online. Muitos deles são herdados da RTP. Nesse portal comum existem, logo desde o seu início, publicidade, jogos e outros serviços pagos baseados em SMS, associando a marca da rádio pública à publicitação de produtos. Em Portugal, como já foi referido, a rádio pública não tem publicidade há mais de 20 anos. Trata-se de um enquadramento que ainda não foi feito. Mas, mais do que a associação de publicidade a conteúdos da rádio pública, a própria extensão da missão de serviço público à internet não está nesta época devidamente enquadrada. O Contrato de Concessão de Serviço Público de Radiodifusão, de 1999, nada refere em relação à internet, tendo referências vagas à necessidade de estar a par dos novos desenvolvimentos tecnológicos que permitam cumprir a sua função e que sejam adotados de forma genérica pelas suas congéneres europeias. Os Contratos de Serviço Público de Televisão de 2003 e 2008 também não vão além de expressões genéricas, embora o último faça referência à documentação europeia que incentiva ao desenvolvimento de novos serviços. Porém, apesar destas referências, os serviços online não surgem como parte integrante das missões do SP de rádio e televisão. O seu enquadramento é, pois, ainda inexistente, bem como a própria distinção entre atividades *online* de serviço público e outras de natureza distinta.

---

[816] Cf. *Relatório e Contas da RTP*, de 2005.

[817] Inicialmente só podem ser descarregados conteúdos com palavra, mas quase todos os programas de todas as rádios podiam ser ouvidos a pedido ou em *streaming*.

[818] RSS (Really Simple Syndication) é uma forma de agregar e distribuir conteúdos pela internet, permitindo ao utilizador estar constantemente atualizado sobre o que pretende.

O DAB é outro assunto que aguarda clarificação. A decisão, inevitavelmente, terá de ser tomada, uma vez que a rede está instalada. A lição britânica, que mostra os bons resultados do envolvimento conjunto entre Estado e mercado, pode ser um bom ponto de partida. Nesta altura, o DAB só retransmite os programas do FM e a RDP Internacional. Mas esse é um princípio que se mostrou errado noutros países. Jorge Alexandre Lopes corrobora que "a esmagadora maioria das pessoas só vai comprar um rádio se esse rádio lhes der coisas que elas não encontram no FM. Portanto, é nova programação que lhes pode injetar a vontade"[819].

José Manuel Nunes, que dirigia a RDP no momento do grande investimento no DAB, considera que o processo precisava de um incentivo para continuar:

> "No Reino Unido já se venderam mais de 10 milhões de rádios digitais e a partir deste ano [2010] os automóveis vendidos no UK têm de incorporar rádios com DAB. O DAB nasceu sem o apoio que foi dado à TDT. A rádio digital tem de seguir o exemplo da televisão digital terrestre. Em 2012 são desligadas por decreto as redes terrestres analógicas. Ponto. Sem um switch-off, um apagão obrigatório a TDT não vingaria. O mesmo se passará com o DAB. E tal como acontece no Reino Unido, os veículos automóveis vendidos em Portugal deveriam ser obrigados a incluir o DAB na sua plataforma audiovisual"[820].

A viragem na estratégia da rádio pública resultou de uma adaptação à evolução do mercado. Enquanto o operador público aguarda desenvolvimentos tecnológicos que possam ajudar a decidir a escolha de outro standard, as estações tiveram de avançar por outro caminho, de acordo com Jorge Alexandre Lopes:

> "como nesta área há muitas indecisões e os investimentos são caros para o retorno, enquanto não houver rádios disponíveis para

---

[819] Diretor adjunto para os novos formatos da rádio pública. Entrevista realizada em setembro de 2009.

[820] Entrevista realizada em 31 de março de 2010.

uma população (...), a rádio tem de tirar partido daquilo que são as plataformas a que as pessoas acedem facilmente[821] (...). A Internet é uma coisa essencial às pessoas que têm menos de 40 anos, como o telemóvel"[822].

É neste contexto que, em meados de 2006, foram lançadas as primeiras rádios de oportunidade: a Rádio Mundial, a Rádio Mozart, e a Rádio DAKAR 2006 foram os primeiros canais exclusivos para a internet, criados para o acompanhamento de acontecimentos específicos. No ano seguinte, seria criada uma rádio online apenas para acompanhar o rali de Portugal e, em 2008, nasceria a primeira *webradio* estratégica, chamada Rádio Lusitânia (RL). A emissão da RL é feita com a música portuguesa dos últimos 40 anos, bem como com conteúdos das antenas de FM dentro da mesma temática. O diretor de programas de rádio da RTP, Rui Pego definiu esta rádio como um "canal de proximidade"[823] apontado às comunidades de língua portuguesa[824].

A produção para múltiplas plataformas é adotada pela estação pública, aproximando-se de uma estratégia de COPE (Create Once Publish Everywhere). Criam-se também canais específicos que correspondem a necessidades e perfis perfeitamente identificados. A RDP tem três canais nacionais que poderiam ser descritos como generalistas, dentro dos seus públicos-alvo[825], o que esbarra com as limitações de eficácia próprias destas estações. Assim, como explica Rui Pêgo, uma vez que a rádio está limitada às três antenas nacionais,

---

[821] A aposta da rádio pública na internet compreende-se mais facilmente se ilustrarmos o crescimento do número de utilizadores em Portugal: segundo dados do World Internet Project, em 2003, os utilizadores de internet eram cerca de 29%; em 2006, aproximavam-se dos 36%; em 2008, eram cerca de 39%; e em 2010, ultrapassavam os 44% (Taborda, 2010).

[822] Cf. Taborda, 2010.

[823] Cf. RTP lança Rádio Lusitânia. *Azul – newsletter da RTP*, de maio de 2008, p. 13.

[824] Trata-se de uma leitura atualizada do conceito de proximidade, à luz das potencialidades da internet. Isso é visível em projetos como a Rádio Euro (2008), que acompanhou o campeonato europeu de futebol, e cuja maioria dos ouvintes era oriunda de fora do país.

[825] Jorge Alexandre Lopes em entrevista realizada em 31 de março de 2010.

"a criação de canais estratégicos tem a ver com o aumento da oferta do serviço (...) e a missão do serviço projecta-se muito para lá disso. Portanto a plataforma Web pode ser uma boa maneira de desenvolver essa oferta" (Monteiro, 2008: 145).

A segmentação online de conteúdos tornou-se uma das grandes linhas de ação da rádio pública na segunda metade da década passada. Em 2007, as rádios do grupo registaram mais de seis milhões de contactos online[826], um aumento de 40 por cento, relativamente ao ano anterior. Só a RL registaria cerca de cem mil, apenas nos primeiros nove meses[827]. Noutro plano, a Antena 3 lança, em 2007, o projeto "Web tv", permitindo aos cibernautas ver as emissões de rádio ao vivo.

A integração dos conteúdos tornou-se transversal nas várias plataformas e linguagens. A entrevista televisiva de Judite de Sousa passou a poder ser descarregada em MP3 para audição, o texto do programa de Marcelo Rebelo de Sousa podia ser lido na Internet, a entrevista de Maria Flor Pedroso na Antena 1 podia ser vista em vídeo, *online*. A RTP passou a estar presente na Internet com vídeo e áudio *on demand*, *podcasts* e *videocasts*, IPTV, WAP e rádio *online*. Com o posterior lançamento na internet da Antena 1 Vida, da Rádio República e da Rádio Vivace, a rádio pública atingiu, em 2010, 12 canais.

Ao mesmo tempo, a rádio pública diversificou a sua atividade, passando a produzir canais específicos para os aviões de longo curso da TAP. As emissões foram espalhadas por novas plataformas, como é o caso do cabo; foram feitas experiências de transmissão em DVB-H e DMB, no âmbito das suas antenas nacionais. É a adoção de uma nova lógica de produção multiplataforma, que passou, também, pela instalação de uma aplicação informática global de planificação e alinhamento das emissões.

Em 2007, a rádio pública estava finalmente apetrechada de acordo com este conceito, numa lógica integrada, desde a gestão da antena à própria difusão e aproveitamento dos conteúdos. Havia um cruzamento

---

[826] Cf. RTP lança Rádio Lusitânia. *Azul – newsletter da RTP*, de maio de 2008, p. 13.
[827] Cf. *Relatório e Contas da RTP*, de 2008.

constante de plataformas e conteúdos. Foi desenvolvida uma plataforma de blogues. Na internet, passavam, igualmente, a estar disponíveis as narrações de alguns dos conteúdos escritos. Numa experiência particularmente relevante, a própria rede de OM da Antena 1 foi utilizada para a transmissão de episódios áudio adaptados de uma série do primeiro canal da televisão. Foi desenvolvida a emissão de áudio-descrições, um serviço destinado a espectadores com deficiências visuais.

No meio desta lógica de cruzamento de plataformas, um dos domínios que mais se destacou foi o sector do desporto. Não só desenvolveu, em 2007, uma página específica de conteúdos no portal, como lançou os relatos de jogos em exclusivo para a internet. O desporto, aliás, passou a ser um bom exemplo de intercâmbio entre a rádio e a televisão, resultando numa racionalização das operações, com partilha de recursos.

Na liderança desta política de desenvolvimento tecnológico, tem estado a televisão pública que, logo em 2006, inaugurou o serviço RTP Mobile, o primeiro serviço regular de televisão para plataformas móveis no país[828]; e que, em 2007, criou os seus canais no YouTube e no Sapo e reformulou o seu portal WAP[829]. Em 2007, a RTP entrou nas redes sociais, com uma conta no Facebook e em 2008 no Twitter.

---

[828] Cf. *Relatório e Contas da RTP*, de 2006.

[829] Wireless Application Protocol, é um padrão internacional para comunicações de dados digitais sem fios.

CONSIDERAÇÕES FINAIS

O sistema audiovisual português atual é constituído por um núcleo de SP (Raboy, 1997). A rádio oficial do Estado Novo, que surgiu na década de 30 do século passado, deu posteriormente origem a uma empresa com preocupações de SP, num contexto de oligopólio. Nos anos 80, a rádio pública enfrentou a crise da liberalização do mercado, que também afetou grande parte dos mercados europeus. Mas, se em muitos países, essa chegada dos privados trouxe ao SPRT a sua primeira crise, em Portugal, a situação foi diferente. De facto, antes de se diversificar a concorrência já a RDP estava em crise, como resultado da sua desordenada e artificial criação. É verdade que há nesse momento uma alteração das causas, mas a crise já se regista num *continuum* desde 1975. A solução para as causas desses problemas iniciais demorou anos a ser implementada nas suas várias dimensões.

A crise resultante da partilha e da fragmentação do mercado também se revestiu de algumas particularidades. Afinal, a própria RDP tinha um pé no mercado, através de uma estação comercial. Por isso, a particular crise que atinge a RDP nos anos 80 teve uma dupla dimensão: primeiro, resultou da perda de audiência e de receitas devido às rádios piratas; mas depois prolongou-se devido à amputação da RC, que era o canal responsável pela maioria dos ouvintes da estação. A estes dois problemas a RDP tentou responder, mas sem grande sucesso.

Embora a RDP consiga resultados financeiros relevantes mais cedo, pode dizer-se que ela só se estabiliza globalmente enquanto operador de serviço público, com a alienação da RC, em 1993. Até lá, vive grandes problemas organizacionais e financeiros e tenta encontrar-se numa forma precoce do que Padovani e Tracey (2003) chamaram de estratégia de compensação, isto é, um equilíbrio entre a sua vocação de serviço público e a sedução do mercado. Partindo da classificação que Jakubowicz (2010) faz do SP, a RDP 1.0 dura até 1993. A sua versão 2.0, apostada na modernização, na digitalização e nas novas formas de gestão começa nessa altura e prologa-se, durante cerca de dez anos.

Em vários países europeus, o SPRT foi novamente afrontado no momento da sua transição para os novos contextos informacionais. Efetivamente, aí reside a chamada segunda crise do SPRT, que resulta da renovação do papel dos operadores após a sua entrada num novo ambiente multiplataforma (Søndergaard, 1996). Em causa está a abrangência e a legitimidade das suas atividades. Em Portugal, porém, não se pode dizer que a rádio pública tenha vivido esta crise. Na realidade, a segunda crise da rádio pública portuguesa não surgiu por esse questionamento conceptual acerca do seu posicionamento, mas sim por razões económicas e políticas: a degradação financeira da RTP e a consequente reforma do sector audiovisual público.

Pode dizer-se que o crescimento da rádio pública foi feito com base na resolução dos problemas criados com a nacionalização. A RDP só se aproxima de uma tradição europeia de rádio pública à medida que se afasta da sua condição recém-nacionalizada. Para chegar a essa meta, a RDP teve de resolver várias das heranças da nacionalização: 1) o sobredimensionamento de funcionários e bens; 2) a oferta não estruturada de canais; 3) o poder tutelar e diretivo do Estado; 4) a falta de um modelo de financiamento estável e potenciador da independência em relação ao Estado; 5) a falta de um modelo no qual existisse uma representação da sociedade, em vez de um reflexo do governo; 6) a falta de uma imagem definida; 7) a tentação das receitas publicitárias e a existência de uma estação comercial; 8) o peso genético simbólico de décadas ao serviço do Estado.

Analisando estes oito pontos, o sobredimensionamento de pessoas e bens foi o legado mais pesado e o que demorou mais tempo a resolver. Efetivamente, a RDP nasceu como um artifício administrativo de proporções gigantescas. Mas as dezenas de imóveis que a rádio pública passou a ter, não representaram um desafio tão grande quanto o que foi imposto pelos seus 2600 funcionários iniciais. Um enquadramento que compatibilizasse a presença de funcionários públicos e privados, mas, sobretudo a necessidade de redução de efetivos, foram prioridades que influenciaram os mandatos de sucessivas administrações. Ainda com funcionários públicos, a RDP chegou ao novo milénio com menos de mil trabalhadores. A redução de efetivos e o redimensionamento da empresa foram elementos que, transversalmente caraterizaram os cerca de 30 anos de vida da RDP.

Além do excesso de trabalhadores e imóveis, a rádio nacionalizada passou a ter vários canais, que simplesmente foram acumulados. Na segunda metade da década de 70, embora sem uma política articulada de programação entre os seus muitos canais, a RDP dominou, claramente, o mercado radiofónico. Nesta época, estudos de audiência mostravam que, face à concorrente RR, a RDP tinha ainda uma imagem mais favorável, o que se refletia numa maior audiência. Foi nesta altura que o canal público generalista começou a destacar-se pela sua vertente informativa, à qual se juntavam os conteúdos desportivos[830]. Essa tornou-se na imagem de marca da futura Antena 1. Porém, o crescimento da concorrente RR começa nesta altura e será imparável. Até aos primeiros anos da década de 90, a oferta de canais da RDP acabou por não ser muito estável e estruturada, o que terá tido consequências imediatas.

Foi depois da nacionalização que o conceito de serviço público começou a aparecer na rádio, com intenções que se aproximavam da tradição europeia. Mais do que a garantia de acesso a um serviço, tal como era proporcionado pela EN, surgiam outras preocupações. Foi nesses primeiros estatutos da RDP que, pela primeira vez, apareceu a preocupação com ideais democratizantes e com a definição de mecanismos que garantam a independência face ao poder político e a representatividade social. No entanto, muitos desses mecanismos nunca saíram do papel. Sem almofadas que o impedissem, a tradição da rádio pública, segundo a frequente denúncia de políticos, dirigentes da RDP e *opinion makers*, construiu-se em torno da dependência governamental, sobretudo até meados dos anos 90. Porém, deve notar-se que essa tradição não é distinta do que se passou (e passa) em muitos

---

[830] A forte vertente desportiva justifica, porventura, o tradicional maior peso do segmento masculino na audiência da Antena 1.

países europeus (Corner et al., 1998). Em Portugal, os fatores que mais terão contribuído para tal, foram a instabilidade no financiamento e a forma de nomeação dos conselhos de administração. Ambos os fatores mudaram, de forma a potenciar a autonomia da rádio, na segunda metade dos anos 90. Nesse sentido, devem identificar-se o acordo celebrado com o governo em relação aos aposentados da EN, o reforço das competências do CO na eleição da administração e a posterior definição da taxa enquanto única fonte de financiamento da empresa, em 1999 (de acordo com o primeiro contrato de concessão assinado com o Estado).

Essa ideia de independência é uma das caraterísticas nucleares da concepção de serviço público na comunicação social. Embora alguns estudos de audiência (Santos, 2012) mostrassem que a RDP não era conhecida pela sua independência, ela também não era maioritariamente considerada uma estação debaixo de controlo ideológico. E esta última imagem podia, perfeitamente, ter-se desenvolvido, se olharmos para a forma como durante o PREC, a EN continuou o seu papel de megafone ideológico. Durante esse ano e meio, a EN refletiu a instabilidade política do país, ecoando, à vez, as convicções dos vários atores da contenda. Nesta altura, a estação constituiu-se como uma rádio de experiências, de divulgação política e de conflitualidade e confusão internas.

A atribulação ideológica que assolou as estações no PREC não tornou a audiência demasiado cautelosa em relação à independência política e ideológica das estações, nos anos seguintes. De facto, estudos realizados nessa década, mostravam que uma percentagem muito relevante (por vezes a rondar a metade) das amostras não tinha opinião sobre o controlo político da rádio pública. Os seus ouvintes chegavam a desejar que a rádio fosse mais interpretativa na apresentação da informação. Efetivamente, isto mostra que os portugueses demoraram a desenvolver uma cultura democrática. Existia, em regra, algum alheamento em relação à análise crítica do posicionamento político da rádio pública. Na verdade, nota-se um progressivo e lento aumento de consciência dos ouvintes em relação à isenção das estações de rádio a partir dos anos 80 (Santos, 2012). O processo tem um claro paralelismo no que aconteceu recentemente na Europa de Leste (Vartanova e Zassoursky, 2003). Ou seja, existe uma clara relação de mutualismo entre a maturação das democracias e dos respetivos *media* públicos (Price e Raboy, 2003).

Porém, o problema da RDP era mais amplo, nesta altura. Situava-se ao nível da própria notoriedade da empresa. Perante o problema de imagem da RDP, não demorou muito até que a RR se tornasse mais reconhecida do que ela. A instabilidade nas denominações dos canais da rádio pública poderia explicar a dificuldade que existia no reconhecimento das marcas da RDP. No entanto, um olhar mais atento aos estudos de audiência mostra que o fenómeno não se circunscrevia à rádio pública (Santos, 2012). A rádio e os seus programas têm, neste período, dificuldades em passar uma identidade sólida ao seu auditório. As suas marcas estão ainda em construção. A passividade ao nível da escolha, que caraterizava a audição tinha reflexo na fraca identificação de programas e estações. Além disso, havia uma longa tradição de uma escuta limitada a poucas estações. A cultura da liberdade de consumo ainda não se instalara. Isso levou mesmo à percepção, junto das direções, de que a rádio pública se deveria tornar mais agressiva na sua promoção.

A divisão interna da rádio pública em sectores comercial e de serviço público contribuía igualmente para esta tendência, ao não ser compreendida com exatidão pelo público, que tomava a RC como uma entidade independente. Daqui resultava uma imagem errada acerca da RDP, ao contrário do que sucedia com a RR. Estes problemas de imagem da RDP prolongaram-se até aos anos 90. Nos primeiros anos dessa década, a dificuldade que o público tinha em definir o perfil da rádio pública era tal que a Antena 1 era mais facilmente reconhecida do que a marca RDP. Esse problema só é resolvido na segunda metade da década, quando a imagem da RDP atinge elevada notoriedade[831]. Ao virar o século, a empresa será já conhecida por quase todos os portugueses, que têm sobre ela uma boa opinião, contrariando a imagem de pouca abertura que vinha do início da década. Essa melhoria é paralela à estabilização da sua independência financeira e administrativa, pelo que poderia ser

---

[831] Muito embora, como já se sublinhou, as diferenças de metodologia entre estudos aconselhem cautela na adoção destas conclusões.

atribuída à solidificação de valores associados ao *ethos* do SP e à sua utilização como estratégia de *branding* (Biltereyst, 2004; Lowe e Palokangas, 2010; Tait, 2008; Wessberg, 2005). No entanto, os dados existentes não permitam estabelecer essa relação direta. De todo o modo, a boa imagem da RDP é o corolário de um ciclo positivo na empresa, no âmbito do qual a empresa se vai agilizando e redimensionando, à imagem do que outros organismos europeus faziam, de acordo com as novas exigências decorrentes do New Public Management. Esse ciclo começa com a reestruturação e renovação da administração de Soares Louro, passa pela política de recuperação de ouvintes da administração de Arlindo de Carvalho e culmina na administração de José Manuel Nunes, que fica marcada pela política de reforço da independência da estação, tanto ao nível financeiro, como da administração e da produção de informação. O que ressalta neste período mais largo é, precisamente, a complementaridade de prioridades: a organização, os ouvintes e a independência.

Um dos momentos mais importantes para a definição de uma política de serviço público que pudesse ser corretamente reconhecida pelos portugueses, ocorreu em 1993, quando a RDP termina com uma realidade *sui generis* que herdou da nacionalização: uma dupla sedução pelos princípios de SP e pelas receitas do mercado. Este é o tradicional acantonamento de muitos operadores de SPRT, indecisos entre o comércio e a cultura (Steemers, 1999). De facto, e apesar de isso nunca ter sido consensual, a RDP manteve uma privilegiada situação no mercado, beneficiando de receitas publicitárias e financiamento de natureza pública. A RC, que desde cedo se destacou pela sua dinâmica, nomeadamente através da FM, foi uma fonte de receitas e criatividade que a RDP nunca quis perder. A FM da RC acabou mesmo por ser a locomotiva da mudança de hábitos em Portugal. Afinal, foi o sucesso deste canal dinâmico e urbano que alavancou a obsolescência da OM. A venda da RC, embora tenha penalizado os níveis de audiência da RDP, foi uma inevitabilidade que acabaria por contribuir para uma lenta solidificação da marca do SP e para o fim de uma ambiguidade nascida de forma contranatural.

Um último fator deve ser referido, no âmbito desta procura pela estabilização da oferta de canais, da imagem e do posicionamento no mercado.

Trata-se da aventura da regionalização da RDP. As novas estações locais da rádio pública, que vieram responder à fragmentação do mercado, tiveram um pico de produção no final dos anos 80. A partir daí, vão decrescendo até desaparecerem, antes do meio da década de 90. Lentamente, as próprias emissões regionais serão diminuídas, até à sua expressão mínima, já no seio da Rádio e Televisão de Portugal. As emissões de proximidade, que nos anos 80 eram defendidas com todo o vigor, duraram cerca de 20 anos. No final desse período, foram reduzidas a uma hora diária a partir dos centros regionais e acabaram mesmo por ser extintas já fora do âmbito cronológico deste estudo. O seu aparecimento foi fruto de um contexto particular: o peso crescente das autarquias, o excesso de funcionários da RDP e a possibilidade de geração de receitas. Por outro lado, a sua diminuição - já dentro do operador integrado, deve ser entendida como resultado de uma política interna que procurava a unidade numa única emissão, em detrimento de uma proximidade que pudesse resultar na fragmentação da programação. Porém, o que estas duas ordens de razões permitem concluir é que a existência de emissões de proximidade na RDP resultou mais de fatores organizacionais e financeiros, do que de um objetivo de criação de valor social.

A imagem da rádio pública foi-se então construindo, a par com o próprio desenvolvimento da democracia portuguesa. Foi ainda nos anos 80 que a RDP se estabeleceu como uma estação da classe média (Santos, 2012). Ao mesmo tempo, a Antena 1 foi vendo o seu auditório tornar-se mais envelhecido. Era o reflexo das suas tradicionais linhas de programação enquanto canal generalista (à imagem do Canal 1 da RR). O realinhamento etário foi, posteriormente, uma das prioridades da nova gestão da rádio pública, já no século XXI. Ao longo dos anos, a RDP foi sendo reconhecida junto dos portugueses maioritariamente por razões técnicas ou genéricas, como a facilidade de sintonia, ou a qualidade geral da sua programação. Mas, aos poucos, a vertente informativa da Antena 1 tornou-se no pilar mais sólido da imagem dessa rádio pública. No entanto, a RDP nunca foi conhecida pela agilidade da sua informação (Santos, 2012).

Ao nível das audiências, quando a posição dominante que resultou da nacionalização se esvaiu, a RDP começou, paulatinamente, a perder terreno para a RR. Essa tendência só foi invertida em meados dos anos 80, com a mudança de programação na Antena 1 e com o período áureo da RC. Em meados da década, a RDP coloca-se mesmo à frente da emissora católica no mercado radiofónico. Mas, será, efetivamente, um breve canto do cisne. Na convulsão desses anos, instalam-se as rádios piratas. O mercado radiofónico e as receitas publicitárias fragmentam-se. A RR lança a RFM e o mercado é completamente transformado. As rádios piratas vêm desferir um rude golpe no desempenho da RDP, que crescia, ancorada nas emissões comerciais. Tanto a rádio pública como a rádio católica perderam quota de mercado. Mas a RDP foi claramente mais afetada, sobretudo com o declínio da RC, na passagem para os anos 90. Nessa altura, a Antena 1 volta a ser o principal motor do desempenho da RDP. Depois da alienação da RC, a RDP só voltou a ter um ânimo momentâneo ao nível das audiências, com o lançamento do seu canal jovem. Mas a Antena 3 não manterá o seu desempenho inicial por muito tempo.

Já no ano 2000, com um auditório envelhecido, a Antena 1 estava alicerçada em dois pilares que eram, no fundo, parte considerável da sua identidade desde o final dos anos 70: a música e a informação. A essas duas, juntava-se outra marca que, embora já antiga e reconhecida, ganhou particular relevo na emissão durante os anos 90: o desporto. Mas a RDP nunca recuperou da perda da RC. A rádio pública portuguesa não é uma rádio com boa audiência, quando se compara a sua fatia do *share*, com as realidades dos operadores públicos europeus (EBU, 2004). O mesmo acontece, aliás, com a penetração *online* do seu serviço, já dentro do modelo integrado (EBU, 2007). Em 2002, as audiências da RDP estão claramente atrás das da RR, cujos dois canais dominam o mercado.

Olhando, pois, para estes 30 anos, é muito evidente que o serviço público de rádio português não nasce do nada. Ele herda quatro décadas de subserviência política, para além de todo o lastro de uma cultura organizacional própria - aliás, comum a muitos serviços semelhantes que, na Europa, eram considerados pesados e burocráticos (Biltereyst, 2005). Começou como operador estatal preso à manipulação ideológica e reinventou-se enquanto operador público num mercado aberto. Esse processo demorou cerca de 20 anos, mas operou transformações firmes.

Aos poucos, a RDP mudou. Agilizou-se, de forma perfeitamente enquadrada nas tendências europeias de renovação da gestão pública (Ferlie, et al., 2005; McDonough, 2006; Nosbonne, 2008;). Assim, conseguiu superar essa crise de identidade perante os portugueses e desenvolveu uma imagem associada a valores como a informação e a confiança, caraterísticos do ethos do SP (Santos, 2012).

A RDP conseguiu estabilizar-se mais cedo do que a televisão pública. E é precisamente enquanto organismo estável, independente, com uma boa imagem junto dos portugueses, e em plena vanguarda da digitalização, que é engolido por um processo de reestruturação do sector público de comunicação social. Recorde-se, porém, que apesar da situação confortável da RDP, a rádio pública não era uma rádio de bom desempenho ao nível das audiências. E esse foi um dos argumentos usados para o início da reestruturação, embora não tenha sido, à partida, uma das prioridades da renovada empresa.

As causas que levaram a esse desfasamento entre a rádio e a televisão resultaram de problemas financeiros. Com efeito, foi o fim da taxa para o financiamento da televisão que impediu que a RTP conseguisse a estabilidade que a RDP atingiu. O caso português pode mostrar como a segurança e a estabilidade de um método de financiamento são essenciais, quer para o planeamento a mais longo prazo, quer para o potenciar de uma maior independência face ao governo. A RDP conseguiu-o. Mas o perfil de estabilidade da rádio não chegou para que o serviço público de comunicação social em Portugal fosse uma construção madura na viragem do milénio. O peso económico, político e social da televisão era demasiado e acabou por determinar a remodelação de todo o sector participado pelo Estado.

A forma como o governo resolveu o braço-de-ferro travado com os Conselhos de Opinião em 2002, demonstrou que o SPRT era socialmente importante, mas não a qualquer custo. É verdade que a racionalização dos custos faz parte da gestão moderna do SPRT, uma vez que a qualidade não se mede apenas através do *output* de conteúdos. Mas o SPRT de tradição europeia está no mercado e para além dele. São redutoras as discussões de reformas que privilegiem o contribuinte em detrimento do cidadão, sobretudo se essas discussões menosprezarem conceitos como a independência ou a representação social.

No caso português, o modelo que previa a participação de representantes da sociedade na gestão do operador foi tido como um estorvo perante a necessidade de reduzir custos. O governo considerou que só uma nomeação direta dos responsáveis permitiria a reestruturação do SPRT. Com o desaparecimento do Conselho de Opinião, tal como ele existiu na segunda metade dos anos 90, o SP português distanciou-se definitivamente de modelos de autonomia formal, nos quais existem elementos que servem para distanciar o operador do poder político (Mooney, 2004; Nissen, 2006).

Outra das evidências que o século XXI trouxe foi a instabilidade trazida pelo facto de o SPRT em Portugal não assentar num consenso político, mas sim numa maioria. É isso que faz com que a privatização (em regra) parcial paire sobre ele constantemente, consoante os resultados eleitorais. É devido a essa instabilidade que, enquanto outros países debatem questões relacionadas com a digitalização e os novos caminhos do SPRT, em Portugal se questiona apenas a sua privatização e o seu peso económico.

Não se deve entender esta tendência que mudou o SP de radiodifusão português como um impulso ideológico, tradicionalmente resultante das governações neoliberais. Ela tem mais sentido como um sinal dos tempos. A prosperidade económica dos anos 90 deu espaço de manobra ao SP de rádio para que, dentro das regras e dos contextos existentes, atingisse a estabilidade. Num contexto posterior de crise, essa estabilidade foi considerada anacrónica e esbanjadora. Em resposta, aceitou-se que o SP tem o seu lugar enquanto instrumento cultural na nova sociedade portuguesa, mas dentro de limites orçamentais muito restritos. Não será despropositado pensar que, provavelmente, sem a folga económica dos anos 90, não será possível voltar a colocar a tónica nos valores de democracia e cidadania do SPRT. O que o caso português mostra é que, por cá, tal como na Europa, a dimensão cultural do SPRT deixou de ser prevalente na gestão dos operadores. É a dimensão económica que alavanca a procura do valor público (Van Cuilenberg e McQuail, 2003). O Estado inverteu a sua tendência anterior e tornou-se mais interventivo nas políticas de comunicação social pública.

A discussão sobre o alargamento da missão do SP no contexto multiplataforma é francamente escassa em Portugal. As emissões digitais terrestres estão num impasse e, por agora, apenas a internet é uma certeza, precisamente porque é barata e porque a sua penetração no país está a aumentar. O modelo integrado do novo operador de rádio e televisão pública é potencialmente benéfico para a produção para novas plataformas. Mas a realidade ainda é outra: no novo milénio, o consumo da rádio ainda é muito tradicional, no nosso país.

Atualmente, o SPRT português enquadra-se no chamado modelo *full portfolio* (Bardoel e d'Haenens, 2008a; EBU, 2002). A multiplicidade de plataformas e produtos é uma realidade, bem como o cruzamento de conteúdos áudio e vídeo, em articulação com as redes sociais. O SP de rádio personifica o que Cordeiro (2011) apelida de "r@adio". O operador português tem adequado o seu fluxo de trabalho a uma filosofia multiplataforma, adotando um posicionamento aberto que lhe deverá permitir manter-se relevante perante os novos hábitos de consumo. Aliás, a rádio pública portuguesa implementou muitas das estratégias normalmente associadas às boas práticas dos operadores europeus: a presença em todas as plataformas, a diferenciação da sua marca, o abandono da dependência de um canal generalista, bem como a divulgação e a popularização do seu acervo de conhecimento (Thomass, 2003).

Deve ainda ser referido que não existe questionamento do sector da radiodifusão ou dos cidadãos, quanto a alguns dos serviços que o SP disponibiliza, do ponto de vista da rádio. Embora a rádio seja exclusivamente financiada pela taxa, a sua marca e os seus produtos são usados *online* em associação com publicidade que financia toda a empresa. Além disso, a oferta de canais *online* nem sempre se diferencia suficientemente de outras propostas já existentes no mercado, como é o caso do canal temático dedicado ao fado. Pode legitimamente perguntar-se se a aplicação de um teste de valor público, como o que existe em Inglaterra (Coyle e Woolard, 2010; Prosser, 2007), sancionaria, num mercado tão restrito como o nosso, o investimento do SP num canal desta natureza. Concluindo, em Portugal prevalece a perspetiva segundo a qual tudo é legítimo, no que diz respeito à entrada do SPRT em novas áreas e plataformas (Jakubowicz, 2007).

Os caminhos da digitalização são, por agora, a garantia de a rádio se manter relevante no futuro. A garantia da manutenção de uma ligação às pessoas, cujos hábitos são cada vez mais caraterizados por consumos não-lineares. Como referem Stavitsky e Avery, "a public broadcasting system that is important in the lives of people will be supported by these people" (2003: 145). E para o SPRT ser importante na vida das pessoas, ele tem de se aproximar delas e das suas expectativas.

BIBLIOGRAFIA

ARBOLEDAS, L. 2008. La Industria Radiofónica en Andalucía: Dependencia Económica y Control Político (1982-2008). Tesis Doctoral, Facultad de Comunicación y Documentación, Universidad de Granada.

ARMSTRONG, M. 2005. Public Service Broadcasting. *Fiscal Studies*. 26 (3), pp. 281-299.

AZEVEDO, A. P. L. 2001. A Rádio nos Anos 50. *Revista Observatório*. 4. pp 113-122.

BANERJEE, I. e K. SENEVIRATNE. 2005. *Public Service Broadcasting: A Best Practices Sourcebook*. Paris: UNESCO.

BARATA-FEYO, J. M. 2002. RTP: O Fim Anunciado. Lisboa: Oficina do Livro.

BARDOEL, J. L. D'HAENENS. 2008a. Public Service Broadcasting in Converging Media Modalities Practices and Reflections from the Netherlands. Convergence: The International Journal of Research into New Media Technologies. 14 (3), pp. 351–360.

BARDOEL, J., L. D'HAENENS. 2008b. Reinventing Public Service Broadcasting in Europe: Prospects, Promises and Problems. *Media, Culture & Society*. 30 (3), pp. 337-355.

BARNETT, S. 2004. Which End of the Telescope? From Market Failure to Cultural Value. In: J. COWLING, D. TAMBINI, eds. From Public Service Broadcasting to Public Service Communications. London: IPPR, pp. 34-45.

BERRY, T., J. WALDFOGEL. 1999. Public Radio in the United States: Does it Correct Market Failure or Cannibalize Commercial Stations? Journal of Public Economics. 71, pp. 189–211.

BILTEREYST, D. 2004. Public Service Broadcasting, Popular Entertainment and the Construction of Trust. European Journal of Cultural Studies. 7 (3), pp. 341-362.

BOLLS, P.D. 2002. I Can Hear You, but Can I See You? The Use of Visual Cognition During Exposure to High-Imagery Radio Advertisements. Communication Research. 29 (5), pp 537-563.

BORN, G., T. PROSSER. 2001. Culture and Consumerism: Citizenship, Public Service Broadcasting and the BBC's Fair Trading Obligations. The Modern Law Review. 64 (5), pp. 657-687.

BRON, C. M. 2010. Financing and Supervision of Public Service Broadcasting: European Legislation and Current National Developments Concerning Financial and Content-Related Supervision. In: S. Nikoltchev, ed. 2010. Iris Plus 2010-4. Public Service for Media: Money for Content. Strasbourg: European Audiovisual Observatory, pp. 7-25.

BRUNNER, E. J. 1998. Free riders or easy riders?: An Examination of the Voluntary Provision of Public Radio. Public Choice. 97, pp. 587–604.

BURGELMAN, J. C. 2000. Regulating Access in the Information Society: The Need for Rethinking Public and Universal Service. New Media & Society. 2 (1), pp 51-66.

CAFFAREL, C., M. GARCIA DE CASTRO. 2006. Editorial Autonomy and Public Control – the Debate over Reform. In: C. NISSEN, ed. Making a Difference: Public Service Broadcasting in the European Media Landscape. Eastleigh: John Libbey Publishing, pp. 135-146.

CALDAS, A. 1999. Para a História da Rádio Renascença (1974-1975). Lisboa: Grifo.

CÂMARA, A.M. 1986. Rádio Velha / Rádio Nova. In: RDP. 60 Anos de Rádio em Portugal. Lisboa: Edições Vega, pp. 35-39.

CAPELO, R.G. 1997. O pós-guerra (1961-1973). In: A.A.S. RODRIGUES, ed. História Comparada. Lisboa: Temas e Debates, pp. 277-359.

CARVALHO, A. A. 2002. Valerá a Pena Desmenti-los? Coimbra: Minerva Coimbra.

CARVALHO, A. A. 2009. A RTP e o Serviço Público de Televisão. Coimbra: Almedina.

CEBRIÁN HERREROS, M. 1995. Información Radiofónica. Mediación técnica, tratamiento y programación. Madrid: Editorial Sintesis.

CEBRIÁN HERREROS, M. 2001. La Radio en la Convergencia Multimedia. Barcelona: Gedisa.

CENTRO DE DOCUMENTAÇÃO 25 DE ABRIL. 1996. Cronologia – pulsar da revolução 1974 [online]. [Acedido em 10/01/2010}. Disponível em: http://www1.ci.uc.pt/cd25a/wikka. php?wakka=PulsarAbril74.

CHEVALLIER, J. 2010. Le service public. Paris: Presses Universitaires de France

CORDEIRO, P. 2011. Not Radio, but R@dio. Radio Days Europe, março 2011, Copenhaga.

CORNER, J., P. SCHLESINGER, R. SILVERSTONE. 1998. Editor's Introduction. In: J. CORNER, P. SCHLESINGER, R. SILVERSTONE, eds. International Media Research. London: Routledge, pp 1-17.

CRISTO, D. 2005. A rádio em Portugal e o declínio do regime de Salazar e Caetano (1958- -1974). Coimbra: Minerva Coimbra.

D'HAENENS, L., H. SOUSA, O. HULTÉN. 2011. From Public Service Broadcasting to Public Service Media. In: J. TRAPPEL, A. M. WERNER, D. LEEN, S. JEANETTE, T. BARBARA, ed. Media in Europe Today. Bristol: Intellect, pp. 187-218.

DACOSTA, F. 1997. Máscaras de Salazar. Lisboa: Editorial Notícias.

COYLE, D., C. WOOLARD. 2010. Public Value in Practice Restoring the Ethos of Public Service [online]. London: BBC Trust. [Acedido em 10/10/2011]. Disponível em: http://www.bbc. co.uk/bbctrust/assets/files/pdf/regulatory_framework/pvt/public_value_practice.pdf.

DOUGLAS, S. 2004. Listening in – Radio and the American Imagination. Minneapolis: University of Minnesota Press.

DUGUIT, L. 1918. Manuel de Droit Constitutionnel (3ème ed.). Paris: Ancienne Librairie Fontemoing & Ce, Èditeurs.

EBU (EUROPEAN BROADCASTING UNION). 2000. The Funding of Public Service Broadcasting [online]. [Acedido em 04/06/2009]. Disponível em: www.ebu.ch/CMSimages/en/leg_p_ funding_psb_tcm6-4443.pdf.

EBU (EUROPEAN BROADCASTING UNION). 2002. Media With a Purpose: Public Service Broadcasting in the Digital Era. The Report of the Digital Strategy Group of the European Broadcasting Union [online]. [Acedido em 04/06/2009]. Disponível em: http://www.ebu. ch/CMSimages/en/DSG_final_report_E_tcm6-5090.pdf.

EBU (EUROPEAN BROADCASTING UNION). 2004. Public Radio in Europe. Geneva, EBU.

EBU (EUROPEAN BROADCASTING UNION). 2007. Broadcasters and the Internet: Executive Summary [online]. [Acedido em 23/10/2009]. Disponível em: http://www.ebu.ch/CMSimages/ en/Broadcasters%20and%20the%20Internet%20_Full%20report_eng_tcm6-61459.pdf.

ENLI, G. S. 2008. Redefining Public Service Broadcasting: Multi-Platform Participation. Convergence. 14 (1), pp. 105-120.

ERDAL, I. J. 2009. Cross-Media (Re)Production Cultures. Convergence. 15 (2), pp. 215-231.

FERLIE, E., LINN. L., POLLITT, C. L., ed. 2005. The Oxford Hanbook of Public Management. Oxford: Oxford University Press.

FERREIRA, C. M. 2007. O Altifalante do Regime. A Emissora Nacional Como Arma de Guerra no Conflito Colonial. Tese de mestrado, Universidade de Coimbra.

GIDENS, A. 2007. Europe in Global age. Cambridge: Polity Press.

GOMES, A. 1999. Rádio. In: M. F. MÓNICA, A. BARRETO, coord. Dicionário de História de Portugal. Vol. 9. Lisboa: Figueirinhas, pp. 201-202.

GONÇALVES, P. 1999. A Concessão de Serviços Públicos (Uma Aplicação da Técnica Concessória). Coimbra: Livraria Almedina.

GUGLIEMI, G. J. e G. KOUBI. 2007. Droit Du Service Public. Paris: Montchrestien.

HALLIN, D. e P. MANCINI. 2004. Comparing Media Systems. Cambridge: Cambridge University Press.

HIBBERD, M. 2001. The Reform of Public Service Broadcasting in Italy. Media, Culture & Society. 23, pp. 233-252.

JAKUBOWICZ, K. 2007. Public Service Broadcasting: a New Beginning, or the Beginning of the End? [online]. Shefield: Knowledge Politics. [Acedido em 10/06/2010]. Disponível em: http://www.coe.int/t/dghl/standardsetting/media/Doc/PSB_Anewbeginning_KJ_en.pdf.

JAKUBOWICZ, K. 2010. PSB3.0: Reinventing European PSB. In: P. IOSIFIDIS, ed. Reinventing Public Service Communication: European Broadcasters and Beyond. Hampshire: Palgrave., pp 9-22.

KLEINSTEUBER, H. J. 2011. Radio: A Resilient Medium. In: J. TRAPPEL, W. MEIER, L. D'HAENENS, J. STEEMERS, B. THOMASS, eds. 2011. Media in Europe Today. Bristol: Intellect, pp. 63-77.

LANGE, A. 1999. Diversité et Divergences Dans le Financement des Organismes de Radio--télévision de Service Public dans l'Union Européenne. Communications & Strategies. 3ème trimester (35), pp.183-196.

LEVINSON, P. 1998. A Arma Suave: História Natural e Futuro da Revolução da Informação. Lisboa: Bizâncio.

LEWIS, P. M. 2000. Public Passion Public Neglect: The Cultural Status of Radio. International Journal of Cultural Studies. 3 (2), pp. 160-167.

LONGHURST, B. 2007. Popular Music and Society. Cambridge: Polity Press.

LOWE, G. F., T. PALOKANGAS. 2010. Heritage Brand Management in Public Service Broadcasting. In: P. IOSIFIDIS, ed. Reinventing Public Service Communication: European Broadcasters and Beyond. Hampshire: Palgrave, pp.128-141.

JAUERT, P., G. F. LOWE. 2005. Public Service Broadcasting for Social and Cultural Citizenship. Renewing the Enlightment Mission. In: G. F. LOWE, P. JAUERT, eds. Cultural Dilemmas in Public Service Broadcasting. Göteborg: Nordicom, pp. 13-36.

MADDOX, R. 1994. The DAT Technical Service Handbook. New York: Van Nostrand Reinhold.

MAIA, M. 1995. Telefonia. Lisboa: Círculo de Leitores.

MARTI, J. M. 2004. La programación radiofónica. In: M. MARTINEZ-COSTA, E. M. MORENO, eds. Programación Radiofónica: Arte y técnica del diálogo entre la radio y su audiencia. Barcelona: Ariel. pp 21-46.

MARTINS, M. L.C. 1994. Análise Crítica da Programação da RDP2 Rádio Cultura. Dissertação de Mestrado em Ciências da Comunicação, Universidade Nova de Lisboa.

MASSEY, K. 1997. License Fee. In: H. NEWCOMB, ed. The Encyclopedia of Television [online]. Chicago: Museum of Broadcast Communications. [Acedido em 13/05/2009]. Disponível em: www.museum.tv

MATTELART, A. 1995. Excepción o especificidad Cultural: Los Desafios del GATT. Telos: Cuadernos de Comunicación Tecnología Y Sociedad. 42, pp. 15-28.

McDONOUGH, P. 2006. Habitus and the practice of public service. Work, Employment and Society. 20 (4), pp. 629-647.

McQUAIL, D. 1983. Mass Communication Theory. London: Sage.

MEDITSCH, E. 1999. A Rádio na Era da Informação. Coimbra: Minerva.

MESQUITA, M., A. REIS, J. M. NUNES. 1996. Os Meios de Comunicação Social. In: A. REIS, coord. Portugal 20 anos. Lisboa: Temas e Debates.

MESQUITA, M.1988. Estratégias liberais e dirigistas na Comunicação Social de 1974--1975, da Comissão Ad Hoc à Lei de Imprensa. Comunicação e Linguagens. 8. pp. 85-113.

MICHALIS, M. 2010. EU Broadcasting Governance and PSB: Between a Rock and a Hard Place. In: P. IOSIFIDIS, ed. Reinventing Public Service Communication: European Broadcasters and Beyond. Hampshire: Palgrave, pp 36-48.

MIDÕES, M. 1986. A Pesquisa de Audiência na Rádio. In: RDP. 60 Anos de Rádio em Portugal. Lisboa: Edições Vega, pp. 47-58.

MOONEY, P. 2004. Public Service Broadcasting. Report by the Committee on Culture, Science and Education [online]. Brussels: Parliamentary Assembly of the Council of Europe. [Acedido em 29/03/2010]. Disponível em: http://assembly.coe.int//Main.asp?link=http://assembly.coe.int/Documents/WorkingDocs/Doc04/EDOC10029.htm.

MULLANE, M. 2005. More Platforms than Grand Central Station. Diffusion Online [online]. agosto 2005, [Acedido em 03/05/2009]. Disponível em: www.ebu.ch/CMSimages/en/online_35_e_radio_news_tcm6-39591.pdf.

NISSEN, C. 2006. Public Service Media in the Information Society. Report Prepared for the Council of Europe's Group of Specialists on Public Service Broadcasting in the Infomation Society (MC-S-PSB). Strasbourg: Media Division of the Directorate General of Human Rights - Council of Europe.

NOSBONNE, C. 2008. Evolutions des Valeurs et Pratiques du Service Public. Une Mise en Perspective Européenne. Les Nouveaux Cahiers du Grée [online]. 5, Avril 2008, [Acedido em 13/05/2009]. Disponível em: http://gree.univnancy2.fr/digitalAssets/85624_Les_nouveaux_cahiers_du_GREE_n__5_avec_couv.pdf.

NUNES, J.P.A. 1997. O Mundo Entre as Guerras. In: A.A.S. RODRIGUES, ed. História Comparada. Lisboa: Temas e Debates, pp. 277-359.

PACHECO, M. 2010. A Rádio na Internet: Do "On Air" Para o "Online". Estudo de Caso do Serviço Público e o Caminho Para o Futuro. Trabalho de Projecto de Mestrado em Novos Media e Práticas Web, UNiversidade Nova de Lisboa.

PADOVANI, C., M. TRACEY. 2003. Report on the Conditions of Public Service Broadcasting. Television New Media. 4 (2), pp. 131-153.

PAPATHANASSOPOULOS, S. 1990. Public Service Broadcasting and Deregulatory Pressures in Europe. Journal of Information Science. 16, pp. 113-120.

PATRÍCIO, J. 1971. Notas do Dia Renovação na Continuidade 1969-1970. Lisboa: Emissora Nacional de Radiodifusão.

PICARD, R., G. 2001. Audience Economics of European Union Public Service Broadcasters: Assessing Performance in Competitive Markets. Discussion C1/2001. Turku: Turku School of Economics and Business Administration.

PICARD, R. G. 2005. Audience Relations in the Changing Culture of Media Use: Why Should I Pay the Licence Fee? In: G. F. LOWE, P. JAUERT, eds. Cultural Dilemmas in Public Service Broadcasting. Göteborg: Nordicom, pp. 277-292.

PICARD, R. G. 2006. Financing Public Media: the Future of Collective Funding. In: C. S. NISSEN, ed. Making a Difference. Public Service Broadcasting in the European Media Landscape. Eastleigh: John Libbey Publishing, pp. 183-196.

PRICE, E. M.,M. RABOY, eds. 2003. Public Service Broadcasting in Transition: A Documentary Reader. New York: Kluwer Law International.

PROSSER, T. 2005. The Limits of Competition Law – Markets and Public Services. Oxford: Aoxford University Press.

PROSSER, T. 2007. United Kingdom. In: S. NIKOLTCHEV, ed. IRIS Special: The Public Service Broadcasting Culture. Strasbourg: European Audiovisual Observatory, pp 103-114.

RABOY, M. 1997. The World Situation of Public Service Broadcasting: Overview and Analysis. Public Service Broadcasting: Cultural and Educational Dimensions. Paris: UNESCO, pp. 19-56.

RAINAUD, J. M. 1999. La Crise du Service Public Français. Paris: PUF.

RDP. 1986. 60 Anos de Rádio em Portugal. Lisboa: Edições Vega.

REIS, A. 1996. Os valores Salazaristas. In: A.REIS, dir. Portugal Contemporâneo, vol. 2. Lisboa: Publicações Alfa, pp. 717-723.

REIS, A., 1996b. A Televisão: Arma do Poder e Janela Para o Mundo. In: A. REIS, dir. Portugal Contemporâneo, vol. 3. Lisboa: Publicações Alfa, pp. 203-206.

RIBEIRO, N. 2002. A Rádio Renascença e o 25 de Abril. Lisboa: Universidade Católica.

RIBEIRO, N. 2005. A Emissora nacional nos Primeiros Anos do Estado Novo 1933-1945. Lisboa: Quimera Editores.

RODRIGUES, A. A. S. 1997. O Pós-Guerra. In: A. RODRIGUES, dir. História Comparada Portugal – Europa e o mundo, vol.2. Lisboa, Temas e Debates, pp. 397-638.

ROLLAND, A., ØSTBYE, H. 1986. Breaking the Broadcasting Monopoly. In: D. McQUAIL, K. SIUNE, eds. New Media Politics: Comparative Perspectives in Western Europe. London: Sage, pp. 115-130.

ROSAS, F. 1994. O Estado Novo (1926-1974). Lisboa: Editorial Estampa.

SAINT-EXUPÉRY, A. 1990. Lettre à un Otage. Traduzido por João Medina. In: J. Medina, dir. História Contemporânea de Portugal. Lisboa: Multilar, pp. 153-154.

SANTOS, R. 2000. Nos 75 Anos de Emissões Regulares de Rádio – Histórias de Pioneiros. Observatório. 2, pp. 127-136.

SANTOS, R. 2003. Rádio Clube Português – da Escassez de Frequências à Grande Importância no Meio Radiofónico Nacional (1931-1936). Media & jornalismo. 3, pp.51-66.

SANTOS, S. 2012. Serviço Público de Radiodifusão em Portugal: do controlo ideológico ao fim da representatividade social. Dissertação de Doutoramento apresentada à Faculdade de Letras da Universidade de Coimbra.

SASSOON, D. 1985. Italy: The Advento of Private Broadcasting. In: R. KUHN, ed. The Politics of Broadcasting. Sidney: Croom Helm, pp. 119-157.

SCANNELL, P. 1995. For a Phenomenology of Radio and Television. Journal of Communication. 54 (3), pp. 4-19.

SEREJO, F. 2001. Radio - do marcelismo aos nossos dias. Revista Observatório. 4. 65-95

SILVA, J. G. 2002a. A Rádio em Datas em Portugal. 26/08/2002. Telefonia Sem Fios [online]. [Acedido em 01/09/2009]. Disponível em: http://telefonia.no.sapo.pt/datesportugal.htm.

SILVA, J.G. 2002b. Da Telegrafia Sem à Radiodifusão. 30/04/2002. Telefonia Sem Fios [online]. [Acedido em 01/09/2009]. Disponível em: http://telefonia.no.sapo.pt/born.htm.

SILVA, J. G. 2003. A Telegrafia Sem Fios em Portugal. 04/08/2003. Telefonia Sem Fios [online]. [Acedido em 01/09/2009]. Disponível em: http://telefonia.no.sapo.pt/telegrafic.htm.

SILVA, J. N. C. 2008. Mercado e Estado – Serviços de Interesse Económico Geral. Coimbra: Edições Almedina.

SILVA, V. L. 2001. A Rádio nos Anos 50. Revista Observatório. 4. pp 33-63.

SILVEIRA, J. 1996. As Guerras Coloniais e a Queda do Império. In: A. REIS, dir. Portugal Contemporâneo, vol. 3. Lisboa: Publicações Alfa, pp. 71-106.

SØNDERGAARD, H. 1996. Public Service After the Crisis. Nordicom Review. Special Issue (1), pp. 107-120.

SOUSA, H. 2008. Políticas da Comunicação no Novo Milénio: Crises, Impasses e Fracturas. In: M. PINTO, coord. Os Media em Portugal nos Princípios do Século xxi, Cronologia e Leitura de Tendências (2000-2004). Porto, Campo das Letras, pp. 13-32.

STAVISKY, A. G., R. K. AVERY. 2003. U.S. Public Broadcasting and the Business of Public Service. In: G. F. LOWE, T. HUJANEN, eds. Broadcasting and Convergence: New Articulations of the Public Service Remit. Göteborg: Nordicom, pp. 137-145.

STEEMERS, J. 1999. Between Culture and Commerce. The Problem of redefining Public Service Broadcasting for the Digital Age. Convergence. 5 (3), pp. 44-67.

SYVERTSEN, T. 1999. The Many Uses of the 'Public Service' Concept'. Nordicom Review. 20 (1), pp. 5-12.

TACCHI, J. 2000. The Need for Radio Theory in the Digital Age. International Journal of Cultural Studies. 3 (2), pp. 289-298.

TAIT, R. 2008. Imparciality – Why it Must Stay. In: T. GARDAM, A. LEVY, eds. The Price of Plurality: Choice, Diversity and Broadcasting Institutions in the Digital Age. Oxford: Reuters Institute for the Study of Journalism, pp. 110-115.

TEVES, V. H. 2007. RTP 50 anos de história. Lisboa: RTP.

THOMASS. B. 2003. Knowledge Society and Public Sphere: Two Concepts for the Remit. In: LOWE, G. F., T. HUJANEN, eds. Broadcasting and Convergence: New Articulations of the Public Service Remit. Göteborg: Nordicom, pp. 29-38.

VAN CUILENBERG, J., D. MCQUAIL. 2003. Media Policy Paradigm Shifts: Towards a New Communications Policy Paradigm. European Journal of Communication. 18 (2), pp. 181-207.

VAN DEN BULCK, H. 2007. Old Ideas Meet New Technologies: Will Digitalisation Save Public Service Broadcasting (Ideals) from Commercial Death? Sociology Compass. 1 (1), pp. 28-40.

VAN DIJK, M., R. VAN NAHUIS, D. WWAAGMEESTER. 2006. Does Public Service Broadcasting Serve The Public? The Future of Television in the Changing Media Landscape. De Economist. 154 (2). pp 251-276.

VARTANOVA, E., Y. N. ZASSOURSKY. 2003. Television in Russia: Is the Concept of PSB Relevant? In: G. F. LOWE, T. HUJANEN, eds. Broadcasting and Convergence: New Articulations of the Public Service Remit. Göteborg: Nordicom, pp 93-107.

VARTANOVA, E., Y. N. ZASSOURSKY. 2003. Television in Russia: Is the Concept of PSB Relevant? In: G. F. LOWE, T. HUJANEN, eds. Broadcasting and Convergence: New Articulations of the Public Service Remit. Göteborg: Nordicom, pp 93-107.

WESSBERG, A. 2005. Quality, Accountability and Assessment. In: G. F. LOWE, P. JAUERT, eds. Cultural Dilemmas in Public Service Broadcasting. Göteborg: Nordicom, pp. 9-13.

WIETEN, J., G. MURDOCK e P. DAHLGREN. 2000. Television Across Europe: a Comparative Introduction. London: Sage.

WINOCUR, R. 2005. Rádio and Everyday Life: Uses and Meanings in the Domestic Sphere. Television & New Media. 6 (3), pp. 319-332.

Lista de periódicos consultados

A Capital

Correio da Manhã

Diário Económico

Diário da Manhã

Diário de Lisboa

Diário do Minho

Diário de Notícias

Diário Popular

Expresso

Jornal da Madeira

Jornal de Letras

Jornal de Notícias

Jornal Novo

O Dia

O Diabo

O Diário

O Independente

O Jornal

O Primeiro de Janeiro

O Século

Público

Rádio Nacional

Rádio-Semanal

Rádio e Televisão

República

Sábado

Semanário

Semanário Económico

Sete

Tal e Qual

Tempo

TV Guia

Visão